3.000 dias no
bunker

guilherme fiuza

3.000 dias no bunker
um plano na cabeça e um país na mão

11ª edição

EDITORA RECORD
RIO DE JANEIRO • SÃO PAULO
2022

CIP-Brasil. Catalogação-na-fonte
Sindicato Nacional dos Editores de Livros, RJ.

F585t Fiuza, Guilherme, 1965-
11ª ed. 3.000 dias no bunker / Guilherme Fiuza. – 11ª ed. – Rio de Janeiro: Record, 2022.

ISBN 978-85-01-07342-6

1. Reforma monetária – Brasil. 2. Política monetária – Brasil. 3. Brasil – política econômica. I. Título.

05-4043
CDD – 332.4150981
CDU – 338.24.021.8(81)

Copyright © Guilherme Fiuza, 2006

Projeto de capa e encarte: Gisela Fiuza/GF Design
Capa: foto do céu de Mark Newhouse
Imagens do encarte: Agência O Globo: p. 1 (base), 3 (base), 5 (topo), 6 (base), 10, 11 (base), 13, 14 e 16 (fotos 1, 9, 12, 15, 16, 17, 18 e 19); Agência Folha: p. 4 (topo), 6 (topo), 7 (base) e 15 (topo); Agência IstoÉ: p. 5 (base); Agência Estado: p. 16 (fotos 2, 3, 4, 6, 7, 8, 10, 11, 13 e 14); as demais imagens são de arquivo pessoal.

Direitos exclusivos desta edição reservados pela
EDITORA RECORD LTDA.
Rua Argentina 171 – 20921-380 – Rio de Janeiro, RJ – Tel.: (21) 2585-2000

Impresso no Brasil

ISBN 978-85-01-07342-6

Seja um leitor preferencial Record.
Cadastre-se em www.record.com.br e receba
informações sobre nossos lançamentos e nossas promoções.

Atendimento e venda direta ao leitor:
sac@record.com.br

Para Gilda e João Batista

Sumário

Nota do autor 9

Identidade, CPF e um pedaço de alma 11

Sorry, Mr. Fagenbaum 19

O surfista do acaso 31

Vancouver, capital Ibiúna 41

Cara a cara com o brontossauro 57

Bye, bye, Brasília 71

É isso, o poder? 79

Patrícia em casa de Joana 97

Fugindo da moeda sem cabeça 113

Coelho, a cobra dançou! 135

Prefiro o ladrão 159

O poder emana da cozinha 175

Entre parnasianos e extraterrestres 203

Cadê o inimigo?   235

Pânico no topo do mundo   249

Crer para ver   271

Cardoso, não faça isso   285

O médico e o monstro   305

No caminho de Santiago   325

Nota do autor

Nos últimos anos do século XX, o capitalismo deu um salto montado na tecnologia, na circulação frenética de capitais. Chegou ao cume da montanha, ao mesmo tempo em que derrapava à beira do precipício. Em vários países, este movimento fermentou mudanças no Estado e no poder, para o bem e para o mal. No centro desta onda estava o Brasil, que iniciara a década derrubando um presidente, galopando na hiperinflação e caindo num cenário político de terra arrasada. O grupo que ocupou este vácuo pôde fazer praticamente tudo o que quis, tomando as rédeas do país até a virada do século. Gerou aplausos, indignação, controvérsia. Nas redações, que têm a tarefa de decifrar o poder a cada dia, o significado do que estava acontecendo dividia as cabeças, mas as unia num ponto: o Brasil estava vivendo grandes transformações.

Este livro parte de uma série de entrevistas com alguns dos protagonistas dessas transformações – escolhidos entre os que enfrentaram as maiores descargas elétricas. Foram cerca de 100 horas de gravações, com relatos sobre os bastidores dos fatos mais ruidosos e, especialmente, dos mais silenciosos. Nas páginas que se seguem, procurei costurar essas visões entre si, e também à minha própria observação e à de outros jornalistas que acompanharam de perto os acontecimentos desse período. Não se trata de uma revisão histórica, apenas de uma olhada pelo buraco da fechadura para um fim de século denso.

    Não teria chegado a boa parte da matéria-prima a que tive acesso sem a colaboração de Denise Barreto, Carla Brunet e Maria Isabel Franco. Registro também o apoio neste sentido de Manuela Sciammarella, Alice da Costa, Ana Pessini e Constance Renny. Sylvia Abramson digeriu a montanha de fitas com a precisão de sempre, Renata Ruiz acrescentou velocidade à tarefa. Devo agradecimento, em retrospectiva, aos professores Carlos Dório e José Carlos Rodrigues, que possibilitaram a travessia impossível, e a Maria Lúcia e Vítor Iório, que apontaram o caminho — aberto por Madalena Arraes e Maria Augusta Brandão, e inventado por Zuenir Ventura.

Identidade, CPF e um pedaço de alma

Não seria fácil dormir com um barulho daqueles. Poucas horas antes de se deitar, fora chamado ao gabinete do chefe da nação. A sós com ele, entre as quatro paredes palacianas, ouvira algo que inundaria qualquer um de orgulho, mas que muitos dariam tudo para não ouvir: a salvação do país estava em suas mãos.

O desafio de ir para o governo e comandar a economia nacional era apetitoso e assustador. Apetitoso porque seu plano estava pronto na cabeça e não havia, no partido recém-chegado ao poder, ninguém com metade da sua capacidade de enfrentar aquela crise sem precedentes; assustador porque o viés autoritário do novo governo ficava cada vez mais claro — sendo que, visto bem de perto, deixava à mostra, nítida, a semente totalitária.

Seria um conflito delicado, em qualquer tempo ou lugar, entre aspirações profissionais e convicções pessoais. Mas no caso do economista alemão Hjalmar Schacht, o dilema continha um complicador: o convite para fazer parte do governo vinha do primeiro-ministro Adolf Hitler.

Dez anos depois de combater e derrotar a maior hiperinflação da história, Schacht era convocado pelo líder máximo do nazismo para tirar a Alemanha da Grande Depressão. Sabia que sua adesão ao governo não salvaria aquele projeto político obscuro. Mas disse a si mesmo que, sem a sua adesão, a obscuridade teria muito mais chances de se transformar em desastre.

Schacht disse sim a Hitler e tirou seu país da Depressão. Depois, por efeitos diretos e colaterais de sua participação no governo nazista, passou boa parte do resto de sua vida na prisão.

* * *

O circo estava armado em torno de Gustavo Henrique. E não era para reservar-lhe o papel do palhaço, mas o do bandido. Se tudo corresse conforme o script, ele poderia sair daquela sala preso, com as algemas sendo mostradas para o país inteiro em tempo real.

Gustavo Henrique era o centro-avante do time de Antonio, 7 anos, imbatível no videogame de futebol. O Botafogo podia ser derrotado em campo, mas jamais na tela de Antonio. Em 1971, os botafoguenses tinham perdido o campeonato para o Fluminense com um gol em que seu goleiro teria sido empurrado. Na saída do Maracanã, os alegres tricolores eram abordados por um menino uniformizado de preto e branco da cabeça aos pés. Didático, ele carimbava um por um com a dúvida desconcertante entre direito e fato: parabéns ao Fluminense, o campeão no apito, e ao Botafogo, o campeão na bola. O garoto era Gustavo Henrique, e desde que soube dessa história, trinta anos depois, o pequeno Antonio nunca mais o tirou de seu time.

Mas numa tarde de julho de 2003, na tela vizinha à do videogame, seu atacante favorito apareceria na defesa — cercado de adversários por todos os lados. Ao vivo na TV para todo o Brasil, Gustavo Henrique Barroso Franco, pai de Antonio e um dos pais do Plano Real, era a bola da vez da CPI do Banestado.

O objeto central da Comissão Parlamentar de Inquérito era um esquema gigante de evasão de dólares, enviados por um duto na cidade de Foz do Iguaçu (PR). Contas especiais para remessas ao exterior — as chamadas CC5 — tinham sido usadas para escoar ilegalmente caminhões de dinheiro para fora do país, através do Banco do Estado do Paraná (Banestado). Quando diretor do Banco Central, Gustavo tomara medidas para facilitar a movimentação em espécie nas contas CC5 naquela região. Agora, enfrentava a acusação de ser o criador do duto para a fraude bilionária.

Na antevéspera de sua ida à CPI, o senador mato-grossense Antero Paes de Barros, presidente da Comissão, procurara tranqüilizá-lo: "Faremos tudo para evitar abusos contra o senhor." A mensagem continha uma ressalva: "CPI é CPI, pode acontecer de tudo." Logo na chegada ao Congresso Nacional, o senador tucano Arthur Virgílio, do Amazonas, antigo aliado, começaria a deixar as coisas mais claras: "Gustavo, não se deixe intimidar." Virgílio soubera que a CPI pretendia esperar apenas que ele deixasse uma pergunta sem resposta para lhe dar voz de prisão. O senador operara nos bastidores para rechaçar essa hipótese, mas era preciso que o depoente colaborasse.

Era fundamental, portanto, que não ficasse acuado ou melindrado, respondendo clara e afirmativamente todas as questões — inclusive os disparates, que certamente apareceriam. Por outro lado, ressalvou o senador amazonense, uma reação mais agressiva às perguntas também poderia "entornar o caldo". Era a primeira CPI após a apoteótica ascensão de Lula ao poder. Embalados pelos ventos renovadores, seus integrantes acreditavam ter encontrado, na liberalização cambial do governo anterior em Foz do Iguaçu, a ligação que faltava entre o neoliberalismo e a corrupção.

Às dez horas da manhã daquela terça-feira 22 de julho, ao sentar-se na cadeira elétrica da CPI, Gustavo Franco já entendera o recado: nas próximas horas — provavelmente muitas — ele não poderia falar demais, nem de menos. A medida certa só Deus sabia. Deus e alguns parlamentares presentes ao recinto, como indicava o bilhete sutilmente repassado por trás da mesa: "Dá umas porradas nesse cara, que ele não vale nada. A gente garante." O autor do manuscrito era o senador Tasso Jereissati, do PSDB, e o "cara" a quem ele se referia era o deputado José Mentor, do PT de São Paulo, que interrogava com rigor o depoente naquele instante.

Sucesso de público e de crítica, a CPI dominava o noticiário, e José Mentor era sua figura de proa. No cargo de relator da comissão, imprimia um ritmo vertiginoso aos trabalhos: solicitava diligências, determinava quebras de sigilo fiscal e bancário em série, montava extensas listas de suspeitos a serem convocados para depor. A CPI era um rolo compressor, ninguém ousaria trombar contra aquela locomotiva moralizadora.

Muito menos alguém que estivesse no paredão. Gustavo agradeceu com os olhos o bilhete encorajador de Tasso. Mas decidiu continuar sublimando as porradas que eventualmente desejasse dar no seu duro inquiridor. Decidira não tomar tranqüilizantes, confiando apenas em seu autocontrole, mas a tarefa ia ficando mais difícil ao longo da sessão — sobretudo após contabilizar meia dúzia de horas sentado na mesma cadeira.

As perguntas continuavam se repetindo, às vezes idênticas, mas sempre elevando o tom desafiador da anterior. Uma eficiente armadilha psicológica. Cairia nela se desviasse por um minuto a atenção da monotonia das palavras para a agressividade das vozes. Acionou todos os seus mecanismos de concentração, mas um personagem puxava sua cabeça cada vez mais para longe da fala de deputados e senadores: Hjalmar Schacht.

O livro *Meus primeiros 76 anos*, autobiografia do economista alemão que serviu a Hitler, não saía da cabeceira de Gustavo havia pelo menos uma década. Mais do que o relato sobre a convivência com o nazismo, impressionava-o a autópsia feita por Schacht na decisão de aderir a um governo — e o inevitável dilema intelectual envolvido nela. Um acadêmico com idéias próprias, ao embarcar no poder para realizá-las, dificilmente escapará à sina do Fausto, concluiu o alemão: deixará por lá um pedaço de alma. O diabo poderá estar no terreno das concessões pragmáticas, ou talvez no dos retoques ideológicos. Mas estará, no mínimo, em algum pedágio moral que o mundo político cobra, mais cedo ou mais tarde, de quem passa pelo poder.

Um dos maiores economistas brasileiros, o professor Mário Henrique Simonsen viveu seu dilema fáustico nos anos 70. Estrela do pensamento econômico nacional, chegara ao ponto em que um passo adiante o levaria para dentro do poder. Mas o poder tinha sido levado para dentro de uma ditadura. O célebre economista aderiu ao governo, sabendo que o degrau mais alto de sua carreira seria também, provavelmente, o degrau mais baixo. Já nos anos 90, numa conversa descontraída na Fundação Getúlio Vargas, Gustavo Franco permitiu-se a pergunta profanadora:

— Simonsen, você é um gênio em matemática. Por que na época do governo militar você não foi se consagrar nos Estados Unidos, em vez de ficar aqui trabalhando para aqueles açougueiros?

— Eu pensei que se eu fosse embora, quando voltasse seria pior. Ia deixar na mão de quem? Desses que vão para lá ser despachantes daquela meia dúzia de sempre? Pelo menos eu dava alguma racionalidade ao negócio — respondeu o mestre.

— O custo pessoal não tinha jeito, você não tem poder sem ficar identificado com os que te deram o poder. Mesmo que você os despreze. Eu sabia que não ia consertar o governo, mas pelo menos no meu balcão ia funcionar tudo certo.

Certo ou errado, não era preciso ser o Fausto de Goethe, o Schacht de Hitler ou o Simonsen dos militares para captar a moral da história: quem fizesse questão de uma aposentadoria sossegada, que não se metesse em governos.

Após a oitava hora de interrogatório, a sessão da CPI ia se tornando ligeiramente hipnótica. Do nascente nazismo alemão, a cabeça do depoente se transportava para o finado comunismo soviético. A cena, embora fúnebre, era de um casamento. A tradicional família de um industrial carioca celebrava as bodas de um de seus herdeiros, quando surgiu próximo aos noivos um convidado incrivelmente parecido com o ex-presidente Mikhail Gorbachev, o herói da Perestroika.

Aproximando-se um pouco, Gustavo constataria que não era um sósia: ali estava, em carne e osso, o homem que provocara a queda do Muro de Berlim. Menos de dez anos após iniciar a revolução que mudou o mundo, Gorbachev, suando em bicas, alugava sua estampa para animar casamento burguês no Rio de Janeiro.

O tal pedágio moral cobrado pelos diabos da política tinha saído caro para o ex-presidente soviético. Um dos grandes estadistas do século XX, vivia praticamente exilado da vida pública, condenado por contrariar uma minoria parasitária e destravar a roda da história. Eis um fato que só comportava uma explicação mística: a maldição do poder.

Apesar do domínio da mística sobre o universo do futebol, Antonio confiava mais na força da lógica. Se com ela seu pai enfrentara sozinho uma multidão eufórica de adversários, não havia jogo perdido para quem levasse a razão às últimas conseqüências. Nos jogos mentais de Antonio, o motorista da família, Seu Júlio, era antigo freguês. Certa vez reclamara que, no videogame do menino, seu Flamengo nunca vencia o Botafogo. No dia seguinte foi convidado a assistir à partida. O rubro-negro perdeu de novo, mas o motorista teve que comemorar. O centro-avante Gustavo Henrique tinha sido substituído por um novo atacante, que aliás decidira o jogo. Chamava-se Seu Júlio.

Em época de eleição, Antonio tinha na ponta da língua as siglas dos deputados mais votados. Não só compreendia o enrolado sistema das eleições nos Estados Unidos, como era capaz de explicar a um adulto a lógica do voto indireto através do colégio eleitoral. Tinha explicação para quase tudo, até para a decisão inusitada de deixar, temporariamente, seu craque Gustavo Henrique sentado no banco de reservas. Só não alcançaria a lógica de vê-lo sentado no banco dos réus.

A guerra vitoriosa contra a hiperinflação alemã começara em 1923. Em 1933, o nazismo tirava Hjalmar Schacht para dançar. A batalha decisiva contra a hiperinflação brasileira começara em 1993. Em 2003, a CPI esperava pacientemente por um deslize de Gustavo Franco para transformar o neoliberalismo em caso de polícia. E aqueles mortos-vivos da política mundial seguiam fazendo uma algazarra insuportável dentro de sua cabeça:

— Perdão, deputado. Poderia repetir a pergunta?

Sorry, Mr. Fagenbaum

Se os telefones do Banco Central soassem de acordo com a importância do telefonema, aquela ligação teria tocado como sirene de ambulância. O subsecretário do Tesouro dos Estados Unidos, Lawrence Summers, queria falar com o presidente do BC, Pedro Malan — e urgência, àquela altura, era uma palavra óbvia demais para ser pronunciada.

No início de março de 1994, o Brasil estava a menos de um mês do momento crucial para suas relações com o resto do mundo. A famigerada dívida externa, que nos últimos vinte anos se tornara o grande pesadelo nacional, passando dos 100 bilhões de dólares, chegara à sua hora da verdade. Após mais de três anos de negociações, a virada para abril era a senha para a domesticação do monstro. A dívida selvagem, que mordia os calcanhares do país com seus vencimentos quase diários, sumiria do mapa. Em seu lugar — e em lugar da ameaça de falência nacional a cada nascer do sol — surgiria uma dívida civilizada, feita de papéis limpinhos com trinta anos para pagar. O problema era que, já na reta final de chegada ao porto, um detalhe estava prestes a afundar o navio.

A transfusão financeira chamava-se Plano Brady. Montado pelos Estados Unidos para o Brasil e várias outras economias que viviam abaixo da linha-d'água, despejaria os títulos benzidos pelo Tesouro americano para que esses países limpassem seus nomes na praça. No entanto, cada um deles, para ter direito à UTI de luxo, teria que depositar alguns cobres de garantia na entrada. No caso do Brasil, 2,8 bilhões de dólares à vista. Como evidentemente ninguém tinha a munição exigida, o bom e velho Fundo Monetário Internacional fora convidado para apadrinhar a operação.

Lawrence Summers era o homem do presidente Bill Clinton para o Plano Brady. No momento de seu telefonema a Pedro Malan, todos os países inscritos no caderninho de Larry — como o próprio Clinton o chamava — já haviam fechado seus acordos com o FMI. Menos o Brasil. E a poucas semanas do início da transfusão da dívida, Pedro teve de admitir de viva voz ao dono do Plano: a negociação com o Fundo Monetário estava na estaca zero.

O encarregado da negociação era o diretor de Assuntos Internacionais do Banco Central, Gustavo Franco. Ele iniciara a primeira rodada de conversas com o FMI, ainda em outubro de 1993, com excelente expectativa sobre o acordo. Seu interlocutor na instituição, o diretor Jose Fagenbaum, vinha de uma longa e traumática experiência com o Brasil. Desde as famosas cartas de intenções assinadas com o ex-ministro Delfim Netto, todas religiosamente descumpridas pelo governo brasileiro, aprendera que os compromissos com o país duravam até a próxima pirueta da política econômica. Ou até a próxima dança de cadeiras no ministério, outro evento corriqueiro em Brasília. Com o rascunho do Plano Real debaixo do braço, Gustavo estava certo de que Mr. Fagenbaum enxergaria diante de si, finalmente, um Brasil confiável.

Na espaçosa mesa da sala de reuniões no Ministério da Fazenda, caprichava na exposição de cada item de seu dever de casa. Tudo música para os ouvidos do FMI: corte orçamentário inicial de 6 bilhões de dólares (com uma segunda tesourada em preparação), aprovação do imposto sobre movimentação financeira, fechamento do ralo dos bancos estaduais, enfim, uma lista colossal com o mais moderno e completo kit de faxina financeira. Mas devia haver algo errado com a performance do diretor do Banco Central. A cada item exposto, a expressão de Fagenbaum parecia mais vazia e distante.

Quando chegou ao capítulo principal, as linhas mestras do plano de estabilização da moeda — o golpe decisivo na inflação —, o representante do FMI tinha os olhos baixos, quase fechados. Gustavo chegou a ter a impressão de que ele cochilara. A única reação de Fagenbaum aconteceu quando o brasileiro encerrou sua apresentação e fez-se o silêncio na sala. O diretor do Fundo levantou-se, murmurou uma mistura de agradecimento e despedida, recolheu sua pasta e tomou o rumo do elevador.

Na reunião anual do FMI, em Washington, a equipe brasileira foi ainda mais minuciosa sobre o andamento de seu plano de ação. Mas parecia continuar conversando com uma esfinge. Os homens do Fundo não reagiam, sequer emitiam algum sinal de aprovação ou desaprovação. Na hora do cafezinho, os gracejos e amenidades eram todos para a delegação argentina, em alta após o sucesso inicial da dolarização do Plano Cavallo. Ali começava a ser decifrado o enigma. O FMI não estava desconfiado do governo brasileiro: simplesmente, desistira de ouvir o que ele dizia.

Apesar da guerra surda, o recado era claro. Ou o Brasil jogava fora aquela invenção de Plano Real e ia ao Fundo pegar sua receita de bolo (com cerejas argentinas), ou adeus 2,8 bilhões de dólares. E essa seria a parte do filme em que o monstro da dívida janta o dono.

Na sala da presidência do Banco Central, Pedro Malan e Gustavo Franco viviam o momento menos divertido de sua longa amizade — iniciada nos tempos de professor e aluno, respectivamente, do Departamento de Economia da PUC-RJ. De certa forma, o jogo continuava sendo o mesmo: ir ao quadro-negro, encontrar a fórmula, resolver o problema. Pela primeira vez, porém, o problema era tirar um país da forca. E para complicar a equação, o país era real, com gente dentro. Muita gente.

Diante de um problema aparentemente impenetrável, o observador estático geralmente não tem a menor chance. Mas se variar o ângulo, mesmo que ande em círculos pelas variáveis já conhecidas, poderá enxergar a perspectiva salvadora — só visível em movimento. No quadro parado, o Brasil tinha que escolher entre jogar no lixo seu plano econômico ou ser esmagado por sua dívida externa. O jeito era começar a rodear o dilema: o Brasil precisa do FMI para pagar as garantias do Plano Brady; o FMI não quer financiar o Brasil porque não acredita em suas medidas econômicas; o Brasil mostra resultados, como a farta entrada de dólares no país, decorrentes dessas medidas; mas pode ter que abandoná-las, porque o FMI não as quer e o Brasil precisa do FMI...

Pára tudo, volta o quadro anterior. Farta entrada de dólares? De que estamos falando? Rápida consulta ao sistema de monitoramento: reservas em divisas aumentando de forma explosiva, entrada mensal de até 3 bilhões de dólares. Na cúpula do Banco Central, a ficha começava a cair. O enunciado do problema dizia que o Brasil precisava do FMI, mas na ponta do lápis surgia uma equação diferente. Os dois economistas foram atravessados pela corrente elétrica da idéia rebelde. Era preciso começar imediatamente a estudar a viabilidade da manobra, e o diretor partiu para a tarefa sem dizer mais nada. Ou quase nada:

— Pedro, eu adoraria descobrir que posso viver sem o doutor Fagenbaum...

Os cálculos se confirmaram. O Brasil teria dólares suficientes para entrar no Plano Brady sem a ajuda do FMI. Mas não seria uma engenharia simples.

Para começar, os Estados Unidos eram os donos do plano de renegociação da dívida, e também os donos da bola no Fundo Monetário. E o script do socorro financeiro previa o acordo com o Fundo. Além disso, as garantias que os países tinham de pagar na entrada da UTI eram títulos emitidos pelo Tesouro americano — os *zero coupon bonds*. Mediante o acordo com o FMI, os EUA emitiriam uma série especial desses títulos para cada freguês enfermo. Além de driblar o FMI usando seu próprio dinheiro, o Brasil teria que achar uma maneira de comprar os *zeros* sem ter que pedir a bênção dos Estados Unidos.

Esse era um assunto para as cobras criadas do Depin, o Departamento de Operações das Reservas Internacionais do Banco Central. Ressalvando a gravidade do tema e a necessidade de sigilo absoluto, Gustavo Franco fez a consulta a um dos mais experientes técnicos do departamento. A resposta foi instantânea: sim, era possível conseguir os *zeros* sem a emissão especial para o Brasil. Mas seria uma operação arriscada:

— Doutor, conseguir esses negócios aí no mercado é sopa. O único problema é que nós precisamos comprar 2,8 bilhões de dólares, e o Tesouro americano emite cinco séries de 1 bilhão de dólares a cada quatro meses. Ou seja, vamos comprar uma parcela muito grande. E isso, no mercado, já viu, né? O preço vai explodir, todo mundo vai notar, vai entornar o caldo.

O elefante tinha que entrar na loja de louças sem ser notado. A única saída era assumir de vez o caráter secreto da operação, pulverizando a compra bilionária em pequenos lances espalhados pelo dia-a-dia. E ver até onde se conseguia chegar. A caça aos *zeros* no mercado americano não poderia ser feita pelos operadores do BC — seria o mesmo que disfarçar o elefante com um par de óculos escuros. O negociador em Manhattan que atendesse pela décima vez o telefone de um forasteiro dizendo "relôu" e pedindo *zero coupons* mataria a charada: é o Brasil comprando. Era preciso trazer um deles, um espécime legítimo de Wall Street, para ir às compras no mercado americano sentado tranqüilamente em Brasília.

Em menos de 24 horas, o governo tinha um operador do banco JP Morgan instalado no Banco Central, em linha direta com o mercado de *zero coupon bonds*. Conversava fiado com os vendedores na ponta americana, tratava-os pelo apelido, mandava lembranças à patroa, e ia tocando suavemente o plano brasileiro. Uma pequena compra no primeiro dia, venda no dia seguinte, depois outro pedido um pouquinho maior. Tudo normal, o mercado se acostumando com aquele entra-e-sai, nenhum esbarrão na prateleira. A demanda engrossando, os *zeros* entrando. O elefante evoluía como um gato siamês.

Em dezembro de 93, com pouco mais de um mês de operação, a compra dos títulos batia em 1 bilhão de dólares — e o céu continuava de brigadeiro. Ninguém sabe, ninguém viu impressão digital brasileira no mercado. O plano deixara de ser uma tentativa ousada: era uma realidade, estava dando certo, e agora as chances de vencer a parada eram grandes. Era hora de começar a pensar, portanto, na outra parte da equação. Basicamente, como explicar a manobra clandestina aos Estados Unidos.

Na cúpula do Banco Central, o temor era de que, mesmo com as garantias pagas, os americanos simplesmente vetassem o Plano Brady para o Brasil sem o acordo com o FMI. Seria uma forma de punir a desobediência brasileira e de prestigiar o Fundo Monetário. Ainda assim, a avaliação de Pedro Malan e Gustavo Franco era de que esta seria, de qualquer forma, uma posição desgastante para Bill Clinton. Afinal, à parte a traquinagem, em termos financeiros a situação do Brasil seria tecnicamente perfeita. Os EUA teriam que assumir o ônus de um veto puramente político. A hipótese irritou Gustavo, que nessas horas, discutindo com sua equipe, se referia ao império americano como se ele estivesse sentado ali, do outro lado da mesa:

— Escuta aqui, malandro. Você vai vetar por quê? Como é que você não vai permitir que a gente faça o Plano Brady? Eu tenho aqui os bônus, os bancos credores querem, a gente quer... Tchau!

Mais do que um ensaio de discurso, era uma profissão de fé na soberania do mercado. Mas todos no BC sabiam que a jogada brasileira era arriscada, sujeita aos humores, chuvas e trovoadas dos Estados Unidos. O negócio era continuar a garimpar os *zeros* em silêncio, para ter a seu favor, pelo menos, o fato consumado das garantias totalmente pagas.

Pouco mais de dois meses depois, quando tocou a sirene do telefonema do Tesouro americano na presidência do BC, Pedro Malan atendeu ao mesmo tempo em que mandava chamar Gustavo Franco. Naquele início de março de 94, estava cansado de saber que Gustavo não teria nada para dizer sobre as tratativas com Mr. Fagenbaum — até porque àquela altura já não havia mais tratativa nenhuma. Mas sabia que Larry Summers perguntaria pela enésima vez sobre o FMI, então ficava bem ter a seu lado o diretor responsável direto por aquele assunto (ou falta de).

O presidente do Banco Central admitiu de saída a Summers que o acordo do Brasil com o Fundo continuava na estaca zero. Emendou que lamentava o fato e que isso o preocupava muito, mas insistiu que o Fundo parecia não compreender bem as medidas econômicas levadas a cabo pelo Brasil. Já ia engrenando sua dissertação sobre o esforço fiscal do governo quando notou que o assunto de Summers, na verdade, era outro.

Sem rodeios, o homem do Plano Brady espetou a pergunta crucial:

— O Brasil está comprando *zero coupons* no mercado?

O plano tinha sido descoberto. Naquele momento, o BC comprara, através do seu "espião" do JP Morgan, cerca de 2 bilhões de dólares de *zeros*. Faltavam ainda, portanto, uns 700 milhões, mas agora tentar manter o disfarce seria pior. Pedro também não rodeou, nem passou recibo. Dirigiu a pergunta seca a Gustavo, como se tratasse de um tema trivial:

— Quanto a gente já comprou de garantia pro Brady?

O diretor viu que ali não havia meia-volta a fazer, o único caminho era acelerar em frente. Informou que o Brasil já tinha mais de dois terços dos papéis necessários, significando que o restante seria arrematado tranqüilamente. Em suma, dali a três semanas, na data internacional marcada para a troca da dívida externa, o país teria 100% dos *zeros*, arrematados por seus próprios meios. Portanto, não precisaria do financiamento do FMI.

A mensagem foi retransmitida objetivamente pelo presidente do Banco Central a Larry Summers. A sorte estava lançada. O melhor mesmo ali era ser o mais direto possível, mostrar convicção e responsabilidade acerca da decisão tomada. E esperar a erupção do interlocutor para então escolher a melhor argumentação. Mas após a reação do representante do Tesouro americano do outro lado da linha, não haveria o que argumentar, porque não tinha havido erupção, nem sequer um leve tremor de terra. Em tom macio, Summers conseguiu ser mais sintético ainda do que os brasileiros:

— Já compraram? Ok, obrigado. Saudações.

Não era blefe, nem ardil. Como ficaria claro pelos movimentos seguintes, o governo americano ficara, talvez mais do que satisfeito, aliviado com a solução brasileira. Naquele grande resgate de náufragos, tinha sido o país que remara por conta própria — e não deixava de ser lucrativo ter uma epopéia a menos para supervisionar na burocracia penosa do FMI.

No dia 1º de abril, o Brasil tinha nas mãos os 2,8 bilhões de bônus que assegurariam a renegociação de sua dívida externa. Era o único país a entrar no Plano Brady bancando suas próprias garantias. E provava, para quem duvidasse, que a vida era possível sem o doutor Fagenbaum.

* * *

O drible do Brasil no FMI correu mundo rapidamente. Nos centros financeiros de todos os calibres, de Nova York ao Extremo Oriente, o país de Pelé suscitou a curiosidade geral. Forte atração de dólares, administração agressiva de reservas, invasão cirúrgica do mercado de *zero coupons* — tudo isso por baixo das saias de Washington. Valia uma espiada no glossário sul-americano: ali entre Bolívia e Buenos Aires parecia haver algo diferente acontecendo. Brasil — isso talvez fosse um negócio interessante.

O país passou a viver uma experiência peculiar. Pedro Malan e equipe começaram a receber sinais, sondagens, piscadas de olhos. Agentes financeiros vinham dizer que estava faltando Brasil no cardápio. Como assim?

A questão era clara: mal tinha acabado de embrulhar sua dívida velha no Plano Brady, o país via surgir a chance de ir buscar dinheiro novo no mercado, agora lançando seus próprios títulos — ações da companhia. Seriam sinais verdadeiros? O mundo estaria mesmo disposto a comprar Brasil? Só havia uma maneira de descobrir: içando as velas e se lançando ao mar.

Parecia estranho, para um náufrago recém-tirado da água, iniciar uma travessia oceânica. Se não existisse o tal vento a favor, um lançamento de bônus brasileiros no exterior poderia terminar num encalhe monumental — e o país teria de voltar com o rabo entre as pernas para sua posição no glossário entre Bolívia e Buenos Aires. Mas nos meses seguintes, a nau brasileira se fortificaria ainda mais, com o sucesso do plano econômico que o FMI desdenhara. Pedro e Gustavo então sentiram que, se o vento favorável existisse, o momento de aproveitá-lo era aquele. Decidiram tentar a travessia, mais precisamente do Pacífico, rumo ao Japão.

A escolha não foi casual. Apesar de todo o histórico de inadimplências e moratórias do governo brasileiro, nunca tinha havido calote de um centavo no Japão. Para completar, a tática era lançar bônus com vencimento bem curto (de dois anos), juros apetitosos e quantidade limitada (abaixo de 1 bilhão de dólares). De sobremesa, uma seqüência bem calculada de boletins para as agências de notícias japonesas, destacando os últimos avanços das medidas de estabilização econômica no Brasil. Valia tudo para adoçar o mercado, porque aquela operação, simplesmente, não podia falhar.

Não falhou. A Bolsa de Tóquio ficou pequena para o interesse dos investidores. O Brasil era manchete nos principais jornais japoneses. Os veículos especializados aclamavam a operação como *deal of the year* (o negócio do ano). Apenas 12 meses após a transfusão da dívida externa, chegara a prova material de que o vôo solo do país no Plano Brady, passando com sua nova agenda sobre a cabeça do FMI, tinha aguçado as antenas do mercado. O mundo estava olhando diferente para o Brasil.

Se a conquista do Japão confirmara o vento a favor, depois dela as velas estufaram de vez. Um mês depois a nau atracava na Alemanha. Novo estouro. Um bilhão de marcos captados, agora com vencimento de três anos, e exaltação na Bolsa de Frankfurt à confiabilidade dos bônus brasileiros. O *road show* não podia parar. E prosseguiu mundo afora, alternando eventos para explicar Brasil (aos que ainda não tinham comprado) e para vender Brasil (aos que já tinham entendido). De banqueiros a profissionais liberais, de donas de casa a fundos de pensão, cordiais e dissimulados quando asiáticos, francos e agressivos quando americanos, o mercado — no seu sentido mais amplo — ia entrando na catequese da missão brasileira.

Na escuridão de um café-da-manhã em Minnesota, estado americano onde o sol acorda tarde no inverno, um senhor na platéia pergunta, desafiador, por que ele deveria acreditar em promessas tão arrojadas de faxina econômica num país tão conturbado. A resposta está bem ensaiada, mas vem no tom duro em que os americanos gostam de ver sua dureza rebatida: o investidor deve acreditar no futuro prometido apenas porque ele é o prolongamento do presente; e o presente, já devidamente entregue, parecia no passado mais inacreditável do que o futuro parece agora. Geralmente, essa era a hora dos aplausos.

Seriam quase vinte operações de lançamento de bônus brasileiros em não mais do que dois anos. À medida que o prestígio crescia, aumentava a quantidade de papel emitido, caíam os juros oferecidos, esticava-se o prazo de vencimento — o país começava realmente a falar grosso no mercado. E chegou o dia de o mundo estender-lhe o tapete vermelho.

Coração financeiro de Nova York batendo forte, lançamento do bônus que ficaria conhecido como BR-27, um título brasileiro de trinta anos (15 vezes o prazo da captação no Japão). Naquele 4 de junho de 97, pela primeira vez uma emissão do país chegaria a 3 bilhões de dólares, a um juro também inédito (apenas 3,7 pontos acima da taxa dos EUA). Na abertura do pregão, gritaria, campainha, corrida forte ao BR-27 e o impensável: a demanda pelo bônus brasileiro batera em nada menos que 45 bilhões de dólares, ou 15 vezes o que fora oferecido. Era o *deal of the decade* (o negócio da década), de acordo com a *Latin Finance*, referência no ramo. Era também o Brasil solitário na manchete de primeira página do *Financial Times* do dia seguinte.

Gustavo Franco e a equipe do governo brasileiro assistiram ao espetáculo apoteótico ao vivo, de uma espécie de camarote na sede da corretora Goldman & Sachs. Eram três andares transparentes, suspensos sobre a planície dos operadores, de onde testemunharam mumificados aquele estouro de boiada em torno dos papeizinhos imaginados e desenhados por eles. Logo abaixo de seus pés, a visão sublime tinha algo de dantesco: era como estar no paraíso flutuando três metros acima do inferno. E eles de fato estavam.

Estavam, porque o capitalismo, como notou Keynes, detesta a estabilidade.

Estavam, porque a política zomba das linhas retas.

Estavam, porque o destino concede uma única garantia aos que fazem reformas profundas: ter inimigos infernais para o resto da vida (Lei de Gorbachev).

Estavam, enfim, porque o poder, como avisou Hjalmar Schacht, se alimenta da alma de seus inquilinos.

E poucos teriam tanto poder no Brasil como aquele grupo, que foi parar no topo do Planalto em maio de 1993. Num cenário de governo-tampão, herança de um presidente deposto e vizinho de um Congresso em crise, a janela que dava para a cabine de comando da República ficara aberta. Eles chegaram, olharam e entraram. E mexeram em tudo.

O surfista do acaso

Em São Paulo, depois do jantar, Ruth Cardoso respondeu ao genro com segurança:

— Não, não é o Fernando Henrique. Acabei de falar com ele em Nova York.

No Rio, quase na mesma hora, a chefia de redação de *O Globo*, que já tinha fechado a primeira página do jornal, recebia a ligação da sucursal de Brasília:

— Pode parar a máquina. É o Fernando Henrique.

* * *

A corrida eleitoral apenas começava a esquentar e o senador Itamar Franco, candidato a vice-presidente na chapa de Fernando Collor de Mello, mandou o recado inesperado ao deputado Ulysses Guimarães. Itamar queria negociar a adesão à campanha do doutor Ulysses, candidato a presidente pelo PMDB. Isto é, estava desembarcando da candidatura Collor. O portador do recado-bomba era o jornalista Jorge Bastos Moreno, assessor de imprensa e amigo de Ulysses Guimarães. Moreno se reuniu às pressas com o comando da campanha do PMDB e informou ao candidato sobre a reviravolta que estava prestes a acontecer a seu favor. Ulysses incumbiu o próprio Moreno de agendar o encontro com o vice de Collor. O jornalista voltou a Itamar, disse que a ponte estava feita e ofereceu-lhe uma data. A resposta ficou para o dia seguinte. Mas nunca chegaria.

Em 1992, durante uma solenidade da Marinha em Manaus, o vice-presidente da República Itamar Franco avistou Jorge Bastos Moreno, agora repórter de *O Globo*, e se dirigiu a ele. De novo, o assunto era grave. A crise que levaria ao impeachment de Collor já fervia, e Itamar tinha mais um recado para Ulysses Guimarães. Soubera que o líder do PSDB no Senado, Fernando Henrique Cardoso, não apoiaria a CPI do esquema PC Farias. E achava que o doutor Ulysses era a pessoa certa para convencer Fernando Henrique a aderir ao Fora Collor. Ou seja, era o vice conspirando a céu aberto contra o presidente. E era também a hora do troco do jornalista, que ficara dependurado na brocha três anos antes:

— Olha, não sou mais assessor de imprensa do PMDB, sou repórter. Portanto, não posso mandar seu recado. Se o senhor for falar com o doutor Ulysses, eu vou registrar.

Dessa vez, Itamar não deixou o assunto se desmanchar no ar. Encontrou uma data para levar sua mensagem ao destinatário, que tocou a articulação adiante, incumbindo o senador Pedro Simon de fazer o cerco a Fernando Henrique. Simon achou que o melhor a fazer, em lugar do vaivém de recados cifrados, era construir a aproximação entre o líder do PSDB e o vice-presidente. Não teve muito trabalho. Num encaixe quase instantâneo, Fernando Henrique e Itamar Franco iniciaram ali uma ligação forte, politicamente decisiva. Que tinha nascido de uma manobra para tirar o tucano do caminho da conspiração.

Assim como quase todas as raposas de Brasília, Itamar não via Fernando Henrique como um político de primeira grandeza. Muitos sequer o reconheciam como político. "Fernando

Henrique é intelectual", carimbavam os profissionais do ramo, fazendo a distinção de classe. O próprio Ulysses Guimarães, quando ambos ainda dividiam o mesmo teto no PMDB, considerava-o muito mais um outdoor do que um líder. Era um homem de idéias, respeitado no exterior, portanto uma bela grife para o partido. Mas seu histórico político, voltado mais para o front do pensamento, dificultava até sua apresentação como vítima da ditadura militar. Ao mesmo tempo, essa aura de forasteiro, de político não-político, desarmava os concorrentes. Fernando Henrique era sempre o suvenir, a ser colocado onde combinasse melhor com a mobília, nunca a ameaça. E assim ia abrindo espaço.

A tal ponto que, na montagem do ministério de Tancredo Neves, conseguiu o impossível. Todas as correntes do PMDB, de Franco Montoro a Ulysses Guimarães, passando por Orestes Quércia, apoiaram seu nome para o novo governo. Tancredo viu que aquele nome era inevitável, mas estava entre os que não o consideravam um político de primeira grandeza. Sacou então a mais mineira das soluções, criando o cargo de líder do governo no Congresso — uma invenção que permaneceria na paisagem de Brasília pelos governos seguintes. Era um cargo mágico, considerando-se que o Congresso é a Câmara mais o Senado, e que o governo já tinha postos de liderança nas duas casas. Uma quimera, criada para acomodar Fernando Henrique.

O intelectual que não tinha jeito para a política ia se movendo no poder. Mas continuaria, através dos anos, sendo visto pelas raposas como um apêndice chique, uma *avis rara* a ser preservada. Antes de explodir a crise do governo Collor, já em 1992, Fernando Henrique e Ulysses Guimarães tiveram um encontro casual no restaurante Piantella, em Brasília. Ulysses manifestou sua preocupação com a sobrevivência política do então senador tucano. Já não eram mais companheiros de partido, mas o cardeal do PMDB considerava Fernando Henrique uma representação importante de São Paulo. E calculava que seu oxigênio como homem público estava acabando.

    A preocupação se justificava. Fernando Henrique tinha quase aderido ao governo Collor, mas não aderiu. De fora, aos primeiros torpedos disparados contra o Palácio do Planalto, ficara ao lado do presidente já suspeito de corrupção. Parecia mais um capítulo de uma trajetória de posições mutantes e hesitações. Já no fim dos anos 70, articulara-se com os operários do ABC e quase participara da fundação do PT, mas na última hora ficara no PMDB. Depois, quase eleito prefeito de São Paulo, atrapalhou-se na campanha e perdeu para Jânio Quadros. No final dos 80, após costurar a criação do PSDB, quase ficou no PMDB — sendo o último dissidente a sair, praticamente arrastado pelas circunstâncias. De peito aberto, na conversa que se alongou no Piantella, Ulysses mostrou-lhe que essa trajetória de político acidental poderia estar chegando ao fim:

    — Falando francamente, você não tem chances de se reeleger senador. Talvez seja a hora de dar um passo atrás. Pense na possibilidade de preparar uma candidatura a deputado. Pelo menos você não fica sem mandato. Acho que é a saída possível.

    Depois do impeachment, pouco antes de desaparecer no mar, Ulysses Guimarães foi ao novo presidente, Itamar Franco, pedir a ele que mantivesse o sociólogo Celso Lafer como ministro das Relações Exteriores. Itamar respondeu que tinha pensado em Fernando Henrique para o cargo. Ulysses lamentou por Lafer, mas ficou aliviado. Achava que o Itamaraty era o lugar certo para a sobrevivência do tucano — um cargo sem muita visibilidade, que não lhe traria votos nem para uma candidatura a deputado. Ali continuaria protegido dos ciúmes da concorrência, exercendo seu papel simpático de intelectual infiltrado na política.

Doutor Ulysses não viveria para ver o salto acrobático do político acidental.

* * *

Com a queda do terceiro ministro da Fazenda de Itamar Franco em menos de nove meses, e a inflação passando de 30% ao mês, a primeira pergunta nacional era se o governo-tampão conseguiria não se desmanchar antes do fim — e ainda faltava mais de um ano e meio. A segunda pergunta era qual poderia ser o quarto nome a sair da cartola presidencial. Quem seria o brasileiro escalado para assumir a missão, cada vez mais inviável, de evitar que a economia se desintegrasse pelo menos até atracar no novo governo.

Sendo o quarto ministro da Fazenda, a aposta no escolhido era quase uma loteria. Entre os nomes que boiavam errantes na bolsa de especulações, de vez em quando apareciam alguns titulares de outros ministérios. Um deles era o chanceler Fernando Henrique Cardoso, sempre com uma série de ressalvas. Indeciso demais para comandar a economia, conciliador demais para um cargo em que é preciso, antes de tudo, saber dizer não. Além disso, o Itamaraty era visto por todos como a coroação da carreira do político-sociólogo, o seu ápice perfeito.

O repórter Rodolfo Fernandes era um dos que conheciam bem a relação especial entre Itamar e Fernando Henrique. Chamava-lhe a atenção o fato de o político mineiro ter sido o primeiro a tirar o tucano do rótulo de brilhante parlamentar e pensá-lo como ministro, levando-o para o poder Executivo. Um outro detalhe recente lhe voltava agora à cabeça: soubera que o último plano econômico, preparado na Fazenda pelo então ministro Eliseu Resende, tinha sido repassado por Itamar a

Fernando Henrique antes da aprovação final. Era um indício eloqüente de que a confiança do presidente em seu chanceler ultrapassava a esfera do Ministério das Relações Exteriores.

A secretária de imprensa do chanceler, Ana Tavares, atendeu a ligação de Rodolfo, coordenador de política de *O Globo*, já dizendo que não tinha novidades. Os dois se conheciam havia dez anos, e ela informou com toda a franqueza que seu chefe não estava no cardápio do presidente para a Fazenda. Não tinha havido nada: nem telefonema, nem recado, nem rumor. De qualquer forma, deu o número do apartamento do hotel Intercontinental em Nova York, onde Fernando Henrique se encontrava, e desejou-lhe boa sorte.

No primeiro telefonema o jornalista conseguiu falar com o chanceler. Ele confirmou que realmente não havia nada envolvendo seu nome, mas disse que jantaria na casa do embaixador do Brasil na ONU, Ronaldo Sardenberg, sugerindo que Rodolfo telefonasse à noite para lá. E lhe deu o número do telefone.

Esse era um dado importante. Se fosse só um despiste, ou um encerramento educado da conversa, não daria o número exato do telefone onde seria encontrado. Diria um "me liga mais tarde", e o repórter jamais voltaria a localizá-lo. Havia cheiro de notícia no ar.

Fernando Henrique e Rodolfo Fernandes tinham chegado a Brasília no mesmo ano de 1983. O primeiro, vindo de São Paulo aos 51 anos, como senador suplente de Franco Montoro, eleito governador de São Paulo. O segundo, vindo do Rio de Janeiro aos 21, para iniciar sua carreira de repórter político no jornal *Última Hora*. Era um momento denso da redemocratização, com Leonel Brizola, Tancredo Neves, José Richa e Montoro na safra de governadores de oposição recém-eleitos. E um Congresso renovado, que assumia para negociar a transição do regime militar para o civil. Nesse cenário, os jornalistas logo aprenderiam a sintonizar a rádio corredor na estação Fernando Henrique Cardoso.

Além de boa central irradiadora, o senador era um detalhista obsessivo. Tinha gosto pela narrativa, e isso era um prato para os repórteres. Muitas vezes, um prato literal, pois ali estava uma fonte que apreciava convites para jantar. Rodolfo era diversas vezes o parceiro de mesa. Degustava especialmente a sobremesa da conversa — geralmente uma análise política fina das informações servidas na entrada. Sentindo a receptividade, Fernando Henrique se aprofundava nas reflexões — quem ganha aqui, quem perde ali, de onde está vindo o poder, para onde está indo o regime. Chegava eventualmente a telefonar depois ao jornalista para refinar a lógica de algum argumento, mas nunca para comentar ou retificar algo já publicado. O prato principal daquelas conversas tinha dois ingredientes fundamentais, cada vez mais presentes: afinidade e confiança.

Quem não gostava muito dos jantares era a chefia da sucursal do *Globo* em Brasília, principalmente quando via o valor da nota. Freqüentemente contribuíam com o prejuízo os repórteres Jorge Bastos Moreno e Tereza Cruvinel. Fernando Henrique não parecia se incomodar. Chegava ao restaurante La Chaumière falando em francês com o dono e pedindo sempre os vinhos mais caros:

— Pode mandar descer que o Roberto Marinho está pagando!

A administração da sucursal não acharia a menor graça na brincadeira, mas os repórteres faziam questão de rebater as queixas na redação: aquilo não era prejuízo, era investimento.

No dia 19 de maio de 1993, era hora de colher um retorno graúdo daquele investimento. Rodolfo Fernandes deu o desconto do fuso horário desfavorável, estimou a hora do fim do jantar e ligou para a casa do embaixador Sardenberg em Nova York. Foi atendido e pediu para falar com o ministro Fernando Henrique. Sim, ele estava, mas a voz que voltou para atender não era a dele. Nesse momento, por outra linha, o repórter recebia uma ligação de Ana Tavares, respondendo uma chamada sua. Enquanto Rodolfo esperava para ver se o chanceler viria ou não ao telefone, a secretária de imprensa dele confirmava que o panorama era o mesmo do dia inteiro — nenhum sinal no horizonte:

— Não é o Fernando Henrique. Acabei de falar com a Dona Ruth. Pode ir dormir tranqüilo.

Mal se despediu de Ana, uma terceira voz entrou na ligação com Nova York. Dessa vez era o chanceler. E tinha novidades:

— Oi, Rodolfo. Olha, é o seguinte: o Itamar me ligou agora, pessoalmente. O assunto é aquele mesmo que você sabe. Vamos resolver amanhã no Brasil.

Após a rápida conversa, o jornalista desligou sabendo bem o que tinha nas mãos. Usara seus dez anos de Brasília para fazer o cálculo: um presidente que quer fazer apenas uma sondagem não passa a mão no telefone. Manda o chefe da Casa Civil ligar, e assim não se compromete nem com o sim, nem com o não do candidato. Em segundo lugar, o chanceler não estaria do outro lado da linha com o repórter, numa ligação internacional àquela hora da noite, se não fosse para uma confirmação daquilo que o país todo queria saber. Mas essa conta não podia estar aproximadamente certa, ou indicar uma possibilidade forte. Ali só valia 100%. Qualquer coisa diferente disso seria o desastre para si e para o jornal.

Não tinha nem meio minuto para refletir, já passava de meia-noite. Ligou para a chefia de *O Globo* no Rio. O primeiro clichê do jornal já tinha rodado, as rotativas iam começar a imprimir a segunda edição. Depois de uma rápida operação de troca, porém, esta já sairia com a primeira página modificada, trazendo a notícia exclusiva: o escolhido do presidente Itamar Franco para o Ministério da Fazenda era Fernando Henrique Cardoso.

A notícia estaria na rua antes da chegada do chanceler ao Brasil, portanto antes de sua conversa definitiva com o presidente. O perigo da bola fora só desapareceria totalmente no ato da nomeação. Mas Itamar trabalhou no mesmo ritmo da reportagem. Na mesma manhã de quinta-feira, quando os jornais chegavam às bancas, o Diário Oficial da União também trazia seu furo noticioso: antes de bater o martelo com o presidente, Fernando Henrique já era o novo ministro da Fazenda. Fora nomeado, por assim dizer, à revelia.

O intelectual desajeitado para a política, o militante que abandonava partidos antes de fundá-los, o parlamentar que não sabia se aderia ao governo ou o defendia pelo lado de fora, o político acidental, enfim, com os dias contados pela falta de aptidão para o poder assumia, em 20 de maio de 93, sua cadeira na cabine de comando da República. Com uma diferença para as últimas raposas que o haviam antecedido: tinha um plano de vôo na cabeça.

Vancouver, capital Ibiúna

Na chegada ao centro do poder, o político não-político tinha mais um sortilégio: dessa vez, parlamentares, tribunos, líderes, siglas e militantes assistiriam à batalha da arquibancada, ou no máximo da retaguarda. Sua tropa não tinha políticos.

O novo ministro da Fazenda carregava a impressão, talvez intuição de intelectual, de que o mundo político tendia a viver correndo atrás do próprio rabo. O jogo da harmonização de interesses parecia muitas vezes terminar num grande empate. Na floresta de conflitos, decidir não puxar o cobertor nem para um lado nem para o outro soava como um passo importante. Na política, freqüentemente a vitória era ficar parado.

No ano de 1992, no mundo inteiro, a inflação ultrapassara 1.000% em quatro países: Zaire, Rússia, Ucrânia e Brasil. Os três primeiros apresentavam causas estruturais graves para o sintoma. Só o Brasil tinha febre alta sem uma grave infecção visível. A inflação parecia sobreviver do grande empate político: panos quentes à esquerda, tranqüilizantes à direita, um pouco mais de anestesia e bola para frente.

Boa parte do mundo acadêmico entrava nesse zero a zero. Sobretudo quando, na universidade, o apetite científico era suplantado pelo ideológico. Aí as teses viravam um Fla-Flu — um jogo de confirmação ou refutação das cartas marcadas. Mas havia redutos onde a busca do rigor acadêmico beirava a obsessão. O Departamento de Economia da PUC do Rio de Janeiro não estava imune ao jogo. Suas teses pendiam para o liberalismo (na visão de muitos, para a direita). Visto por dentro, o que chamava a atenção naquele departamento, porém, era um grau incomum de tensão competitiva. No padrão americano trazido de Harvard pelo grupo de Dionísio Dias Carneiro, uma idéia era, antes de tudo, um alvo a ser abatido pela tropa de elite. Se permanecesse de pé, passava a ser reconhecida como idéia. Complacência zero — era a palavra de ordem.

Nos anos 80, a PUC passou a atrair gente interessada nessa atmosfera de competição intelectual agressiva. Pedro Malan trouxe de Berkeley uma variação do padrão americano, e do Instituto de Pesquisa Econômica Aplicada (Ipea) o mandamento fixado pelo ministro João Paulo dos Reis Velloso: se um trabalho acadêmico constrói uma crítica política, perfeito; se uma crítica política constrói um trabalho acadêmico, lixo. Aí poderia estar uma pista para a saída do grande empate brasileiro. Foi o cálculo de Fernando Henrique Cardoso ao recrutar na PUC a meia dúzia de cabeças que comporia sua tropa.

Edmar Bacha, Pérsio Arida e André Lara Resende já tinham tido uma incursão no front, com seus subsídios ao Plano Cruzado. Pedro Malan, Winston Fritsch e Gustavo Franco tinham as fardas ainda cheirando a lavanderia. Na verdade, eram meia dúzia de sete. Clóvis Carvalho, um executivo forjado na iniciativa privada e amigo do general, vinha com a função de manter o fio terra da tropa. Isto é, evitar que os economistas entrassem em órbita.

Na primeira reunião em Brasília, Fernando Henrique foi direto. Mostrou que se abrira para aquele grupo de pessoas uma janela de poder. E caberia a essas pessoas, ali reunidas, determinar se iriam atravessá-la para um grande vôo ou um grande tombo. Era a ordem-unida, mas todos sabiam que o objetivo real estava um pouco mais embaixo: ajudar o novo ministro da Fazenda a se safar daquela situação com dignidade.

A relação com o presidente Itamar Franco alcançara um grau extraordinário de confiança. Itamar sofria a fadiga de seu governo-tampão, mas dava munição e espaço para que Fernando Henrique fosse crescendo à sombra. Faria dele o ponto forte de um governo fraco, até transformá-lo numa espécie de primeiro-ministro, talvez capaz de reerguer o próprio governo. A história tinha chegado àquele ponto — um foco solitário de força em meio ao colapso dos poderes centrais — e o ministro da Fazenda agora deixava claro a seus sete comandados, no cenário prosaico de um apartamento funcional em Brasília: daqui para frente, o governo somos nós.

Era uma célula de poder absolutamente peculiar. Para começar, não estava definido quem teria ou deixaria de ter cargo no governo. Edmar Bacha foi logo dizendo que não queria, pelo amor de Deus. Clóvis não iria escapar — afinal, o responsável por manter todos os pés no chão não poderia estar flutuando. O chefe não queria precipitar nada, e não se apegou à definição das patentes. O regime naquela célula seria um homem, um voto — todos iguais perante o abacaxi de formular uma saída para o país. Com uma cláusula pétrea, garantida pelo ministro: blindagem total contra ingerências e bombardeios políticos do mundo lá fora. Em plena capital federal, estavam internados num bunker.

Começaram a trabalhar imediatamente, sabendo que, na ausência de resultados, mais fácil do que ter chegado à torre de controle era ser expelido dela. De início, um pedido: queriam proteção também contra as boas intenções do mundo externo. Referiam-se especialmente aos acordos de salvação nacional, conselhos políticos multirrepresentativos e afins. Pacto social era palavrão no bunker. Simplesmente não acreditavam em soluções do tipo "todos juntos, vamos". Não havia melhor receita para o imobilismo. Por mais autoritário que pudesse parecer, plano de vôo em situação de emergência era tarefa para poucas mãos. Sem falar no alerta liberal de Adam Smith: pactos de união nacional são os acordos entre as minorias organizadas contra a maioria desorganizada.

Como era uma metáfora, o bunker podia ser em qualquer lugar. E durante um bom tempo a equipe de Fernando Henrique trabalhou de forma totalmente subterrânea — sem qualquer registro da imprensa, que a pressentia e a farejava por toda parte. Mas os primeiros resultados produziriam um choque interno no grupo. Aquilo nunca fora declarado explicitamente, mas o ministro da Fazenda, naturalmente sob enorme pressão, precisava apresentar o que o país esperava dele: um pacote antiinflação. Para isso reunira os melhores cérebros do ramo. Logo notou, no entanto, que eles não estavam produzindo a bala de prata contra o dragão. Sua equipe não tinha um pacote para lhe dar.

Mais do que democrático, o bunker era meritocrático. Todos tinham voz e voto, mas na prática não havia votação, contagem de maioria, essas aritméticas da política. Vencia o melhor argumento — por sua própria força. Era uma ação em bloco. Autores de opiniões vencidas não carregavam por um minuto o peso morto delas. Largavam-nas para trás. No caso do pacote, quem largou a sua foi o general da tropa.

Os economistas admitiam ser inconcebível, no meio do incêndio, traçar apenas um plano de médio prazo. Seriam todos tostados com o plano nas mãos. Por outro lado, argumentavam que seria desastrosa mais uma intervenção do tipo primeiros socorros — uma congelada aqui, uma arrochada ali, um empurrãozinho na vírgula para a esquerda e lá vai o doente curtir mais seis meses de anestesia. Dessa vez, era preciso começar investigando diretamente o sistema nervoso central.

A tropa estava firme no diagnóstico: não dava mais para combater a erosão da moeda sem atacar os motivos que levavam à emissão desvairada dela — que acelerava sua erosão. O país entrara num grande faz-de-conta financeiro. O Estado bombeava a economia com um dinheiro que não tinha, e a conta salgada ia para cada brasileiro com a desvalorização meteórica desse dinheiro. Ainda assim, por incrível que pudesse parecer, a noção geral de "projeto nacional", "desenvolvimentismo" e outros símbolos de progresso continuava ligada ao poder gastador do Estado — esse Estado que vivia a passar cheques sem fundos.

Um plano econômico teria de começar, na avaliação daquele grupo, por uma varredura nos ralos orçamentários, nas ficções tributárias, nas caixas-pretas bancárias, enfim, por uma blitz na bagunça das contas públicas. Só depois fariam o ataque monetário — o combate direto à inflação. Era esse o plano de ação traçado no bunker e (sem que isso fosse dito abertamente) não haveria outro.

Depois de ouvir a análise de sua equipe, Fernando Henrique encomendou a ela um documento operacional, realista, sobre o que havia escutado. Em duas semanas receberia o que pediu. Ali estavam relacionadas, em cerca de 60 medidas minuciosamente descritas, as ações previstas para pôr o plano em prática. Os economistas chamaram-no de PAI, Programa de Ação Imediata. O documento impactou o ministro. Esperara de sua equipe um bom pacote, mas agora estava achando que ela lhe dera muito mais: aquilo era um plano de vôo para o país.

Não dissimulou o choque de otimismo, e devolveu imediatamente à tropa o entusiasmo que ela acabara de lhe despertar:

— Vou dizer a vocês, com toda a segurança: aqui nós temos trabalho para vinte anos.

Antes que alguém dissesse alguma coisa, porém, não perdeu a piada:

— Pena que o prazo de validade de um ministro da Fazenda no Brasil seja de três meses...

Entre olhares evasivos e sorrisos mais ou menos amarelos, o mascote do grupo, Gustavo Franco, devolveu:

— Então é melhor a gente ir embora pra casa, né, ministro?

Dessa vez, Fernando Henrique deixou de lado a ironia. Respondeu em tom mais grave, injetando no grupo o pressentimento político que acabara de ter:

— Ao contrário. Os ministros não duram porque há uma escassez de imaginação. O poder emana da idéia. Ninguém por aqui tem o que vocês têm. Deixem comigo. Vamos vivendo cada dia. Temos um longo caminho pela frente.

* * *

Tristão de Athayde esticou o braço e puxou do meio do tumulto o estudante acossado. O orador da turma de engenharia mecânica da PUC-RJ de 1977 acabara de fazer um duro discurso contra a ditadura militar, criticando o fechamento do Congresso Nacional decretado pelo general presidente Ernesto Geisel. O formando David Zylbersztajn ainda não descera do tablado quando viu aproximar-se um homem exaltado. Era o pai de um colega seu de curso, por acaso também chefe do SNI (Serviço Nacional de Informações) no Rio Grande do Sul. Aos gritos, já sobre o tablado, o militar disse que o jovem não podia fazer críticas graves como aquelas impunemente. Anunciou-lhe que estava detido, e que já mandara chamar os agentes da polícia política para interrogá-lo no Dops (Departamento de Ordem Política e Social).

Uma grande confusão formou-se em segundos em torno de David, quando Alceu Amoroso Lima, o Tristão de Athayde, patrono da turma, conseguiu chegar a dois metros dele e dar-lhe a ordem:

— Venha comigo e não largue o meu braço.

Protegido pela autoridade moral do doutor Alceu, cronista e pensador católico respeitado em todo o espectro da sociedade — e na universidade em particular —, David conseguiu alcançar as escadas. Sem desgrudar do Tristão, atravessou os pilotis e se jogou dentro de um táxi. Escapara das garras dos milicos.

Cinco anos antes, não tivera a mesma sorte. Desde que chegara à presidência do grêmio estudantil do Colégio de Aplicação, na Lagoa, o adolescente David Zylbersztajn sentia-se um opositor do regime militar. Entre leituras enviesadas de Karl Marx e Rosa Luxemburgo, estava sempre tramando algo para abalar a ditadura. Ela podia até não se abalar, mas o garoto agitava. Reuniões, debates, shows, palestras com João Saldanha, Milton Gonçalves, Fernanda Montenegro. Em 1972, o Brasil comemorava o sesquicentenário da Independência — e aquilo era uma data nobre para uma agenda subversiva. David e seus companheiros decidiram, com pouquíssima humildade, contrapor o grande show no Maracanã programado pelo governo Médici, que convocara Elis Regina para cantar o hino nacional.

O grêmio estudantil respondeu à ditadura, na mesma data e hora, com um show de Gonzaguinha. O cantor de esquerda achara simpática a causa dos garotos: a bilheteria do show serviria ao pagamento de advogados para presos políticos. Quem não achou a iniciativa simpática foi o Dops. Levou o jovem revolucionário, que ainda não tinha 18 anos, para um interrogatório e o manteve detido por dois dias e duas noites. David se assustou, mas não se desesperou. Sabia que a hora de seus algozes não tardaria a chegar, com a instalação do governo comunista no Brasil.

Zylbersztajn não estava no bunker, mas podia-se dizer que estava num anexo. Tornara-se um dos principais interlocutores do sogro, Fernando Henrique Cardoso, desde que se conheceram na França. O sociólogo acabara de perder a eleição de prefeito para Jânio Quadros. Naquele momento, meados dos anos 80, eram dois idealistas em crise com seus idealismos. Ambos tinham suas visões de mundo seriamente avariadas. Fernando Henrique, pela desilusão com a política; David, pela decepção com o comunismo.

A oportunidade de ir a Moscou ainda no tempo da cortina de ferro resultara numa experiência estranha para Zylbersztajn. Seu anfitrião na cidade, um jovem universitário, era filho de um cientista importante, que por sua posição ganhara direito a um carro. Vaidoso, o colega convidou David para um passeio turístico pela capital soviética. Ao estacionarem, o rapaz foi até a frente do automóvel, um Lada, retirou os dois limpadores de pára-brisa e guardou-os consigo. O brasileiro estranhou a cena e perguntou ao russo por que fizera aquilo. Ele respondeu com naturalidade:

— Se deixar aqui, roubam. E se roubarem, não tenho mais como comprar. Só no mercado negro, e é caro. Não existe reposição.

Mercado negro de limpador de pára-brisa? Aquilo não batia com a idéia da poderosa União Soviética. Passando pelo saguão do hotel, David avistou uma máquina de café e resolveu tomar um para se aquecer um pouco. Foi informado, porém, de que a moça que operava a máquina não estava por lá. No dia seguinte ela apareceu, mas só para informar que o pó de café tinha acabado. Os astros conspiravam contra o seu cafezinho. Já passava por ali sem nem olhar para a tal máquina quando viu, um belo dia, uma fila no local. Entrou nela imediatamente, já aguçando o paladar. Mas achou que a máquina estava silenciosa demais e notou que os primeiros da fila não estavam saindo com nenhum copinho nas mãos. Observando um pouco mais, entendeu o que se passava: as pessoas estavam comprando o pó de café para levar para casa. Na sua vez, a preciosidade já tinha acabado.

Na grande União Soviética, talvez um quilo de café valesse um par de limpadores de pára-brisa — no mercado negro. A estrutura urbana exibia a riqueza do país, mas o dia-a-dia expunha a carência das pessoas. Havia dinheiro, mas ele servia para muito pouco. De vez em quando surgia na rua uma Mercedes-Benz ou algum outro sinal de posse material, e logo vinha a explicação de que se tratava de alguém do partido — que era o Estado. O que Karl Marx acharia daquilo?

O homem que denunciou a acumulação de riquezas pelo capitalismo precisava ver onde suas idéias tinham ido parar. Aquilo não era outra coisa senão a velha acumulação de riquezas, agora de um modo mais artificial e concentrado, em nome do "poder coletivo". David não teve dúvidas: Marx fora traído pelo comunismo.

Havia um parentesco esquisito entre a fuga com o Tristão de Athayde e a fila da cafeteira moscovita. Nas duas situações, sentira-se freguês de uma entidade que decidia o que ele poderia falar ou consumir. Não só porque ambas eram ditaduras, mas por outro aspecto que ia ficando claro nas conjecturas européias com Fernando Henrique: em termos de centralização estatal da vida nacional, a direita e a esquerda pareciam irmãs siamesas.

Mas se Marx fora apunhalado pelo marxismo, se proletários e elites se abraçavam pendurados no Estado-patrão, e se Deus já não existia há muito tempo, para onde ir então?

Quando o Brasil parou sob o governo camicase de Collor, e depois desmontou na implosão do impeachment, a conversa no sítio da família em Ibiúna (SP) chegou a um ponto conclusivo.

Fernando Henrique e David Zylbersztajn não tinham dúvidas de que o país mergulhara na chamada crise gramsciana: desmantelamento das instituições existentes sem sinal do surgimento das novas. Ou seja, terra arrasada. Mas como as instituições estavam falindo por dentro, sem um ataque externo, essa ruptura identificada por Gramsci era também o terreno mais fértil para reformas profundas. Na bucólica Ibiúna, avistavam-se os primeiros sinais da nova agenda política brasileira.

No final de maio de 93, o plano de ação produzido por Bacha, Persio, André, Malan, Winston e Gustavo foi "vazado" pelo ministro da Fazenda para David. Naquele exato momento, o genro trazia-lhe um estudo inteiramente original. Baseado numa experiência governamental de Vancouver, no Canadá, que conhecera a partir de seu doutorado em economia da energia, ele apontava uma das saídas possíveis para as ruínas gramscianas. Tratava-se de uma cirurgia no aparelho de Estado — protegendo-o das cirandas da política e do dinheiro.

David propunha que, em determinadas áreas, o poder público passasse a ser exercido por agências independentes, protegidas dos solavancos do entra-e-sai de governos. Ainda ligadas a eles, mas com operação e mandatos autônomos. Nessas áreas, o Estado pararia de investir o dinheiro que não tinha. Passaria a garantir regras seguras para quem tinha o que investir, girando a roda da economia — em vez de garantir o emprego da moça que vigiava a máquina de café quebrada (e nas horas vagas contrabandeava a matéria-prima).

Com surpreendente precisão, os documentos de Zylbersztajn e do bunker, produzidos sem qualquer contato entre seus autores, encaixavam-se perfeitamente. Projetavam o mesmo ataque ao Estado perdulário, partidarizado, inflacionário. Aquilo era suficiente para levantar qualquer idealista do divã. Com os dois planos nas mãos, Fernando Henrique teve a visão clara: a reforma do Estado brasileiro estava no ar. Ele não precisaria inventá-la. Talvez pudesse regê-la.

* * *

O presidente do BNDES, Márcio Fortes, mandara chamar em sua sala o jovem gerente de análise macroeconômica. Há menos de um ano na casa, Sérgio Besserman Vianna nunca tinha entrado na sala da presidência. E a estréia não se deveria a assunto rotineiro, pois ele não despachava com o presidente. Das duas, uma: ou era pepino, ou era abacaxi. Apresentou-se e já foi ouvindo a interrogação veemente, em tom de cobrança:

— Sérgio Besserman! O que você falou pro meu superintendente? Ele nunca mais que volta do almoço e mandou avisar que está fazendo umas compras urgentes!

— Desculpe, presidente. Não estou entendendo...

— O Durval, chefe de gabinete, me disse que ele já comprou dois freezers, uma geladeira e ainda vai atrasar um pouco porque está escolhendo um ar-condicionado! Que história é essa?

Apesar da voz trovejante do presidente, agora o jovem gerente se acalmara, matando a charada. O questionamento agressivo era uma forma teatral de manifestar uma curiosidade, talvez um elogio.

Besserman fizera durante a manhã uma apresentação ao Comitê da Superintendência do banco, que ficava logo abaixo da diretoria. Como analista de conjuntura, ele vinha fazendo um cruzamento, país a país, entre gastos públicos elevados e hiperinflações — constatando a ligação entre uma coisa e outra através da história. Estavam em fins de 1988, reta final do governo Sarney. A inflação caminhava para os 80% ao mês e ainda havia, dentro do BNDES, correntes que viam nisso um subproduto aceitável do crescimento. Para ilustrar a gravidade da situação, Besserman mostrava casos na Áustria e na Alemanha em que a população, para salvar-se da evaporação do dinheiro, jogava suas economias pessoais inteiras na aquisição de "ativos reais" (eletrodomésticos e bens duráveis em geral). O superintendente do BNDES tinha saído da palestra direto para a aquisição de seus ativos reais.

O presidente Márcio Fortes estava, na verdade, impressionado com a capacidade de convencimento do gerente novato. Convocara-o para saber mais sobre suas idéias, particularmente sua insistência na questão do controle dos gastos públicos. O jovem economista ganhara o Prêmio BNDES (que lhe valera o emprego) com uma tese sobre política econômica no segundo governo Vargas — e achava que, no presente, aquele ciclo varguista do Estado provedor estava se prolongando equivocadamente. No coração de um banco público criado justamente para irrigar a economia, aquele gerente resolvera introduzir e martelar uma tecla estraga-prazeres.

Besserman era um propagador daquilo que, mais tarde, viria a ser conhecido como responsabilidade fiscal. Fincado numa outra trincheira do Estado brasileiro, trazia para os anos 90 mais uma semente da mesma reforma que se avistava de Ibiúna, de Vancouver, do bunker.

Márcio Fortes não só gostou das idéias do gerente de análise macroeconômica, como achou que havia ali um embrião de plataforma eleitoral. Decidiu levar Besserman e seu pocket show sobre inflação e gastos públicos ao doutor Ulysses Guimarães. O líder máximo do PMDB acabara de promulgar a nova Constituição brasileira e despontava como favorito à sucessão do presidente Sarney. Estava consagrado como herói cívico, mas precisava de uma palavra de ordem no front econômico. Fortes achou que a ideologia do seu jovem gerente era o ingrediente que faltava à campanha.

Logo a família e os amigos do economista de 32 anos ficaram sabendo que ele seria recebido pelo homem mais importante do país naquele momento. A mesma curiosidade do presidente do BNDES espalhou-se pelo circuito doméstico. O que, afinal, Sérgio tinha de tão impressionante para dizer? O jeito foi repetir o pocket show para os mais chegados. E as reações repetiram a do superintendente que saiu correndo atrás dos "ativos reais". Seu irmão mais novo, Cláudio Besserman, o humorista Bussunda, e os parceiros do Casseta e Planeta ficaram tão preocupados que chegaram a estocar alimentos a granel. Bussunda passaria anos chamando o irmão mais velho de alarmista, e proibindo-o de falar de economia na sua casa:

— Não, isso eu não admito! Olha aqui na despensa. Ainda tenho lata de atum daquela época!

Bem antes de fazer Bussunda estocar ativos, Sérgio tinha feito o irmão ler o *Manual do materialismo dialético* e a *História da riqueza do homem*, como preparação para ingressar no Partido Comunista Brasileiro. Bussunda e os "cassetas" chegaram a entrar no Partidão, mas não o levaram a sério como Sérgio. Aos 15 anos, o filho mais velho da psicanalista Helena Besserman Vianna — que denunciou a colaboração do colega Amílcar Lôbo com a tortura — já era dirigente do PCB. Antes, aos 12, já integrava um movimento auto-intitulado Frente de Esquerda Revolucionária, um grupo de alunos rebeldes do Colégio de Aplicação.

Sua primeira missão política foi dar um berro para distrair o porteiro, Seu Nogueira, e permitir a entrada de militantes que fariam um comício no pátio. Mas o plano tinha uma segunda parte: ao virar na direção do seu berro, o porteiro levou uma paulada por trás na cabeça e foi ao chão sangrando. O revolucionário Besserman ficou três noites sem conseguir dormir, até Seu Nogueira reaparecer na escola. Estava com a cabeça toda enfaixada, mas estava vivo.

No início da juventude, a ideologia do militante comunista sofreria um choque anafilático com sua entrada no território liberal do Departamento de Economia da PUC — onde teria professores como Edmar Bacha, Persio Arida e Winston Fritsch. Aos poucos, com a observação da realidade e o aprofundamento dos estudos, também passou a achar — como David Zylbersztajn, seu colega no Aplicação — que o comunismo tinha traído Marx. Mas continuava sentindo-se marxista na caça aos dilemas do capitalismo. E achava que o Estado inchado e antieconômico era um deles. Talvez tivesse se tornado um marxista liberal, como provocavam alguns antigos companheiros.

Já no BNDES, defendendo a abertura econômica e a integração competitiva dos mercados, seu pensamento tornara-se quase antagônico ao de alguns dos seus amigos marxistas. Quando cruzava na PUC com o filósofo Leandro Konder, um dos grandes, Besserman tinha que responder se sentia saudades de ser de esquerda:

— Continuo sendo. A esquerda é que mudou de lugar, e acho que nem todo mundo percebeu... — rebatia, devolvendo amistosamente a farpa.

Apesar dos choques anafiláticos nas mudanças de atmosfera, quando entrou no BNDES teve a curiosa sensação de sentir-se em casa. Com o tempo, foi percebendo que o banco era uma burocracia sólida, que se movia rápido e em bloco, baseada no padrão de qualidade e numa disciplina nipônica. Deu-se conta, então, de que eram esses os valores que marcavam suas duas escolas antagônicas anteriores — a busca da excelência, na faculdade de economia, e a obediência cega, no Partido Comunista. De certa forma, o BNDES era a fusão da PUC com o Partidão. E colava seus cacos ideológicos e profissionais.

Quando chegou a Brasília para o esperado encontro com Ulysses Guimarães, Besserman soube que não iriam para o Congresso Nacional, nem para a sede do PMDB. Márcio Fortes acertara um encontro privado com o grande líder, no apartamento dele, para que não houvesse interferências. O presidente do BNDES levara também outros dois economistas do banco, Júlio Mourão e Luiz Paulo Veloso Lucas, para tratar de abertura e privatização. E insistiu com o deputado para que reservasse a manhã e parte da tarde, pois a munição que ia receber era farta.

Doutor Ulysses recebeu o grupo com grande simpatia, e a brigada de Márcio Fortes iniciou seu ataque. Conceitos, tabelas, slides, digressões históricas, modelos dinâmicos para o futuro. Um novo paradigma pronto e embalado para o candidato à presidência da República, culminando com o contundente pocket show de Besserman sobre ajuste fiscal e hiperinflação. Talvez fosse até melhor dar uma amansada no velho cacique no final da apresentação, para ele não sair comprando geladeiras e latas de atum.

Mas não foi preciso amansar o doutor Ulysses. Terminadas as mais de quatro horas de exposição, ele estava absolutamente calmo. Na verdade, calmo demais. Fora alguns comentários laterais, não reagira a nada do que lhe fora dito. Talvez estivesse muito impressionado e, por isso, um pouco paralisado. Mas nem tanto, porque deu uma palmadinha na coxa e levantou-se apressado, sem perguntas, com a fala que encerrava o espetáculo:

— Vocês são muito bons, muito inteligentes. Parabéns. Botem tudo isso num papel e mandem por favor pro meu gabinete. E apareçam sempre aqui em Brasília!

Besserman e seus colegas saíram do apartamento do deputado catatônicos. Um deles ainda se arriscou a perguntar ao presidente Márcio Fortes se ele achava que o candidato tinha aprovado a plataforma. A resposta foi um jato de sinceridade:

— Esquece isso, rapaz.

Cara a cara com o brontossauro

As eleições presidenciais de 1989 surgiam como um palco iluminado para os jovens economistas e suas teses inovadoras. Sérgio Besserman bateu no muro da indiferença do candidato Ulysses Guimarães. Mas um ex-colega seu da PUC apostava alto no concorrente Mário Covas, do PSDB.

Assim como Besserman, Gustavo Franco também tinha 32 anos, diagnósticos graves e teses agudas. Voltara pouco mais de dois anos antes dos Estados Unidos, onde se doutorara em Harvard, e andava obcecado por uma pergunta simples, que ninguém parecia responder direito: qual a chave para o crescimento de um país por seus próprios meios, sem inflacionar o presente e hipotecar o futuro? Mergulhado em estudos e análises, vinha encontrando pistas bastante originais para a resposta. E isso era tudo o que a campanha de Covas precisava, ao lançar seu lema: "Um choque de capitalismo para o Brasil."

A partir da PUC, para onde voltara como professor, Gustavo passara a compartilhar suas formulações com um grupo que misturava acadêmicos e políticos, reunidos pelo economista e deputado paulista José Serra — um dos fundadores do recém-nascido PSDB. De saída, ele propunha que algumas certezas consagradas sobre progresso e nacionalismo fossem, gentilmente, viradas de cabeça para baixo. Em especial, a noção de que um país é mais independente quando é capaz de proteger sua economia e buscar a auto-suficiência. Para Gustavo, a verdade estava exatamente no contrário.

Para sustentar um dos argumentos preferidos de seu repertório, baixava os números na mesa: nas economias menos protegidas (mais abertas), a concorrência com outros mercados provocava o aumento da produtividade do trabalho. Ou seja, um trabalhador gerava um valor maior com o mesmo tempo trabalhado. A boa e velha competitividade. No final do século XX, a história já mostrava que economias fechadas encalhavam na ineficiência. Este era o paradoxo: proteção e auto-suficiência não tinham mais nada a ver com independência. O "choque de capitalismo" de Covas devia avisar aos desenvolvimentistas que os sinais estavam trocados: o fortificante natural do país era a abertura econômica.

Eram idéias que convergiam com teses trazidas para o grupo político-acadêmico por economistas como Winston Fritsch, da PUC, Eduardo Guimarães, da UFRJ, e José Roberto Mendonça de Barros, da USP. Descontadas nuances e arestas, todos no pequeno fórum formado por Serra estavam convictos de que nenhum outro candidato teria uma plataforma com tanta substância como a do PSDB.

A campanha já estava na rua e, num de seus primeiros compromissos importantes no Rio de Janeiro, o senador Mário Covas iria discursar num evento do Clube de Engenharia. Recém-separado de seu primeiro casamento, Gustavo Franco estava começando a namorar uma jovem economista, e convidou-a para irem assistir à fala de seu candidato. Explicou à moça suas contribuições ao programa do PSDB, para que ela pudesse reconhecer suas teses no discurso do líder. Procuraram uma brecha no auditório lotado e assistiram, meio espremidos, à entrada triunfal de Mário Covas. Veio então o discurso do choque de capitalismo, mas a economista não estava conseguindo identificar nele as teses do novo namorado:

— A indústria brasileira não pode ficar exposta a uma abertura comercial descuidada — começou o candidato, citando em seguida os conflitos violentos do ano anterior na China para ilustrar os riscos potenciais de uma abertura de mercado abrupta.

Por aí seguiu a fala do líder, a cada frase arrancando aplausos da platéia nacionalista do Clube de Engenharia e achatando Gustavo na cadeira. E tome referências à soberania nacional, reestruturação econômica com proteção de mercado (como a União Soviética estava fazendo), competitividade incentivada pelo governo... O jovem professor da PUC não acreditava no que ouvia. A fala do candidato era a negação perfeita das suas teses. Parecia uma conspiração para que ele perdesse a namorada. E quase perdeu.

Assim como Besserman, Gustavo ia aprendendo que as idéias acadêmicas, quando entravam na atmosfera da política, sofriam no mínimo um solavanco. Às vezes ficavam incandescentes, eventualmente se desintegravam. Nesse caso, se o autor não saltasse da nave a tempo, viraria pó também. Teve de pensar seriamente nesse risco no segundo turno das eleições. Covas fora derrotado no primeiro turno, e havia um novo pretendente para suas teses.

Fernando Collor de Mello estava no segundo turno, contra Luiz Inácio Lula da Silva. As idéias explosivas do Plano Collor — o seqüestro da poupança dos brasileiros — ainda não existiam. Na verdade, já haviam circulado nos bastidores da campanha eleitoral, mas em outro comitê. Além da interface com o PSDB, o Departamento de Economia da PUC também tinha ligações com o Partido dos Trabalhadores, especialmente através do professor José Márcio Camargo. A idéia de congelar parte da dívida interna, bloqueando recursos depositados nos bancos, aparecera em reuniões do PT na casa de José Márcio. Economistas como Maria Sílvia Bastos Marques, Pedro Bodin e o próprio Gustavo chegaram a participar desses encontros. Um documento preliminar do PT, organizado pelo sociólogo Francisco Weffort, também discutia a possibilidade de prender nas contas parte do dinheiro aplicado pelos correntistas. Era o que os boatos diziam que a esquerda ia fazer — e que a direita acabou fazendo.

Mas na passagem do primeiro para o segundo turno, a equipe de Fernando Collor ainda não tinha noção do que fazer se ganhasse a eleição. Mal saíra o resultado da apuração dos votos, Winston Fritsch ligou para Gustavo Franco chamando-o para uma reunião na PUC. Encontraram-se na sala de Winston, onde estava também o colega Eduardo Modiano, colaborador da equipe de Collor, liderada por Zélia Cardoso de Mello. As propostas de Covas tinham repercutido muito nos bastidores da campanha, e agora, pelo visto, iam ser negociadas no mercado paralelo.

— O negócio é o seguinte, o pessoal do Collor tá precisando disso que vocês fizeram aí, porque a gente não tem nada — resumiu Modiano. — Vamos trabalhar juntos? Vocês topam transferir pra nós essa tecnologia?

A questão era delicada. Era preciso cuidado com aquela história de embarques e desembarques.

— Não sei, Dudu. Temos que reunir o nosso grupo pra decidir. A gente te liga — encerrou Gustavo, ganhando tempo.

No dia seguinte, na mesma sala, o grupo que subsidiara o finado choque de capitalismo de Mário Covas era apresentado por Winston ao novo dilema:

— Pessoal, temos um convite pra fazer uma "consultoria" pro candidato Collor. O que a gente faz?

Nessa altura, já estava mais ou menos claro que Covas apoiaria Lula no segundo turno. Isso complicava um pouco a situação. José Roberto Mendonça de Barros, por exemplo, disse que estava fora de qualquer colaboração com Collor. Alguns estavam indecisos. Mas Eduardo Guimarães, Gustavo e Winston queriam conferir o convite de Modiano:

— Se os caras querem a documentação que a gente produziu, por que não conversar com eles? Vamos deixar tudo na gaveta? Não vejo problema — opinou Gustavo.

Os três que eram a favor de aceitar o convite foram, então, adiante. No QG de Collor, encontraram-se com os economistas Luiz Paulo Veloso Lucas e João Maia, assessores do candidato. Zélia não estava lá, nem estaria nos próximos encontros. Aquela campanha tão arrebatadora quando vista de fora, por dentro parecia oca. O jeito era arregaçar as mangas para dar-lhe algum recheio, com a tal transferência de tecnologia. Passaram então a trabalhar em documentos não mais teóricos, mas já com forma de medidas governamentais. O primeiro passo foi a elaboração de duas medidas provisórias de liberalização de importações, a tal abertura econômica.

Estava ali o instrumento para que Collor pusesse em prática seu discurso contra as "carroças" — a crítica à indústria automobilística nacional, que simbolizava seu plano de ataque ao protecionismo. As medidas redigidas pelos novos colaboradores da PUC seriam, no ano seguinte, um dos primeiros passos da abertura de mercado iniciada no Brasil. Naquele momento, eram o suficiente para que a equipe de Collor formalizasse um convite para que aderissem ao grupo que assumiria o governo.

Mas aí a coisa mudava de figura, e a dúvida ficava mais séria. Winston, Eduardo e Gustavo hesitaram, já procurando a melhor forma de recuar. Até ali sequer tinham conhecido Zélia Cardoso de Mello, a dona da bola, e Modiano conseguiu então agendar um encontro deles com ela. Aceitaram e apresentaram-se no local combinado, um escritório espaçoso num dos andares mais altos da Torre Rio Sul. O ambiente era um tanto opulento, todo decorado em dourado, e não era possível identificar o que funcionava naquele lugar. Teriam tempo suficiente para admirar a vista deslumbrante da Enseada de Botafogo, porque a anfitriã não estava lá, e nunca mais que chegava. Uma hora depois do horário marcado, Zélia apareceu tranqüila, afável e falante. Cumprimentou os economistas, fez comentários genéricos sobre a conjuntura, descontraiu o ambiente com amenidades. Em pouco mais de meia hora levantou-se e pediu desculpas: precisava se retirar.

Os convidados a integrar o futuro governo sequer puderam discutir o convite. Não deu tempo nem de dizer não a Zélia. Mas alguns dias depois, ainda que de forma atropelada e surpreendente, seus problemas estariam resolvidos pela própria capitã de Collor. Sem lhes dizer nada, ela convidou outro expoente da PUC, Marcelo de Paiva Abreu, não apenas para fazer parte do governo, mas para ser o secretário de política econômica. Abreu já sabia pelos colegas das esquisitices daquele grupo político, mas aceitou, desde que pudesse escolher seus auxiliares.

O pedido foi aceito e Marcelo Abreu preparou sua mudança para Brasília. Collor já estava eleito, agora era pegar o avião e começar a trabalhar. Chegando à capital federal, o economista da PUC descobriu de saída que seu chefe de gabinete já estava nomeado. Era a primeira rasteira. No momento seguinte, assuntando aqui e ali, soube que o homem fora colocado lá por sua lealdade a Paulo César Farias. O tesoureiro de Collor ainda não montara sua fantástica rede de corrupção, mas já era bem conhecido nos bastidores da campanha como um achacador desinibido.

Abreu nem guardou as roupas no armário. Refez as malas e procurou Zélia para informar que estava fora. Não conseguia encontrá-la de jeito nenhum, então se mandou assim mesmo. Se demitiria depois, via satélite.

Daquela vez, os donos das idéias tinham sabido, ao menos, antever a entrada na atmosfera hostil. Quando a nave explodiu em chamas, eles já haviam acionado suas cadeiras ejetoras. Flutuavam a salvo no espaço, à espera de um outro vôo que permitisse a aterrissagem de seus planos em solo seguro.

* * *

Guilherme Arinos não se importava com as maledicências contra o trabalhismo, nem contra o regime implantado pela Revolução de 30, muito menos contra o velho PTB. Só não podia ouvir críticas ao homem, à pessoa de Getúlio Vargas. Aí queria briga. Amazonense de Itacoatiara, Arinos tivera uma infância dura, conhecendo o sufoco da fome desde que o pai não voltara de uma viagem de barco, morto de beribéri. Com os meios que não tinha, preparou-se para um concurso do Banco do Brasil e surpreendeu a família ao conseguir a aprovação. Era o início de uma carreira pujante, na qual colecionaria grandes marcas, como a fundação do BNDES. Mas se destacaria, acima de tudo, por tornar-se um dos brasileiros mais próximos e leais a Vargas.

A lealdade era tanta, sobretudo após tornar-se secretário particular do presidente, que Arinos não tinha tempo para casar. Seu namoro com Maria Isabel Barbosa talvez se esticasse indefinidamente se Getúlio não se retirasse de cena, com o tiro no peito. Só então Arinos aceitou se casar, quase aos 40 anos de idade. Voltava-se finalmente para sua própria família, e decidiu homenagear o pai que mal conhecera. Faria isso através de seu primeiro e único filho, nascido no ano seguinte. Pouco antes de morrer, seu pai decidira quebrar a tradição familiar de dar aos filhos nomes de afluentes do rio Juruá. Mas na sua ausência, a mãe resolveu manter o ritual, escolhendo o afluente Arinos. Agora, quatro décadas depois, ele concretizava a rebeldia, batizando o filho com o nome que seu pai queria lhe dar: Gustavo Henrique.

Gustavo Henrique não ia bem na escola. Dispersivo, inquieto, insubordinado, colecionava advertências das autoridades do Colégio São Vicente de Paulo, no bairro carioca do Cosme Velho. Freqüentemente o adolescente era posto de castigo na biblioteca, ou por mau comportamento, ou por não ter trazido pela enésima vez os livros escolares. Trancado sozinho naquele lugar, talvez por pura rebeldia, sentia-se atraído por outro tipo de livro, que ninguém na sua classe lia. Dante, Homero e Goethe eram alguns dos autores que passou a devorar nas sessões de castigo. Aprenderia a localizar de olhos fechados cada volume da coleção "Clássicos Jackson" nas prateleiras da biblioteca. Mas Goethe não caía nas provas.

Para piorar o quadro das subversões, suas notas, que nunca tinham sido lá muito boas, começaram a despencar de vez no científico (o ensino médio da época). Estava com 16 anos quando entrou na quarta recuperação — só eram permitidas três — quase ao mesmo tempo em que se envolveu numa arruaça durante um acampamento da sua turma. A direção do colégio então convocou seu pai para uma conversa. Guilherme Arinos foi ao São Vicente e recebeu do diretor, padre Almeida, a informação definitiva. Por uma confluência de maus resultados e indisciplina, Gustavo Henrique estava expulso da escola.

Arinos ficou indignado e repudiou duramente a decisão. Em casa, porém, começava a se preocupar com o caminho que o filho tomava. Matriculou-o num colégio alguns metros adiante do São Vicente, o Sion, que deixara de ser só para moças e captava os primeiros rapazes entre os que abandonavam a escola vizinha. Era a hora da virada. O vestibular estava chegando e Guilherme Arinos queria que Gustavo concorresse para economia. Mas estava difícil. Com a mínima proporção masculina em relação à multidão feminina, a lei da oferta e da procura mantinha-o quase integralmente no departamento dos assuntos amorosos.

A obsessão pela formação acadêmica do filho provinha de uma das poucas derrotas que a vida impusera a Arinos. Jamais fora um ambicioso, mas sentiu quando seu vôo mais alto — possivelmente para um posto de ministro ou de presidente do Banco do Brasil — foi capado pela formação precária de menino pobre da Amazônia. A mesma munição que lhe faltaria em duelos intelectuais importantes, como os perdidos para o economista Roberto Campos na diretoria do BNDES. Tinha de dar ao filho melhores chances, para que ele também lhe desse a chance, de certa forma, de reescrever sua história.

Mas Gustavo não mostrava inclinação específica por nenhuma carreira. Nem específica, nem genérica. Seus interesses se dirigiam cada vez mais para a literatura — e uma literatura do tipo que passarinho não bebe: Dostoiévski, Henry Miller, Rimbaud. Quanto mais maldito, melhor. Arinos não estava achando a menor graça naquele exotismo intelectual às portas do vestibular. Não era de impor nada, mas dessa vez acionou seus mecanismos de pressão. Aos poucos, foi deixando o filho ver que estaria tudo bem entre eles dois qualquer que fosse o caminho escolhido — desde que esse caminho levasse a uma faculdade de economia. Gustavo não tinha nada contra economia, nem a favor, mas diante das circunstâncias resolveu tentar. Só que Arinos não queria que ele tentasse. Queria que ele conseguisse. E dentro dessa filosofia, fazer um só concurso era dar sopa ao risco. Deveria inscrever-se em, no mínimo, três vestibulares.

O rapaz acabou inscrevendo-se em quatro: PUC, Cândido Mendes, Escola Brasileira de Administração Pública (Ebap) e Gama Filho. Mas a conduta na escola continuava sofrível. Não assistia a todas as aulas, criticava os professores, faltava aos testes. Aparecia com livros que estavam fora do currículo e os exibia em sala, argumentando que determinada lição não era bem assim. Em suma, estava jogando fora seu ano letivo. Por outro lado, passara a se trancar por horas em casa, com um arsenal de livros comprados à revelia da programação escolar. E Dostoiévski não estava mais lá.

Guilherme Arinos teve de absorver o impacto quando vieram os resultados de Gustavo Henrique no vestibular: passara nos quatro. Na Cândido Mendes, ficara em segundo lugar. Na PUC, em primeiro. Emocionado, o velho escudeiro de Vargas via as últimas dívidas do garoto pobre de Itacoatiara começarem a ficar para trás. De quebra, ou talvez acima de tudo, vingava-se saborosamente do padre Almeida.

Iniciado o curso de economia na PUC, o interesse do novo universitário pelas aulas ficou levemente acima do nível dos tempos de escola. Ou seja, continuava achando tudo uma chatice. Devia haver algo errado com seu apetite literário e intelectual, que nunca encontrava correspondência no meio externo. O que a PUC lhe oferecia, em termos de pensamento crítico, era Karl Marx por todos os lados. Quase toda disciplina agregava alguma pregação ideológica antiestablishment, sempre trazendo o marxismo como uma cartilha revolucionária de bolso. A ditadura no Brasil já agonizava rumo à anistia, e Gustavo sentia naquilo tudo um grande cheiro de mofo.

Certa vez, desentendeu-se com uma professora de sociologia política que lhe parecia dar aula de trás de uma barricada. Não se conteve, e resolveu interromper a catequese marxista contra a tirania do regime militar no país. Levantou o dedo e falou que, na sua opinião, subversivo não era Marx, mas James Joyce. Quase saindo de si, a mestra acusou-o de alienado, e teve que ouvir a provocação:

— Professora, não sei se a senhora percebeu, mas a guerra acabou. Ganhamos! A gente tem um país aí pra construir. A universidade não é mais o centro da resistência. A nossa revolução agora é a excelência! A senhora não acha?

Ela não só não achava, como dali para frente elevou a sua barricada em mais um metro de marxismo tropical. O jeito foi reeditar a subversão da época do vestibular: com outros três colegas insatisfeitos, Edward Amadeo, Marco Guarita e Luiz Paulo Marinho Nunes, Gustavo criou um grupo de estudos paralelo, com encontros quinzenais e pauta independente. No topo da lista, análises sobre as conseqüências do movimento de Maio de 68 na França, à luz de Sartre e Marcuse, que jamais davam as caras no currículo embolorado da faculdade.

De certa forma, era a herança de um outro grupo, este de rock. A banda tinha Amadeo como vocalista e guitarrista, Gustavo como tecladista e outros dois amantes dos Beatles e dos Rolling Stones — ou nem tanto dos Beatles, que os roqueiros do Circo dos Horrores (o nome do grupo) consideravam um som "meio boiola". Mas quando o grupo trocasse as guitarras pelos livros, acabariam identificando-se com a resposta de John Lennon a Jerry Rubin e aos rebeldes de Maio de 68: "Vocês querem a revolução? Querem destruir o que aí está em nome do marxismo e da justiça social? Tudo bem, estou dentro. Mas quero saber o que vocês pretendem botar no lugar. Quero ver o plano."

Essa era a obsessão do grupo de estudos paralelo: driblar os delírios de ruptura, substituir o anseio de derrubar pelo anseio de fazer. Eles também queriam ver o plano. Ou, quem sabe, apresentar um.

O tédio de Gustavo com a vida escolar e acadêmica formal foi sacudido pela primeira vez com a chegada à PUC do grupo de Dionísio Dias Carneiro, Francisco Lopes e Rogério Werneck. Dissidentes da escola de Mário Henrique Simonsen na Fundação Getúlio Vargas, eles traziam de Harvard, Berkeley e da própria FGV puro oxigênio para a criação do programa de pós-graduação no Departamento de Economia. Se o aluno viu nos recém-chegados um oásis no meio do mofo, os mestres viram nele, ao lerem sua prova de economia brasileira para o mestrado, sinais interessantes de frescor intelectual. Gustavo acabaria se destacando no curso, com uma tese sobre as velozes mudanças econômicas que marcaram a transição entre monarquia e república no Brasil. Nem teve tempo de pensar se faria doutorado: Dionísio, Edmar Bacha, Pedro Malan e companhia o "enxotaram" para Harvard.

Todos os anos, Guilherme Arinos participava orgulhosamente da comemoração do aniversário de fundação do BNDES. Além da homenagem aos fundadores, nessa ocasião era entregue o Prêmio BNDES de Economia, um dos mais importantes do país, que selecionava o melhor trabalho do ano no campo da ciência econômica. Em 1983, Arinos foi informado de que a cerimônia seria um pouco diferente para ele. O ganhador do Prêmio, com a tese "Reforma monetária e instabilidade na transição republicana", tinha sido seu filho. Antes de telefonar a Gustavo para expressar-lhe toda a sua euforia, Arinos tomou uma providência mais urgente. Redigiu e enviou imediatamente uma carta à primeira pessoa que lhe veio à cabeça ao receber aquela notícia — seu velho conhecido padre Almeida:

> Prezado Senhor,
> Venho por meio desta informar-lhe que o vencedor do 7º Prêmio BNDES de Economia, uma das mais distintas láureas do país nesta área, é Gustavo Henrique Barroso Franco, ex-aluno do Colégio São Vicente de Paulo, do qual o Senhor provavelmente se recorda.
> Atenciosamente,
> Guilherme Arinos Limaverde Barroso Franco.

Na solenidade ao lado do filho, premiado pela instituição que ajudara a fundar, Arinos colhia um dos melhores retornos que a vida poderia lhe dar. Mas o que ele queria mesmo era ter visto a cara do padre Almeida ao ler a sua carta.

Chegando a Harvard, Gustavo mergulhou no túnel do tempo, rumo a uma região sombria do século XX. Durante os dois anos seguintes, exumaria cada detalhe de um dos maiores flagelos econômicos da história humana, a hiperinflação alemã dos anos 20. A vida destrambelhada pelo esfacelamento da moeda, o marco sendo trocado por pedaços de papel cotados em quilos de centeio, a crônica da intervenção magistral de Hjalmar Schacht — o homem que salvou a Alemanha com seu "dinheiro de duas cabeças". Parecia ficção científica. A invenção de uma moeda paralela para driblar o vírus monetário, a travessia delicada da sociedade do dinheiro velho para o novo, o controle psicológico das expectativas... Aquilo não era um plano econômico, era um ritual de hipnose coletiva.

Quando se preparava para voltar ao Brasil, o professor Jeffrey Sachs, seu orientador, lhe fez um convite inusitado: viver por um tempo na Bolívia. O país sul-americano passava por uma desordem monetária grave, com uma inflação talvez só comparável à daquela crise pré-histórica alemã.

— Você não é o paleontólogo que sabe tudo desse brontossauro? Pois é, apareceu um brontossauro vivo na Bolívia. Vamos pra lá? — propôs Sachs, que ia prestar uma consultoria ao governo boliviano.

O convite era tentador, mas pegou Gustavo no contrapé. Sua primeira filha era ainda bebê, e sua mulher, Vera, estava grávida do segundo. O casal decidiu que não dava para encarar a missão.

De volta ao Brasil, no final de 1986, o economista encontrou um cenário estranho. O Plano Cruzado fazendo água, sumiço de produtos das prateleiras, carne negociada no câmbio negro. Na ressaca do congelamento, havia uma pressão latente sobre os preços como nunca vira antes no país. As expectativas de explosão inflacionária percorriam o mercado, as empresas começavam a se mexer para buscar proteção. Não tardou para que o "paleontólogo" vindo de Harvard fosse descoberto pelos que queriam se planejar contra o monstro.

A companhia de cigarros Souza Cruz foi a primeira a bater em sua sala na PUC. Queria se antecipar à crise, construindo um cenário completo para a vida com inflação na estratosfera. Em seguida vieram outras e mais outras, todas refletindo o diagnóstico corrente nos bastidores da economia nacional: havia uma bomba-relógio atada aos preços. A previsão ia se confirmando, as solicitações ao paleontólogo iam se multiplicando, e os contatos começavam a se estender ao mundo político. O grupo de José Serra, a aproximação com o PSDB, o choque de capitalismo que não houve, o passeio na nave louca de Collor. Tentativas, erros, inflação, impeachment, mais erros, muito mais inflação, até o dia do telefonema de Nova York, no último fim de semana de maio de 93, do ex-professor e amigo Pedro Malan:

— Gustavo, estou aqui com o Fernando Henrique na outra linha. Ele está montando a equipe, e seu nome veio de todos os lados. Você vem?

Depois de dois anos nos porões de Harvard decifrando o brontossauro, agora ele estava vivo na sua frente. E o convite não era mais para estudá-lo. O jeito era enfrentá-lo.

Bye, bye, Brasília

Não que a possibilidade de ser o novo ministro da Fazenda não lhe tivesse passado pela cabeça, mas o presidente Itamar fora rápido demais no gatilho. Agora, pouco mais de 24 horas depois de acordar já nomeado, Fernando Henrique tinha diante de si um pedaço de papel com uma pequena lista de nomes manuscritos. Ao lado dela, um aparelho de telefone para tirar seu mandato da estaca zero. No alto da lista estava o nome de Pedro Malan.

Malan nunca tinha sido companheiro de Fernando Henrique na vida partidária. Nem na vida acadêmica. Sequer vinham das mesmas instituições universitárias. Já se conheciam, mas o economista carioca nunca estivera no círculo político do novo ministro, muito menos no seu círculo social. Mesmo na eventual parceria PSDB-PUC, os dois não eram interlocutores habituais. Por que, então, Pedro Malan?

Na hora crucial de sua carreira política, talvez de sua vida, Fernando Henrique Cardoso ligou para Pedro Malan porque confiava nele. Como economista, como executivo e como pessoa, simplesmente confiava nele.

No dia 22 de maio de 1993, quando recebeu o telefonema do novo comandante da economia nacional, Malan estava em

Washington, na fase final da renegociação da dívida externa brasileira. Aos 50 anos de idade, sua vida estava inteiramente montada nos Estados Unidos, onde residia havia dez anos. Sua mulher, Catarina, estava grávida de um menino.

Um dos primeiros pedidos que Fernando Henrique lhe fez foi que tentasse convencer os economistas Persio Arida e André Lara Resende, ex-combatentes do Cruzado, a voltar ao governo. Seus antigos companheiros de PUC, Persio e André sabiam bem em que hemisfério estava ancorada a vida particular de Malan. Deram uma risada e devolveram a sinuca ao amigo:

— Tudo bem, Pedro. Se você for pra Brasília, a gente vai também.

No fundo, os três estavam certos de que mandariam seus melhores pitacos a Fernando Henrique sem ter que aterrissar no Planalto Central. Nada de papel passado, no máximo um ou outro pernoite na capital federal. Estavam enganados. Um deles, redondamente enganado.

* * *

A renúncia do presidente Jânio Quadros bagunçou o Brasil e escureceu a vida dos brasileiros. Mas acabou clareando, por linhas tortas, o caminho de um deles. Em agosto de 1961, o jovem Pedro Sampaio Malan recém-iniciara sua faculdade de engenharia na PUC do Rio de Janeiro. Prosseguiu normalmente o curso, mas depois do gesto fatal de Jânio, cada vez mais, só tinha cabeça para o debate sobre a crise nacional. Não perdia um artigo ou declaração dos mestres Celso Furtado e San Tiago Dantas, levava-os para discussão no diretório acadêmico, e logo se filiou às correntes legalistas: reformas urgentes, mas sem atropelar as leis. O estudante concluiria a faculdade por pura teimosia, mas o terremoto em Brasília tornara a engenharia pequena demais para os seus interesses.

Na escalada de radicalização que tomou conta do país após a renúncia, Pedro não se identificava com nenhum dos dois extremos. Nem a ruptura de esquerda, que queria reformas sociais na marra, nem a de direita, que acabou no golpe militar de 1964. Interessava-o a posição da chamada "esquerda positiva", pela realização das reformas sem a interrupção do processo político constitucional. Mesmo assim, achava que tinha algo errado naquele debate.

Todas as correntes políticas tinham sua extensa lista de reformas para o país, mas não surgia uma só palavra sobre como elas seriam feitas. Até o governo João Goulart, ao encampar a palavra de ordem das "reformas de base", não passava do enunciado. Os brados por reforma agrária, reforma fiscal, reforma administrativa e reforma eleitoral pareciam um grande cenário cinematográfico: passando-se pela fachada, não se encontrava nada atrás. Talvez por sua iniciação na engenharia, Pedro procurava por toda parte os projetos, os cálculos, as fórmulas, enfim, os planos concretos para pôr de pé as tais reformas. Não havia o menor sinal deles. Resolveu, então, começar a estudá-los por conta própria.

Além de continuar farejando cada passo dos grandes Celso Furtado e San Tiago Dantas, encontrava boa matéria-prima nos textos da Comissão Econômica para a América Latina. Os militares já estavam no poder quando ele soube que a Cepal ofereceria um curso em Vitória (ES). Arrumou as malas e se mandou para lá. No cenário internacional, o momento era pródigo: em 1966, pela primeira vez desde o crack da Bolsa de Nova York em 1929, o mundo começava a ver o dinheiro voltar a circular com força além das fronteiras. Os acordos do pós-guerra, e o Tratado de Bretton Woods em especial, tinham criado barreiras severas ao fluxo internacional de capital. Agora as moedas européias voltavam a ser conversíveis, iniciando o grande renascimento financeiro e comercial que marcaria o mundo nos anos seguintes. Pedro pulou naquele bonde e começou a se especializar em economia internacional.

O Brasil ainda não tinha se dado conta da importância de prestar atenção na paisagem externa. Percebeu à força, em 1973, quando o primeiro choque do petróleo encareceu o dinheiro e pegou-o de calças curtas. Nessa altura, Pedro não só já estava de calças compridas, como retornava de Berkeley, Califórnia, com seu doutorado exatamente sobre isso: os riscos financeiros dos países mais pobres no mercado internacional ("Desequilíbrio de balanço de pagamentos em economias semi-industrializadas"). Um dos que conheceriam suas idéias em primeira mão, ainda nos Estados Unidos, seria o sociólogo brasileiro Fernando Henrique Cardoso.

Os dois se encontraram pela primeira vez quando Fernando Henrique passou pela Universidade de Stanford, por volta de 1970, como professor visitante. No Brasil, seus caminhos voltariam a se cruzar no Cebrap (Centro Brasileiro de Análise e Planejamento), um dos poucos lugares onde era possível debater alguma coisa sob o chumbo de 1973. Em meio às teses do nacionalismo de esquerda que atacavam o nacionalismo de direita, o internacionalista Pedro Malan chamava a atenção para dívida externa, interação de mercados, importância de achar boas respostas nacionais aos choques vindos de fora. No mínimo, era um pesquisador original.

Provavelmente por isso foi convidado para ser o primeiro presidente do Instituto dos Economistas do Rio de Janeiro — uma organização independente cujo nascimento não despertou a menor simpatia no governo militar. Por causa disso, o Ipea (Instituto de Pesquisa Econômica Aplicada), órgão do governo onde trabalhava, preferiu que ele fosse ser original da porta para fora. Com o afastamento, aos 35 anos, Pedro foi dar com os costados na PUC, no justo momento em que desembarcava lá o grupo de Dionísio Dias Carneiro — e em que nascia ali um dos principais centros de excelência em economia do país.

No final de 1982, o economista do já badalado Departamento de Economia da PUC recebeu a encomenda de um artigo para a revista *Senhor*, muito influente na época. Um dos editores da publicação, Luiz Gonzaga Belluzzo, pedia-lhe um cenário realista para o ano de 1983. O mundo vivia os efeitos do segundo choque do petróleo, e o Brasil, que mais uma vez não se protegera, catava seus cacos. Pedro já fizera as contas, cruzando o tamanho da dívida com o sumiço do crédito externo, e não tinha dúvidas: dessa vez, sem licença poética, o país estava quebrado. Mandou o texto para a *Senhor* com o título "Feliz 1984" — avisando que o ano de 83, para a economia nacional, já podia ser riscado do calendário. Coincidentemente, o mesmo ano em que o Brasil sairia da agenda do autor do artigo.

No mesmo fevereiro de 83 em que Fernando Henrique chegava a Brasília como senador, um telefonema das Nações Unidas levava Pedro para muito longe dali. Por muito tempo. Após uma ampla pesquisa com nomes de destaque na América Latina, o diretor do Centro de Corporações Internacionais da ONU, o inglês Sidney Dell, informava ao economista brasileiro que ele fora o escolhido para assumir a divisão de análise do órgão em Nova York. Pouco mais de um ano depois, Pedro Malan era promovido a chefe de uma divisão maior, o Departamento de Economia Internacional e Assuntos Sociais. Passava a ser o responsável pelos relatórios que estremecem governos mundo afora, porque expõem e comparam os indicadores internos de cada país. Ali enfrentaria as maiores pressões de sua carreira.

O Brasil voltaria à agenda de Malan em 1986, mas visto de fora. Mais precisamente da diretoria executiva do Banco Mundial, onde pela primeira vez se sentava um representante brasileiro. Mas seria em 1991, trinta anos após a renúncia de Jânio Quadros, o reencontro real com o destino do país — e agora, ao contrário da época das reformas "cenográficas", com a chance de interferir concretamente nele. O governo brasileiro fora buscá-lo na diretoria do BID (Banco Interamericano de Desenvolvimento), que acabara de assumir, para ser o negociador oficial da dívida externa do país. Eram mais de 100 bilhões de dólares a desafiar os projetos, cálculos, fórmulas — a engenharia do economista.

Uma missão dura, que demandaria, inclusive, um ou outro pernoite em Brasília. Os acordos da dívida dependiam de aprovação pelo Senado Federal. E havia ali um senador que, desde 1970, quando era professor visitante em Stanford, se interessava pelo trabalho do agora negociador da dívida externa. Paralelamente às sessões frias no Congresso, Fernando Henrique resolveu promover jantares em sua casa, convidando Malan para expor seus planos aos senadores.

O assunto não era propriamente doce. Mais de 3 mil credores espalhados pelo mundo, em geral bancos, representados por advogados impacientes, que vinham com a faca entre os dentes mostrando gigantescas contas de juros, acumulados em créditos de todos os tipos contra o Brasil. O economista foi servindo sua engenharia em fatias aos senadores: partia da formação de grandes comitês de credores, transformando de cara aquela multidão de advogados coléricos em meia dúzia de interlocutores domesticados. Daí em diante, nada de cartas de intenção ou tapinhas nas costas. O velho militante da legalidade acreditava em contratos. E esses contratos iriam garantir, entre outras coisas, tratamento igual a todos os credores de um mesmo comitê — dando-lhes a segurança de que não sofrerão calotes isolados. Em outras palavras, oferecer a redução do risco para pedir a redução do preço.

A fala suave e didática do economista para os políticos de barriga cheia tinha efeito mágico. Transformava aquele assunto indigesto em literatura de cordel. Dava até para ousar mais, explicando a suas excelências por que deveriam aprovar a troca de determinados títulos da dívida brasileira, pelos quais ninguém mais queria pagar um dólar furado:

— O título se chama IDU, Interests Due and Unpaid, quer dizer, "juros devidos e não pagos". Algum dos senhores compraria um papel com esse nome?.

Em sessões desse tipo, Fernando Henrique teve a chance de assistir, de camarote, à renegociação da dívida externa conduzida por Pedro Malan — uma complicada gincana cumprida com paciência até o êxito final do Plano Brady, que limparia o nome do Brasil na praça.

Dos primeiros encontros na Califórnia, no auge da ditadura, até o dia em que acordou ministro da Fazenda, Fernando Henrique não fez um minuto de política ao lado de Malan. Mas na hora delicada de assumir o poder, quando confiança passava a ser a palavra de ordem, seu nome foi o primeiro a lhe estalar na cabeça. E pouco tempo depois, quando Malan já operava no bunker, mas permanecia baseado em Washington, o novo ministro lhe alvejou com a frase que mudaria tudo:

— Pedro, minha equipe é reduzida. E minha tarefa é imensa. Preciso de você em Brasília.

Dez anos após deixar o Brasil e apagar 1983 do calendário, era hora de arregaçar as mangas para salvar 1993 da degola. Agora, com os pés novamente fincados na terra de Celso Furtado e San Tiago Dantas.

É isso, o poder?

Quase quatro décadas após o suicídio de Getúlio, a família Barroso Franco voltava ao poder. O menino pobre da Amazônia, que virara braço direito de Vargas e mandara o filho fazer quatro vestibulares, agora colhia os frutos. Guilherme Arinos não chegara ao Ministério por causa de um ligeiro atraso: levara oito dias de barco (e muitos anos de juventude) para alcançar Belém, o Banco do Brasil e a vida culta. Mas chegava agora, através de Gustavo Franco, o novo secretário adjunto de Política Econômica da Fazenda. O padre Almeida, é claro, precisava saber disso.

A última carta de Arinos, que anunciava a conquista do Prêmio BNDES de 1983 pelo filho, já completava dez anos. O diretor do Colégio São Vicente deveria estar sentindo falta de notícias sobre o aluno que expulsara da escola, por resultados deficientes e comportamento inadequado, vinte anos antes. O menino agora estava no governo, no mais poderoso dos ministérios, e Arinos fazia questão de manter o padre Almeida bem informado: "Prezado Senhor, venho por meio desta..." etc. etc. etc.

Com os amigos, Gustavo se divertia dizendo que sua carreira não passava de uma vingança pessoal do pai contra o padreco do São Vicente. Ele mesmo, porém, mal lembrava da fisionomia do cidadão. Seu sentimento desde que recebera o telefonema de Pedro Malan e agora, ao entrar na Esplanada dos Ministérios, era outro: as horas intermináveis de estudo no Brasil e no exterior, todo o rigor acadêmico que às vezes parecia em vão, a penosa exumação do brontossauro alemão que renasceria na crise brasileira — tudo, enfim, lhe dava a sensação de que passara a vida se preparando para aquele momento.

Mas na hora de assumir o posto no governo, alguma coisa parecia fora do script. Aquilo não era cenário de chegada ao poder. Caminhando ao lado do secretário do Tesouro, Murilo Portugal, em direção à entrada do Ministério da Fazenda, deparou-se com uma multidão bloqueando a portaria. Havia faixas, megafone e gritos, muitos gritos. Tratava-se de uma greve, e com mais alguns passos os dois estariam no meio do piquete, onde choviam insultos sobre quem se aproximasse da entrada do prédio. Nem tinham se aproximado tanto, quando os insultos passaram a ser dirigidos a eles. Os grevistas tinham reconhecido Murilo, o homem do cofre, exatamente quem barrava as reivindicações salariais do movimento.

A segurança do ministério acudiu e improvisou uma escolta às duas autoridades. Atravessaram o piquete como a um corredor polonês, entre vaias e xingamentos pesados a Murilo Portugal. Já no elevador, o secretário do Tesouro enfiou a mão rapidamente no bolso do paletó e jogou alguma coisa dentro da boca. E foi se explicando:

— É o remédio pra minha úlcera. Sempre que alguém vem reclamar de dinheiro ela me dá umas espetadas. De manhã vem muita reclamação de dinheiro. De tarde piora um pouco. Por isso é bom deixar o remedinho no bolso.

O clima não parecia propriamente amistoso naquele lugar. Mas Gustavo enfim chegou à sua sala, onde poderia começar a trabalhar, que era o que lhe interessava ali, não importava em que contexto. Logo veria, porém, que o contexto ia importar, sim. Aquilo parecia uma sala de auxiliar de almoxarife, ou qualquer outra coisa, menos o gabinete de uma autoridade da República. Espaço apertado, móveis caquéticos, arquivos emperrados, uma secretária que transpirava tédio e parecia nem ouvir o que ele dizia. O chefe de gabinete, um pouco mais ativo, era até falante e parecia organizado. Vinha com uma lista por escrito das pessoas que esperavam por uma audiência com o novo secretário. Era sempre meia dúzia de nomes — gente do Congresso, de empresas ou do próprio governo —, em geral para pedir liberação de dinheiro. Mas o chefe de gabinete parecia ser um bom filtro:

— Doutor, desses seis aqui, só os dois primeiros são importantes. O resto não precisa receber, não. Pode deixar que eu mando embora com jeitinho.

Passando pela sala de espera, porém, Gustavo notara que a quantidade de gente ali era sempre maior que a da listinha. Assunta aqui, conversa ali, não demorou a descobrir o critério de seleção de seu chefe de gabinete. Ele vendia lugar na fila. Os selecionados como "importantes" eram os que tinham pago. Começou a entender a úlcera de Murilo.

A primeira urgência estava mais do que evidente: precisava de gente confiável em torno de si. E gente não era a matéria-prima mais farta naquela repartição. Enquanto a Procuradoria de Fazenda desfilava sua tropa de 8 mil funcionários, e a Receita Federal os seus 15 mil, a Secretaria de Política Econômica contava com 25 pessoas. E a primeira missão, que também já estava clara, não era para qualquer um: fazer os primeiros cálculos de como tirar o Brasil do vermelho. Algo um pouco mais complexo do que tirar a botija da boca de seu chefe de gabinete.

Mas estava difícil encontrar gente boa para a tarefa. Era preciso juntar pelo menos um par de especialistas em orçamento para desembaraçar as contas nacionais. Gustavo mirou no nome de Martus Tavares, que sabia ser um excelente técnico no assunto, e saiu à procura dele. Foi encontrá-lo na Câmara dos Deputados, na assessoria de José Serra, e sentiu pela primeira vez o gostinho de convidar alguém para o governo. Resumiu-lhe o projeto de transformação da estrutura fiscal do país, mas a resposta de Martus fez picadinho do seu entusiasmo:

— Vocês acham mesmo que vão fazer tudo isso aí? Bom, vou te explicar uma coisa: aqui tem maré cheia e maré vazante. Quando o nível da água começou a baixar, peguei meu barquinho e vim pra esse recife aqui no Congresso. Agora a maré tá seca no governo. Acho que vocês estão na contramão...

Martus estava fora. Chegaria a contribuir à distância, mas sobretudo ajudara a entender a dificuldade de atrair gente boa para o poder: presidente deposto, governo fraco, ministros caindo sucessivamente, maré vazante. Começavam a estourar as primeiras denúncias de fraude no Orçamento da União, que desembocariam na ruidosa CPI dos Anões. Mas a penúria era tal que nem na Comissão de Orçamento da Câmara, foco central do escândalo, os técnicos convidados aceitavam ir para o governo. Preferiam os riscos da CPI. De qualquer maneira, Gustavo agradeceu a Martus e perguntou-lhe o que achava de um convite a Pedro Parente, outro craque em finanças públicas. O assessor de Serra foi conciso:

— O Pedro Parente? Ele tá no FMI, né? Sabe qual é a chance de ele sair de lá pra embarcar no governo Itamar? Zero. Se eu fosse você, nem telefonava pra ele, porque ele vai ficar irritado contigo.

Persio Arida e André Lara Resende tinham ficado na retaguarda, cuidando dos conceitos. Como haviam dito na provocação a Pedro Malan, iriam para Brasília se ele fosse também. E Malan conseguira resistir à primeira investida do novo ministro da Fazenda. Confirmara sua presença no time, mas, apesar de fortemente pressionado por Fernando Henrique, fincara o pé em Washington. Edmar Bacha também guardava uma distância higiênica da linha de frente. Aparecia por ali, via a tal maré vazante, sentia seu otimismo vazando junto. Não era mesmo um quadro animador. Como preferia não ter cargo na máquina, reforçava a retaguarda conceitual. Clóvis Carvalho, o gerente, estava desatando os primeiros nós da agenda pessoal do ministro. Sem equipe, sem estrutura e com a economia nacional sangrando sobre suas mesas, Winston Fritsch e seu adjunto, Gustavo Franco, estavam sozinhos no front.

Gustavo estava no poder, mas não estava. O presidente Itamar já assinara todas as nomeações do novo ministro, menos a dele. Alguns meses antes, em artigo publicado na *Folha de S. Paulo*, o economista criticara duramente o rumo da política econômica do governo Itamar Franco. Era a surpresa que faltava: alertado sobre o tal artigo pelo seu chefe da Casa Civil, Henrique Hargreaves, Itamar barrara seu nome. Estava, portanto, trabalhando de graça.

No final da primeira semana no governo, já exausto e sem ter conseguido fazer nada, Gustavo se lembrou da ordem-unida de Fernando Henrique: "Temos aqui idéias para vinte anos de trabalho." Podia escolher se chorava ou se ria daquela frase. Os vinte anos, pelo visto, não iam durar dois meses.

Mas quando punha a cara de fora da sua salinha acanhada, a imprensa não se dirigia a um sem-equipe ou a um sem-salário. Dirigia-se a uma das novas vozes do poder. E queria saber, de preferência rápido, qual era o plano contra o caos. No fim da segunda semana, esse contraste louco rachou seu escudo antistress. Encerrou uma longa entrevista à *Gazeta Mercantil* com um ligeiro desabafo: aquela expectativa diária por medidas drásticas era uma deformação do mercado, que se acostumara a querer um cadáver a cada 24 horas. Na manhã seguinte, seu comentário casual era a manchete de primeira página do jornal, entre aspas e com seu rosto impresso em bico-de-pena: "Um cadáver a cada 24 horas."

Tinha acertado para aquele mesmo dia uma conversa reservada com o ministro Fernando Henrique. Precisava tirar a limpo o problema da sua nomeação suspensa. Quando entrou no gabinete do ministro, a *Gazeta* estava bem no centro da sua mesa. Fernando Henrique então respondeu-lhe que, realmente, Itamar não estava querendo nomeá-lo. E completou, olhando para a manchete do jornal:

— É, parece que já temos o próximo cadáver. Foi suicídio?

Depois de uma pequena pausa, os dois caíram na gargalhada. Aquilo era só uma amostra do que o ministro gostava de fazer com os momentos tensos: triturá-los a golpes de galhofa. Nem voltaram ao assunto da nomeação. O subtexto era que o problema seria contornado, e que poderiam passar ao próximo assunto, desde que ele fosse relevante. Sem nunca cortar ostensivamente o interlocutor, Fernando Henrique não tolerava assuntos miúdos da administração. Tinham uma guerra para ganhar, queria saber sobre o próximo movimento de tropa no teatro de operações.

O problema de informar sobre o próximo movimento de tropa é que não havia tropa. Gustavo explicou a síndrome da maré vazante: nem os especialistas em orçamento do Congresso, numa canoa alvejada por denúncias de corrupção, aceitavam os convites dele. O chefe então exibiu seus poderes de primeiro-ministro informal. Resolveu "anexar" à Fazenda um pedaço de outro ministério:

— Pode escolher o secretário de Orçamento do Ministério do Planejamento. É um posto mais importante, salário um pouco melhor, aumenta suas chances, né? Tá resolvido, então: esse cargo passa a ser nosso, e o titular se reporta a você.

A pescaria prosseguiu. Agora tinha uma isca melhor, mas continuava difícil. Depois de mais algumas negativas, surgiu enfim um interessado. Chamava-se Aurélio Nonô, um alagoano que passara anos circulando pelo labirinto do Orçamento da União, irmão do deputado José Tomaz Nonô, do PFL. Entendia tudo das emendas, vinculações e passagens secretas para fisgar o dinheiro do Tesouro. Bastou meia hora de conversa para Gustavo constatar que a visão de Nonô era o contrário do que eles queriam para o cargo. Mas se conseguisse a sua obediência, aquele conhecimento todo poderia ser usado a seu favor — e se tornaria uma preciosidade para os planos de controle orçamentário. Nonô estava contratado.

Faltava agora a segunda parte do plano: conseguir mandar nele. O mapa dos ralos por onde escoava o dinheiro público estava todo na cabeça de Nonô. Mas ficava bem guardado, pela boca só saía o que era perguntado. Gustavo decidiu colar no subordinado que Fernando Henrique lhe dera de presente, para que ele não lhe escapasse por entre os dedos. Decidiu ir até o Ministério do Planejamento, conhecer o território "anexado" e cada um dos comandados de seu comandado. Não foi uma experiência animadora.

A equipe de Nonô era uma paisagem caricatural, inacreditável. Parecia uma cópia da Família Adams. Não era possível que todos os padrões de esquisitice, feiúra e morbidez pudessem estar tão amplamente representados num só gabinete. Olhares parados, às vezes vesgos, saídos de corpos aberrantes (o esquálido, a superobesa, o corcunda, só faltava o anão), dos quais não sairia qualquer manifestação verbal expressiva, ou simplesmente aproveitável, ao longo de uma tarde inteira. Pareciam estar atarraxados ali há mil anos, prontos para enfrentar os próximos mil. Com todos os riscos de um diagnóstico à primeira vista, uma coisa era certa: se o Brasil estava mesmo diante de uma grande transformação, ela não começava naquele arremedo circense.

O poder era o bunker. A autoridade constituída oralmente pelo ministro Fernando Henrique pairava sobre cargos e hierarquias — seu cimento era apenas a lealdade entre os oito membros. Um negócio arriscado, considerando que eles podiam estar em Washington, Rio de Janeiro ou em outra órbita, e nem sempre se materializavam como unidade em Brasília. Mas o bunker era soberano, e a decisão estava sacramentada: o plano contra a inflação só viria depois de uma faxina orçamentária no país. E o pontapé inicial dessa faxina não podia estar a cargo da Família Adams.

Gustavo Franco decidiu esquecer a máquina da Secretaria de Orçamento (o território anexado) e concentrar-se apenas no seu arquivo vivo — Aurélio Nonô. Pediu licença à úlcera de Murilo Portugal e chamou-o para levarem juntos Nonô ao confessionário. Como secretário do Tesouro, isto é, zelador do cofre, Murilo ajudaria a fazer as perguntas certas sobre a localização dos ralos do dinheiro.

— Nonô é um puta disco rígido. Sob tortura, ele conta tudo — apostou Gustavo, exagerando na metáfora para o colega entrar no clima.

Murilo entrou no clima, e passou do clima. A primeira sessão de "tortura" foi bastante sadia. Para perguntas certeiras, respostas claras. Sem rodeios. Gustavo foi criando certa empatia com Nonô. Especialmente por notar que o homem dos segredos orçamentários era, acima de tudo, uma pessoa correta. Cheio de macetes e códigos sobre como laçar o dinheiro público, mas tudo dentro dos expedientes orçamentários. Expedientes que agora estavam com os dias contados, desde que ele confessasse tudo à "polícia". E Murilo Portugal acabou virando o tira mau da dupla.

O secretário do Tesouro não tinha a menor empatia com Aurélio Nonô. Ao contrário, se irritava com tudo que ele dizia, não tinha paciência para ouvi-lo. Afinal, todos aqueles truques, aprendidos pelo outro no Congresso Nacional, eram para sangrar o cofre do qual ele tomava conta. Numa das tais sessões de tortura pacífica, pressionado por Murilo, Nonô resolveu dar o troco. Disse que o Orçamento da União era assim, cheio de gatilhos e espertezas, por culpa do Tesouro, que retinha arbitrariamente as verbas já autorizadas. Murilo ferveu:

— Claro que o Tesouro retém! Vocês no Congresso acham que estão na Escandinávia. Só fazem orçamento de primeiro mundo. Muito bom. Em que país vocês vivem? Isso aqui não é brincadeira de Banco Imobiliário, não!

Estavam saindo de um dos prédios da Câmara dos Deputados, aonde tinham ido fazer um levantamento de dados. Nonô não gostou de levar aquele pito ali, no meio do caminho, no território onde trabalhou por tanto tempo. Levantou a voz e botou o dedo na cara de Murilo:

— Irresponsável é você, que bloqueia o dinheiro da população necessitada e ainda tem prazer com isso!

O insulto foi demais para os nervos do tira mau. Dessa vez ele abandonou as palavras e falou com o braço, desferindo um tapa na mão que lhe apontava o dedo. Em pleno estacionamento da Câmara, o alagoano Nonô só não desembainhou a peixeira porque não tinha uma na cintura. Mas foi para cima de Murilo com raiva, levando agora um empurrão com as duas mãos no peito que quase o leva à lona. Gustavo, que encontrara alguém pelo caminho e ficara alguns metros para trás, deu uma arrancada dos seus tempos de futebol de areia em Copacabana. Aos gritos, conseguiu se interpor aos brigões no momento em que a coisa ia desembestar:

— Senhores, pelo amor de Deus! Não fica bem o Tesouro Nacional e o Orçamento da União se estapearem em praça pública!

Os passantes que viam aqueles três homens jovens de menos de 1,70 metro de altura atracados no meio da rua não apostariam que ali se decidia o rumo do país.

Apesar do barraco, as confissões de Nonô iam saindo. O primeiro mapa da mina para estancar a sangria do Tesouro estava claro: eram as vinculações orçamentárias, isto é, o dinheiro que já nascia carimbado. A maior parte dos recursos da União já tinha dono antes de sair do caixa. Muitos desses recursos, inclusive, sequer passavam pelo caixa — iam da arrecadação diretamente para o beneficiário. Com as pistas fornecidas por Nonô, Gustavo Franco e Murilo Portugal iniciaram um trabalho de chinês para desarmar os "gatos" do orçamento.

Iam mexer em vespeiros, como os fundos de Marinha Mercante, Infraero e fundos das Forças Armadas, todos com canais exclusivos entre a coleta das taxas e suas contas bancárias. Um dinheiro sempre garantido, intacto, imune aos apertos das finanças nacionais. Partiram então para extirpar os "quistos autosuficientes", como passaram a chamar esse dinheiro público nominal ao portador. A coisa ia andando bem, apesar dos percalços inevitáveis, como a ameaça do ministro da Aeronáutica de que as autoridades iam ter que botar o pé na estrada por falta de avião. Já o ministro da Marinha diria ao secretário do Tesouro que ele ia parar na lista de desaparecidos do Araguaia. Essa advertência do almirante não fez bem à úlcera de Murilo.

O arrastão contra as verbas loteadas do orçamento foi o primeiro resultado concreto do bunker de Fernando Henrique. O governo começava a poder manobrar o dinheiro, enxugando uma despesa aqui, para honrar um compromisso pendurado ali. As mangueirinhas mágicas entre as torneiras do Tesouro e os ralos do Orçamento iam sendo cortadas.

Mas a manobra crucial ainda estava por vir, e começava a ser preparada por Edmar Bacha: uma emenda constitucional determinando a desvinculação de 20% de toda a receita tributária da União. Ou seja, um golpe único em milhares de mangueirinhas, mangueirões e dutos ao mesmo tempo. Uma tacada crucial para o governo parar de distribuir o dinheiro que não tinha. O dispositivo projetado por Bacha seria batizado de Fundo Social de Emergência — um nome hipnótico, levemente demagógico, para facilitar a aprovação no Congresso.

Tudo isso, porém, ia sendo feito na mais absoluta escuridão. Quanto o governo precisava economizar para sair da UTI? Em quanto estava o prejuízo nacional segundo os últimos cálculos? Onde estavam esses cálculos? Como enfrentar o brontossauro sem enxergar um palmo adiante no cipoal das contas públicas? Winston e Gustavo começaram a solicitar aos técnicos da Secretaria de Política Econômica os números gerais do orçamento brasileiro. Precisavam dissipar a névoa e saber, afinal, qual era exatamente o tamanho do rombo.

Depois de conhecer o circo de Nonô, eles deviam ter desconfiado. Não existia um orçamento brasileiro, mas uma Família Adams de orçamentos. O da Previdência, o da União, o do Tesouro, o das estatais, o do BNDES, os dos fundos constitucionais, Banco do Nordeste, Banco da Amazônia, cada um com sua contabilidade própria (sem contar as ressalvas, lacunas, asteriscos e outras licenças poéticas). De qualquer forma, era preciso inventariar receitas e despesas, eliminar sobreposições e chegar a um resultado único — afinal, era tudo o mesmo jogo.

Só faltou explicar isso ao adversário. O primeiro levantamento da equipe parecia visão de bêbado — o rombo tinha dois tamanhos diferentes. O valor das dívidas somadas (emissões de moeda e títulos) finalmente aparecera, mas não batia com o valor do déficit orçamentário (receitas menos despesas). A diferença ficava na singela casa dos 30 bilhões de dólares. Winston e Gustavo disseram que aquilo não era possível, que o prejuízo tinha que bater com a dívida. Dinheiro não cai do céu, nem some no éter. Mandaram a equipe refazer as contas.

O segundo resultado foi mais exótico. Os técnicos suspeitaram que os números da dívida não estivessem corretos, e por isso o déficit estivesse aparecendo muito acima dela. Ampliaram a checagem e descobriram que, de fato, a dívida total emitida era bem maior do que tinham encontrado antes. Tão maior que a diferença dos 30 bilhões tinha se mantido, só que para o outro lado. Refizeram os cálculos diversas vezes, de diversas formas, e só um elemento permanecia coerente: as contas não batiam nunca.

Abatidos, o secretário e seu adjunto foram dar a notícia ao ministro. Ele quis saber se o rombo encontrado era maior do que o previsto, mas os auxiliares responderam que o problema era mais grave: o rombo era impossível de ser calculado. Aquilo significava que a economia brasileira não estava apenas no vermelho. Estava na clandestinidade.

* * *

Desde que chegou à universidade e encontrou-a estacionada na velha resistência marxista, Gustavo Franco passou a se estranhar com o meio acadêmico brasileiro. Identificava várias ilhas de excelência, mas chegara à conclusão de que, especialmente na área de economia, as faculdades em geral estavam irmanadas numa certa inércia. O que mais o intrigava era a hegemonia das teses desenvolvimentistas com prazo de validade vencido: modelo industrial com proteção de mercado, Estado propulsor da economia, competitividade baseada na desvalorização da moeda. Era uma idéia de progresso com pés de barro, acreditava o economista, que via a conta dessa crença sendo enviada dissimuladamente para a sociedade inteira, através da inflação. Um crime perfeito. Para Gustavo, a universidade tinha parado no Plano de Metas de JK.

Evidentemente era muito atacado por defender esse ponto de vista. Colecionaria adversários, sobretudo entre os economistas mais à esquerda, que o acusariam de ultraliberal, súdito do capital financeiro e eventualmente de entreguista. Respondia dizendo que apreciava os adjetivos poéticos, mas sentia falta dos argumentos. Seu termo preferido para provocar os críticos era o "esoterismo econômico" — escola baseada, segundo ele, em pregações ideológicas sobre a vilania do dinheiro e do mercado, na linha do capitalismo-catástrofe. Via na Unicamp uma dessas barricadas esotéricas, e não teve a menor boa vontade com um trabalho que lhe chegou, vindo de lá, quando era jurado de um concurso de teses de mestrado.

Mas o trabalho era bom. Mais que isso. Por uma grande coincidência, encaixava-se perfeitamente na blitz orçamentária que a equipe da Fazenda vinha realizando. O autor fazia uma radiografia do orçamento do governo federal, e era um dos primeiros a mostrar, a partir de uma série histórica, que ele era uma mentira. Havia apenas uma pálida correspondência entre os gastos planejados e os que, no final das contas, eram realmente feitos. A tese era a explicação civilizada da troca de sopapos entre Murilo e Nonô. Portanto, para tirar as contas públicas da clandestinidade, não adiantava ficar tentando desembaraçar o cipoal orçamentário. Era preciso encontrar outro caminho.

Gustavo mandou chamar em São Paulo o autor da tese para uma conversa. Ele era bem jovem, chamava-se Eduardo Guardia e tinha muitas idéias. Elas não couberam num encontro só, então ele voltou no dia seguinte, no outro também, e acabou entrando para o time. Por puro acaso, finalmente surgia alguém interessante na contramão da maré vazante. O pesquisador da Unicamp não só tinha valor, como acabaria chegando a secretário do Tesouro, depois que a úlcera de Murilo o tirasse de campo. Em pouco tempo, montariam o novo modelo de cálculo das contas nacionais — que se tornaria o novo padrão e serviria de base para a futura política de superávits fiscais.

Como os dados oficiais estavam longe de serem confiáveis, desistiram dos gabinetes e foram ao mercado. Ali estava o ovo de Colombo. Com uma varredura completa no sistema financeiro, era possível localizar toda a papelada da dívida realmente emitida pelo poder público. O que não aparecesse ali, nem nas contas do Tesouro, o governo não tinha gastado — pelo velho princípio de que dinheiro não cai do céu. E o que aparecesse era o prejuízo em pessoa — o resultado final e único do jogo. A partir de um papel, um lápis e uma mesinha bamba na Secretaria de Política Econômica, as finanças do país começavam a sair do armário.

Pela primeira vez Gustavo sentiu que não estava em Brasília a passeio. Já estava até recebendo salário — embora ele mal cobrisse o supermercado e a escola dos seus dois primeiros filhos, Júlia e Pedro. Pelo menos, os meninos tinham sido poupados de ir caçar brontossauro na Bolívia. Aliás, tinham ficado de fora da caçada em Brasília também. No instante em que recebeu o convite de Fernando Henrique, Gustavo decidiu que jamais levaria para a capital mais do que duas mudas de roupa. Achava que quem criava alguma raiz em Brasília passava a cuidar de cultivá-la, e acabava esquecendo o que fora fazer ali.

Jamais permanecia na cidade durante o fim de semana, nunca saía à noite. Voltava do ministério direto para a Academia de Tênis, onde passaria a se hospedar. Repassava o dia, planejava o seguinte, relaxava com um pouco de leitura. Em sua cabeceira, *Meus primeiros 76 anos*, de Hjalmar Schacht, o economista de Hitler, lembrava-o a toda hora da experiência de passar pelo nazismo sem criar raízes nazistas. Guardadas as diferenças, um interessante manual para recém-chegados a Brasília. Agora, ganhando suas primeiras batalhas no poder, ele estava mais do que nunca concentrado exclusivamente em sua missão — e animado ao vê-la sobreviver à marca dos dois meses.

Mas se animara antes da hora. Apesar do já farto currículo de confusões, os fatos ainda estavam por explicar-lhe a frase que ouvira numa daquelas repartições, e não mais esqueceria: no Brasil, mais incerto que o futuro, só o passado.

Ela passou a fazer todo o sentido quando a equipe da Fazenda abriu a tampa das dívidas estaduais. Lá dentro, em estado de putrefação, anos e anos de calotes de governadores contra todo e qualquer órgão federal. Banco do Brasil, Caixa Econômica, BNDES, geradoras de energia — os estados tinham resolvido transformar tudo o que vinha do governo central num grande almoço grátis. Os débitos haviam chegado a um ponto insustentável, e a União estava prestes a cortar os repasses constitucionais aos estados, o que significaria desligá-los da tomada. Em resumo, o Brasil estava às portas do colapso federativo.

Sozinho, o rombo das distribuidoras estaduais de energia elétrica seria um abacaxi para vários Eduardos Guardias descascarem (e não fazerem outra coisa na vida). Elas tinham virado verdadeiros bancos centrais nas mãos dos governadores. A arrecadação das contas de luz não pagava a geradora de energia, nem mesmo vários custos da própria distribuidora, que ia sendo sucateada. O dinheiro ia direto para o caixa do governo estadual, que o torrava como achasse melhor. A liberalidade chegara a tal ponto que a Cesp (Companhia Energética de São Paulo), por exemplo, abrigava comitês de filiação ao partido do governador, e cedia seus helicópteros para campanhas eleitorais.

Praticamente todos os estados da Federação estavam quebrados. E a promiscuidade entre suas contas era ainda mais obscura que a dos orçamentos federais. Havia um Brasil inteiro de dívidas subterrâneas, esqueletos enfiados nos armários mais escondidos. Cobrar a dívida às cegas, cortando simplesmente o oxigênio financeiro dos estados (suspendendo os repasses da União), seria paralisar o país. Por outro lado, financiá-los para que pudessem se reerguer e pagar seus compromissos seria jogar dinheiro pelo ralo. Essa podia ser a hora de juntar as mudas de roupa e voltar para casa. O cinismo das finanças públicas parecia definitivamente à prova de idealismos.

A não ser que os estados aceitassem trocar o passado incerto por um futuro certo. A lâmpada desse princípio simples se acendeu nas cabeças do bunker. Mas como negociar com governadores que não pagam nem conta de luz? A tática se basearia numa premissa que os homens de Fernando Henrique julgavam infalível: em troca da absolvição de seus pecados passados, um político aceita qualquer compromisso futuro — pela simples certeza de que terá tempo suficiente para descumpri-lo. Mas aí é que estaria a armadilha.

Edmar Bacha começou a preparar, a seis mãos com os consultores Raul Velloso e Daniel Oliveira, um plano baseado numa legislação inovadora da Nova Zelândia. Tratava-se de uma espécie de código penal para a ciranda das receitas e despesas. Criava-se, por lei, uma série de limites e obrigações permanentes para a administração governamental. Com punições gradativas, até de cadeia, para o descumprimento delas.

Conforme calculado, todos os governadores aceitaram sorridentes a tal troca de passado por futuro. Como ficaria evidente nos anos seguintes, o meio político via naquilo mais um farto almoço grátis do Estado brasileiro. Certamente, pendurariam aquela conta no mesmo lugar das anteriores. O secretário-executivo Clóvis Carvalho negociou pacientemente a megaoperação com cada estado: tamanho dos esqueletos, prazos, juros, garantias e gatilhos para cobrança imediata em caso de inadimplência.

Os contratos do financiamento amarravam até os percentuais de receita dos estados que iriam para o pagamento da dívida.

Fora o tipo sangüíneo do devedor, estava tudo no contrato. E por trás dele, dando-lhe a blindagem definitiva contra os caloteiros, Bacha, Raul Velloso e Daniel Oliveira concluíam seu projeto legislativo — batizado de Emenda do Orçamento Equilibrado. Ali estava o embrião do que viria a ser, alguns anos depois, a Lei de Responsabilidade Fiscal.

Dali em diante, sem alarde ou esperneio, para gosto ou desgosto de esotéricos e liberais, burocratas e revolucionários, o descuido com o dinheiro público no Brasil passava a ser crime.

Patrícia em casa de Joana

A reunião do Conselho Monetário Nacional ia começar e a sala já estava cheia. Entre as mais de duas dezenas de membros da entidade, apertavam-se ali ministros de Estado, presidentes de bancos estatais, empresários, representantes de classe, sindicalistas. Se a economia brasileira fosse um organismo humano, o CMN seria um dos lados do cérebro. Tinha sob sua autoridade nada menos que o Banco Central, além de Banco do Brasil, Caixa Econômica Federal e BNDES, entre outros, e o poder de decisão sobre boa parte das operações de crédito público no país. A cada reunião daquelas, rolavam sobre a mesa decisões milionárias, às vezes bilionárias.

A pauta era extensa, convinha correr com os itens. E não perder tempo com as cartas marcadas. Quando foi apresentado o voto sobre uma multa elevada aplicada pelo Banco Central a um grande banco privado, todos já sabiam o que ia acontecer. Alcides Tápias, um dos membros "independentes" do Conselho (que por acaso era o presidente da Febraban, a federação dos bancos), cumpriu o script, levantando o dedo:

— Peço vistas.

Risada geral, todos sabiam que aquela multa estava indo para a gaveta dos sonos eternos. E a reunião do CMN prosseguia célere. Agora era apreciado um voto autorizando o Banco do Brasil a emprestar dinheiro ao governo de São Paulo, para conclusão da hidrelétrica de Porto Primavera. Alguém estranhou:

— Ué, essa usina de novo? Já não estava pronta?

O defensor da medida explicou que ela estava quase pronta, mas se aquela verba não fosse liberada, todo o investimento estaria perdido. O problema era que, por causa de algumas outras vezes em que Porto Primavera estivera "quase pronta", o Banco do Brasil já estourara seu limite legal de crédito para o estado de São Paulo. Imediatamente, então, o Conselho pôs em votação uma proposta de "excepcionalidade" para aquele caso. Aprovada.

Excepcionalidade era um recurso que, grosso modo, servia para pedir licença à lei, com todo o respeito. O BNDES não pode continuar financiando um empreendimento estadual encalhado e inadimplente? O CMN aprova uma excepcionalidade, e o dinheiro brota. Não há dotação para o combate à praga da vassoura-de-bruxa no sul da Bahia? Pronuncia-se a palavra mágica, e os conselheiros autorizam mais uma injeção do Banco do Brasil na veia dos cacaueiros. No poderoso CMN, a excepcionalidade era uma espécie de "abre-te, sésamo" dos cofres públicos.

Com todo esse poder, no entanto, em junho de 1993 o Conselho Monetário estava havia nada menos que seis meses sem se reunir. Remexendo os escaninhos do Ministério da Fazenda, a equipe de Fernando Henrique fizera esta descoberta e não conseguia acreditar nela: a economia brasileira vivia um cenário de apertem os cintos, o piloto sumiu — e não era filme. Como o governo poderia pensar em organizar as suas finanças com meio cérebro paralisado? O jeito era abrir correndo a caixa-preta do CMN.

O conteúdo dela parecia quarto de adolescente em fim de férias. Em lugar da montanha de trastes e roupas sujas, uma montanha de votos importantes — todos urgentes e encalhados. Em suas reuniões bissextas, o Conselho diminuía um pouco a pilha valendo-se das excepcionalidades, pedidos de vistas, dedo no olho e outros truques. Mas naquele momento havia ali mais de uma centena de votos à espera de deliberação. E, por baixo deles, uma camada subterrânea de votos aprovados *ad referendum*, aproveitando a letargia geral. Entre eles estavam as decisões escandalosas de uma certa Operação Patrícia, diante da qual os economistas se convenceram de que o CMN, àquela altura, era o novo endereço da simpática e folclórica mãe-joana.

Em 1986, os produtores de café estavam preocupados com a queda do preço do produto nos principais mercados. Montaram então uma manobra secreta, em cumplicidade com funcionários do Ministério da Agricultura. O governo financiaria um grupo de grandes firmas de importação e exportação, para que fizessem pesadas compras de café no Brasil e no exterior, forçando os preços para cima. O produto ficaria escondido por algum tempo, para ser revendido quando a cotação subisse. Em homenagem à filha de um figurão do setor cafeeiro, o golpe especulativo foi batizado de Operação Patrícia.

A autorização para o financiamento da operação foi conseguida com um daqueles votos distraídos do Conselho Monetário Nacional. As montanhas de café foram compradas pelas *tradings*, mas o golpe foi um fracasso e os preços continuaram despencando. A tal revenda do produto na alta, que pagaria a operação, evidentemente não aconteceu — e o que restou dela foi o prejuízo monumental deixado no colo do governo. Surgiriam então questionamentos dentro do próprio CMN sobre a licitude da operação, o tamanho do rombo, os responsáveis por ele e demais variáveis do escândalo. Todas essas iniciativas para passar a limpo a Operação Patrícia estavam formalizadas em dezenas de votos submetidos ao Conselho. Todos devidamente empilhados e ignorados no escurinho da caixa-preta.

Se o CMN fosse uma perna, o caso era de amputação. Mas como ele ficava na cabeça, tinha que ser salvo. O jeito era começar do começo: tirá-lo da letargia, fazê-lo voltar a se reunir regularmente e mostrar a seus membros que todas as patrícias, vassouras e primaveras teriam de ser desembaraçadas. Nem que isso durasse a vida inteira.

Nas primeiras reuniões, o Conselho basicamente continuou sendo o que era — uma feira. O polimento se iniciou assim mesmo, em meio ao festival de excepcionalidades, pedidos de vistas e coreografias típicas. E logo Clóvis Carvalho, o fio terra do bunker, começaria a enxergar por trás da confusão as preciosas chaves de poder do CMN. Clóvis estava especialmente concentrado no desarme das bombas estaduais. E havia ali, ao alcance da mão, um instrumento letal contra a fábrica de déficits dos governadores. Só faltava engatilhar a arma e colocá-la na mão do chefe.

Na sala cheia de mais uma reunião ecumênica do CMN, no dia 29 de junho de 93, o ministro Fernando Henrique Cardoso sentou-se à cabeceira da mesa armado. Ninguém notou, pois a arma era uma mera folha de papel. Ele abriu a reunião e deixou o dedo descansando no gatilho, para apertá-lo na hora certa. O alvo era uma das tais excepcionalidades da vida brasileira, que fizera um furo no casco da chamada Lei do Colarinho Branco (nº 7492/86). A lei determinava que uma instituição financeira não poderia emprestar ao seu controlador. Era crime. Mas uma excepcionalidade tinha determinado que o crime, se cometido por bancos públicos, deixava de ser crime. Essa licença poética garantia a festa dos estados com os Banerjs e Banespas. O governador mandava seu banco emprestar ao seu governo quanto ele necessitasse, no regime de "devo, não nego" — afinal, estavam em família. Essa era a crônica da transformação dos bancos estaduais nos maiores poços sem fundo da economia nacional.

Com os membros do Conselho já razoavelmente embriagados pelas discussões circulares, dribles e obstruções, o ministro da Fazenda puxou o gatilho. Pôs sobre a mesa a proposta de resolução mais singela da história. Ela determinava que a Lei do Colarinho Branco passava a valer exatamente conforme o que estava disposto na Lei do Colarinho Branco. E ponto final. Ou seja, se a lei não fora feita com um furo no casco, a lei não tinha um furo no casco. O rei estava vestido e tinham gritado que ele estava nu. A nova resolução nada mais fazia do que gritar de volta: "Olhem para o rei. Ele está vestido." Alice e o Chapeleiro Louco não podiam ter perdido aquela reunião do CMN.

Fernando Henrique leu a proposta, e os engavetadores logo desconfiaram de tanta obviedade. Começaram a se manifestar, mas foram cortados pelo ministro com a decretação de uma regra instantânea:

— Não serão aceitos pedidos de vistas.

Antes que alguma contestação tomasse corpo, colocou em votação a matéria que cassava a "excepcionalidade" do colarinho branco para os bancos públicos — e encerrou-a, sem pausa para respiração:

— Os que não têm nada a opor permaneçam como estão. Aprovado.

A sala do CMN nunca estivera tão silenciosa. A confraria parecia sentir que os tempos estavam mudando. E talvez pressentir que, entre outras novidades, aquela fartura de assentos no topo da economia estava com os dias contados. No dia seguinte, a Resolução 1996, que fecharia a maior fábrica de dívidas do país, seria publicada pelo presidente do Banco Central, Paulo César Ximenes. Mas quem estava por trás dela, além do secretário Clóvis, era o economista prestes a substituir Ximenes na presidência do BC — embora nem os astros soubessem disso ainda.

* * *

A queda de Ximenes não fora tramada dentro do bunker. Mas qualquer um que observasse os desdobramentos teria dificuldades de acreditar nisso. A vaga na presidência do Banco Central seria a senha para Fernando Henrique terminar de fincar sua tropa no campo de batalha. Clóvis Carvalho, Winston Fritsch e Gustavo Franco já estavam na máquina. Edmar Bacha assumira o posto no front legislativo, redigindo as medidas que iam reformar o orçamento. Persio Arida assumiria em pouco tempo a presidência do BNDES. Faltava cravar em Brasília as âncoras de André Lara Resende e Pedro Malan.

Numa sexta-feira, 13 de agosto, os dois foram chamados pelo ministro da Fazenda para jantar em Brasília. Malan passara os últimos dois meses e meio administrando uma situação delicada com Fernando Henrique. Recebia dele cobranças constantes, basicamente sendo pressionado a assumir uma posição mais concreta na equipe. Malan era o sócio número um do projeto e tinha tido atuação decisiva no instante inicial. Não só na arregimentação das pessoas e das idéias, como dando visibilidade internacional imediata ao novo ministro — traduzindo seu Plano de Ação Imediata para o inglês e fazendo-o chegar aos atores cruciais da comunidade financeira, que conhecia bem.

Aos poucos, porém, sua permanência em Washington passara a contrariar o comandante. Depois das primeiras semanas como ministro da Fazenda, Fernando Henrique lhe dizia que o jogo era bruto, a tarefa era gigantesca e insistia que precisava de Malan fisicamente ao seu lado — e não apenas como um satélite de luxo. Depois de muitas evasivas, o negociador da dívida externa foi sincero. Disse que seu projeto de vida não passava por Brasília. Tinha sido eleito por oito países diretor executivo do Banco Mundial, e mal completara seis meses no cargo. Sua carreira e sua vida pessoal estavam apontadas em outra direção.

Mas a queda do presidente do Banco Central deu a Fernando Henrique o argumento que lhe faltava. Pela primeira vez ele tinha, com aquele cargo na mão, uma pista de pouso para a aterrissagem de Malan. Mandou chamá-lo para que o ajudasse a solucionar aquela substituição, pois não queria mexer nos membros da equipe que já estavam começando a se afinar com a máquina. Precisavam achar juntos o nome certo, e André Lara participaria do encontro. Pedro atendeu à convocação, adivinhando que o tal nome certo seria o próprio André. No jantar da sexta-feira 13, o ministro da Fazenda sentou-se com os dois colaboradores e foi direto ao ponto:

— Um de vocês dois vai sair deste jantar como presidente do Banco Central.

Pedro entendeu a frase como uma coreografia para chegar à aclamação de André. Entrou no jogo e falou o que achava que se esperava dele: que não podia haver nome melhor para o BC que o do amigo e antigo parceiro de PUC, e que se havia uma escolha com risco zero, ali estava ela. Mas a aclamação não veio. Fernando Henrique considerava André o gênio de sua tropa (e da economia nacional), ao lado de Persio Arida. Não traçaria uma linha sequer de estratégia sem o crivo dos dois. O que estava buscando, porém, era um capitão para segurar o leme e tocar o seu barco. Com inteligência, mas também com paciência e têmpera. Os dois gênios tinham a dinâmica da inquietude. O humor que podia oscilar dos estados mais positivos até o aparente distanciamento, beirando o desânimo. Para estar a seu lado no front, precisava de alguém como o negociador da dívida externa, capaz de passar dois anos jogando um xadrez impossível com milhares de credores — e vencendo a partida. A presidência do Banco Central era a oportunidade exata para definir o capitão da embarcação. E para aquele posto, sua confiança recaía integralmente sobre o nome de Pedro.

A deixa veio de André, que por sinal não queria o cargo. Ele se ofereceu para fazer os últimos arremates da negociação da dívida, liberando Malan para desligar-se do Banco Mundial e voltar ao Brasil. Fernando Henrique não esperou pelo "sim" da noiva no altar. Sacramentou o casamento. Naquela sexta-feira 13 de agosto, a bruxaria da política mudara o destino de Pedro Malan.

O novo presidente do Banco Central desembarcou em Brasília deixando a família para trás. Sua mulher, Catarina, estava grávida de oito meses, e a missão no governo não era para logo mais, nem para daqui a pouco. Era para ontem. Não dava para colocar sua vida em Washington num caminhão de mudanças e despachá-la para o Brasil. A decisão envolvia, entre outras coisas, não estar presente no nascimento de seu filho. Um detalhe, para alguns; uma grande perda, para ele.

Por serem tão delicadas, as circunstâncias da adesão de Malan à tropa de Fernando Henrique levariam, logo a seguir, a uma espécie de pacto entre os dois. Um pacto não escrito, e mesmo pouco falado, mas inexpugnável: o economista pegava em armas e entrava com força máxima no campo de batalha, mas teria cobertura irrestrita do comandante para agir com autonomia total. Esse era o único jogo possível. O pacto foi selado para atravessar uma emergência. Mas teria resistência para uma travessia maior. Mesmo que ela durasse três mil dias.

* * *

— Com licença, presidente. Recebi uma informação provavelmente equivocada, e gostaria que o senhor a retificasse.

O diretor que adentrava a sala do novo presidente do Banco Central tinha cara de poucos amigos. Girara a maçaneta da presidência sem muita cerimônia, pois suas costas eram quentes o suficiente para que transitasse desinibido por qualquer canto da casa. A informação que recebera era de que seria demitido. E fora checar pessoalmente com o chefe se ele sabia com quem estava falando. O presidente não desmentiu a informação, e o diretor saiu do sério. Resolveu então deixar claro que colocaria o chefe em perigo se ele mantivesse a decisão:

— O senhor sabe quem me indicou, não sabe? Pois bem, a decisão é sua: o que o senhor quer que eu diga a ele?

— Diga que você será substituído — encerrou Pedro Malan.

As trombadas com afilhados, padrinhos, protegidos, companheiros e outros inquilinos da máquina pública sequer seriam relatadas por Malan a Fernando Henrique. E ele também não queria saber. De vez em quando era procurado pelo "dono" de algum funcionário cortado ou contrariado. Concordava com a crítica à auto-suficiência do presidente do BC — e não fazia nada. Era a prometida blindagem contra as ventanias da política.

Mas o vento continuava, e às vezes vinha uma rajada mais forte. O fim da farra dos bancos estaduais, com o garrote nos empréstimos "em família" para os governadores, deixara uma multidão de órfãos no meio político. Repentina e certeira, a medida pareceu imobilizar os adversários dela. Mas era só questão de tempo. Em setembro, logo depois de assumir e livrar-se de alguns "afilhados" bem posicionados no banco, Malan passou a construir sua barreira técnica. Uma das primeiras providências foi levar para a diretoria de Assuntos Internacionais o ex-aluno e amigo Gustavo Franco. Ele encerrara o primeiro ciclo de seu trabalho no Ministério da Fazenda — conseguindo inclusive, com as "confissões" de Aurélio Nonô, chegar a uma economia de cerca de 15% no Orçamento da União. Além de grande afinidade de pensamento e confiança mútua, os dois tinham personalidades complementares: o que Pedro tinha de conciliador, Gustavo tinha de arrojado.

Esse encaixe seria testado de cara. Depois de ruminar a resolução estraga-prazeres do CMN, os bancos estaduais aproveitaram uma entrevista de Gustavo, em que ele citava a promiscuidade do esquema interrompido, para dar o troco. Era a chance que esperavam para colocar o Banco Central na defensiva perante o público. Através da Asbace (Associação Brasileira de Bancos Estaduais e Regionais), denunciaram a intervenção arbitrária e exigiram a retratação do novo diretor do BC, em carta assinada por Osiel Magalhães, presidente da entidade.

Gustavo era do tipo que não dava nem meio boi para ficar fora de uma briga. Se ela fosse boa, eventualmente oferecia uma boiada para entrar. A resposta saiu de bate-pronto, sem uma gota de tempero diplomático. Dizia, em resumo, que quem tinha de se retratar com o país eram os filiados da distinta associação, cuja irresponsabilidade custara caro aos brasileiros, e que justificaria até o fechamento dos bancos. A carta foi enviada com cópia para o ministro da Fazenda e protocolada na diretoria do Banco Central. Lá, seria transformada em voto e passaria a representar a posição oficial do BC sobre o assunto. Para garantir, Pedro Malan enviou uma cópia do voto diretamente ao presidente da Asbace. O motim estava liquidado em 24 horas.

Depois do garrote nos bancos estaduais, a guerrilha contra os afilhados de Patrícia e Joana no CMN prosseguiu. Era preciso enfrentar o aleijão das excepcionalidades, artifício político que podia garantir liberação infinita de dinheiro para a mesma obra da mesma empreiteira. Aquilo era uma espécie de AI-5 do orçamento — os limites do contrato valem até segunda ordem de quem manda pagar. Seria complicado acabar com um instrumento daqueles da noite para o dia.

Pedro Malan fez uma sugestão a Fernando Henrique: pedidos de excepcionalidade poderiam continuar sendo votados, desde que seus autores apresentassem o custo, em dinheiro, daquele pedido e do total já gasto no referido empreendimento. No que aparecessem sobre a mesa as contas bilionárias de uma Porto Primavera, por exemplo, com seus inúmeros puxadinhos orçamentários, o voto poderia ser derrubado com um peteleco. A regra foi implantada no Conselho. Mais um ralo estava fechado.

Com a aproximação do final do ano de 93, a apreensão começou a tomar conta do bunker. Estavam prestes a completar seis meses no poder, e a inflação continuava subindo. Agora já se aproximava dos 40% ao mês. A varredura nas contas nacionais, o fechamento de ralos e torneiras, as cirurgias no orçamento — nada disso era muito visível para a opinião pública. A equipe de Fernando Henrique se defendia divulgando os vários resultados do choque fiscal. Mas àquela altura, para as pessoas comuns, "choque fiscal" parecia uma tradução pomposa para "enxugar gelo".

Como quase sempre acontece, onde há pressão e apreensão, surge a dúvida. Começava a rondar a equipe a idéia de que, com a fragilidade do governo-tampão de Itamar e a demora nos resultados de seu quarto ministro da Fazenda, as condições políticas para o ataque à inflação eram mínimas. Ali estava um grupo de economistas tão brilhantes quanto vaidosos. Era hora de separar a vaidade, a presunção de salvar o país com uma boa idéia, da avaliação realista sobre as chances de pôr qualquer idéia de pé.

Persio Arida, André Lara Resende e Edmar Bacha traziam as cicatrizes do Plano Cruzado. Tinham tido uma boa idéia, mas a negociação dela com o governo Sarney deixara a todos no meio do caminho. A tática do congelamento de preços, retocada, repuxada e esticada pelas conveniências políticas, terminara em desastre. Todos os navegantes ali sabiam bem que, no delicado xadrez da crise, basta uma marola de través para bagunçar todas as peças no tabuleiro. E uma marola dessas tinha acabado de sacudir seriamente a embarcação.

Estavam colhendo os primeiros resultados do trabalho em Brasília quando o Congresso Nacional aprovou uma lei capaz de mandar o bunker pelos ares. Todo o esforço da equipe se voltava para conter a injeção artificial de dinheiro na economia — que anestesiava a corrosão da moeda, ao mesmo tempo que a aprofundava. Veio então a lei que, como nas caricaturas da política provinciana, distribuía dinheiro de graça. De autoria do deputado gaúcho Paulo Paim, ela instituía o reajuste mensal integral dos salários (que na época eram corrigidos a cada quatro meses), mais um aumento real — 3% limpos todo mês — para o salário mínimo. A tropa de Fernando Henrique se reuniu e informou a ele que, diante daquele fato, nem com os 12 trabalhos de Hércules conseguiriam fazer cócegas na inflação. Não teriam, portanto, mais nada a fazer em Brasília.

O ministro foi imediatamente ao encontro de Itamar Franco, que até ali era simpático ao projeto de Paim, e apresentou-lhe argumentos técnicos para mostrar que estavam diante de uma bomba-relógio. Finalmente, explicou-lhe o que estava em jogo:

— Presidente, se essa lei entrar em vigor, minha equipe vai embora para casa. Receio que, nesse caso, eu também tenha que ir.

Itamar achava que era preciso melhorar a legislação salarial de alguma forma, mas acima de tudo confiava no seu "primeiro-ministro", e não piscou:

— Tudo bem. Vou vetar a lei.

A blindagem do bunker funcionara de novo. Todos estavam salvos. Mas o veto não saíra de graça. Embora isto não estivesse no seu Programa de Ação, teriam de oferecer algum plano de recuperação salarial ao presidente, como oferenda pela desativação da bomba Paim. Era o preço para a manutenção da blindagem. Itamar propôs a criação de câmaras setoriais para discutir uma nova lei de salários, e a equipe se eriçou de novo. Para aquele grupo, "câmara setorial" figurava no mesmo dicionário de palavrões de "pacto social": perda de tempo para conciliar interesses inconciliáveis e chegar a uma solução igualmente ruim para quase todos. Novamente, avisaram que daquele jeito não queriam mais brincar.

No meio do impasse, Gustavo Franco ligou para Fernando Henrique e disse que tinha passado a noite numa câmara setorial. Era uma câmara de apenas dois membros, ele e sua insônia. O resultado talvez não fosse o ideal, mas pelo menos era consensual:

— Acho que troquei seis por meia dúzia. Mas quero te mostrar.

O ministro ficou curioso com o surgimento tão rápido de uma proposta para um tema tão controverso, e chamou Gustavo para jantar em sua casa. Queria olhar aquilo com calma, sem ninguém em volta para interrompê-los. Antes de a comida chegar à mesa, o economista explicou seu projeto salarial em menos de meia hora. Tratava-se de criar um reajuste mensal, mas com um redutor fixo de dez pontos percentuais sobre o índice da inflação — o que impedia a realimentação automática dela. A perda era toda reposta só ao fim de quatro meses, como na regra anterior, mas o salário não chegava ali tão desidratado.

Fernando Henrique ficou radiante. Disse ao auxiliar que ele acabara de resolver um problema político sem criar um problema econômico.

— Pelo que eu conheço do Congresso, essa nós já ganhamos — comemorou antecipadamente o ministro.

Gustavo se animou, e arriscou um diagnóstico: se escapassem mesmo daquela, teriam paz para trabalhar nas transformações que sempre sonharam. Fernando Henrique corrigiu:

— Se escaparmos mesmo dessa, pode ficar tranqüilo que depois vem outra pior.

Foram jantar, brindar e passar o resto da noite falando mal de câmaras setoriais, pactos sociais, e do medo que tinham dos abraços da Fiesp com a CUT e o governo no meio — que chamavam de "coalizão inflacionária" de patrões, empregados e Estado. Mais ou menos aquilo que Adam Smith deixara escrito na bíblia do liberalismo: pactos coletivos que deixam a coletividade de fora. Falaram também de um projeto nascido por causa da questão salarial, chamado Agenda Brasil — encomendado ao ministro por Itamar Franco. Era mais um dos fóruns ecumênicos gigantes, mobilizado para buscar a solução que agora já estava ali, sobre a mesa de jantar, em uma folha de papel.

Gustavo Franco levou seu ovo de Colombo para o Congresso Nacional. Explicou aos parlamentares, subsidiou o relator e comprovou ao vivo, numa votação rápida, o cálculo de Fernando Henrique: a formulinha agradara a todas as correntes e acabou facilmente aprovada. O economista ainda estava no plenário quando foi abordado por um estranho. Era um assessor do megainvestidor George Soros, o maior especulador do mundo. Estava ali exclusivamente para informar ao chefe em Nova York, em tempo real, o resultado da votação no Brasil. Era só o que faltava. Gustavo entrou no clima:

— Então você pode tranqüilizar Wall Street. O perigo já passou.

Como alertara o ministro, naquele lugar onde estavam, o que se podia esperar depois de um abacaxi era outro abacaxi. E eles de fato se sucederam, sendo devidamente descascados. Mas o fato é que boa parte da tropa chegava ao fim do ano com o moral baixo. Entre os mais experientes, começava a prevalecer a idéia de que não teriam mesmo força para executar um plano eficaz contra a inflação. Só um novo governo teria condições políticas para essa empreitada. Foi aí que o bunker tremeu de novo, dessa vez sacudido pela reação de Pedro Malan:

— Esperar a posse do novo governo? Daqui a mais de um ano? Bem, gostaria de lembrar que a inflação está chegando a 40% ao mês, e o país ainda tem um ano eleitoral para atravessar. Vocês sabem das incertezas e turbulências que toda eleição traz — disse o presidente do BC à equipe reunida no Ministério da Fazenda. — O que quero dizer é que, se não enfrentarmos isso agora, o novo governo já nasce nocauteado. Aí, meus caros, aquela hiperinflação de 80% ao mês do final do governo Sarney vai parecer brincadeira de criança.

Pedro tinha o hábito de "panfletar" no bunker textos de autores que chamavam a sua atenção. Goethe era um deles, especialmente trechos relacionados ao Fausto e seus dilemas mefistofélicos, que também apareciam em Hjalmar Schacht. Outro líder da sua parada de sucessos era o americano George Kennan, diplomata que serviu como embaixador na União Soviética durante a Guerra Fria. Politicamente equilibrado, Kennan fora o primeiro a prever, ainda em 1951, que o regime soviético fatalmente cairia — não por causa da ideologia, mas por causa da economia. Era um especialista na identificação dos males que minam os governos por dentro. E o mais comum desses males era um que Pedro fez questão de enunciar para os colegas de equipe:

"Todo governo tem um núcleo principal de pessoas dedicadas aos seus projetos pessoais. Em segundo lugar, elas cuidam de seus projetos políticos. E quando sobra espaço na agenda, se dedicam àquilo que o país gostaria que elas fizessem."

O presidente do Banco Central tinha uma certeza: aquele exército de meia dúzia de sete estava fora do mandamento de Kennan. Não por alguma virtude rara. Apenas porque tinham caído, quase por acaso, numa célula nada convencional de poder — onde todos os "poderosos" eram velhos conhecidos uns dos outros, tinham grande afinidade de pensamento e nenhuma disputa político-eleitoral. As grandes ambições pessoais, trazidas da guerrilha acadêmica, eram colocar uma idéia de pé. Ou seja, eram quase uns extraterrestres no lugar onde estavam, possivelmente despreparados para alguns aspectos do desafio, e isso significava que aquilo podia dar totalmente errado. Ou totalmente certo.

Fugindo da moeda sem cabeça

O galope da inflação conduzira a vida nacional, finalmente, ao caos. Muitas lojas já chegavam a trocar os preços nas prateleiras a cada duas horas, seguindo as taxas de câmbio. Começavam a surgir os contratos salariais com duração de apenas quatro semanas. No cotidiano da economia, dois meses passara a ser longo prazo. E mesmo no curtíssimo prazo, havia até salários indexados ao preço da batata — tal era a desmoralização do dinheiro.

O país conseguira o impensável: reduzir sua moeda a meia moeda. Ela continuava servindo como meio de pagamento (embora fosse preciso entregar uma sacola de notas para levar um par de sapatos), mas deixara de existir como unidade de conta (a ponto de um salário ser calculado em quilos de batatas). Era uma moeda sem cabeça.

Esse era o cenário da hiperinflação alemã em 1923, ao qual o Brasil de 1993 ainda não chegara. Mas também não estava longe dele. E a saída para a crise alemã reapareceria como semente no bunker de Fernando Henrique, no momento em que sua equipe venceu a hesitação e colocou em pauta o assunto proibido: o pacote antiinflação.

Na Alemanha, a saída para descontaminar a economia da hiperinflação, operada pelo presidente do Banco Central, Hjalmar

Schacht, passara à história como um milagre. Seu plano: se havia uma moeda sem cabeça, ele criaria uma cabeça sem moeda. Uma pura unidade de valor, cotada pelas batatas, pelo ouro e depois pelo dólar — as coisas, enfim, que tinham valor real em qualquer balcão. Cercada de garantias e lastros confiáveis, esta unidade — o *rentenmark* — foi sendo introduzida lentamente na economia, ao valor de um trilhão de marcos. Cada um desses caminhões de zeros inúteis, quando trocado pela nova unidade, ia deixando para trás o corpo do dinheiro velho. E a partir da nova cabeça, gradualmente fortalecida, se daria a regeneração da moeda nacional.

Em novembro de 93, era exatamente esse o embrião da brasileira UV (unidade de valor), que começava a ser arquitetada em sigilo no bunker — ou URV, depois que o publicitário Nizan Guanaes engravidou a sigla com a palavra "real".

Só havia um problema: a idéia fora aclamada por toda a equipe, mas ninguém tinha a menor noção de como pô-la de pé no Brasil. Tratava-se de uma pequena revolução monetária, cuja sustentação dependeria de um forte e complexo esqueleto jurídico. Do contrário, seria fuzilada por ações, liminares, embargos, e iria ao chão em plena decolagem. Logo nas primeiras reuniões, andando em círculos, os luminares da economia viram que iam precisar de ajuda. E dessa vez não era algo que uma sessão de "tortura" em Nonô resolvesse.

Fosse como fosse, era preciso encontrar uma solução urgente. Como alertara Pedro Malan, na situação em que estavam, a hesitação, a omissão ou o erro davam no mesmo: legariam ao próximo governo um quadro de descontrole inflacionário jamais visto, que faria os 80% ao mês da transição Sarney-Collor parecerem brincadeira de criança. Ou seja, se dormisse em 1994, o Brasil provavelmente acordaria em 1923.

Enquanto ameaçava chegar à economia brasileira, o caos da hiperinflação alemã continuava animando os *pocket shows* do economista Sérgio Besserman. Depois de aterrorizar seus chefes e a turma do Casseta & Planeta, fazendo todos estocarem enlatados e eletrodomésticos, ele passara a colher frutos mais consistentes. Após cinco anos bombardeando no BNDES a idéia do controle fiscal — que era nome feio na instituição quando chegou lá —, a batalha estava ganha. No final de 93, nas salas e auditórios do grande banco público de investimentos, não se ouviam mais vozes defendendo os gastos governamentais como motor da economia.

Besserman não conseguira fazer suas idéias chegarem ao poder com Ulysses Guimarães, que quase caíra no sono ouvindo aquela história de austeridade com o dinheiro público. Agora, suas idéias chegavam ao poder por elas mesmas — não só ao "domesticarem" um dos maiores orçamentos da República (o BNDES), como ao se encontrarem, por acaso, diretamente com a linha de ação do bunker e a preparação do novo plano. Um encontro que começou no mesmo ideário econômico, saltou para a mesma sintonia política e terminou dentro da mesma sala.

Persio Arida dissera a Pedro Malan que iria morar em Brasília quando ele fosse. Era uma piada. Não especialmente sobre a capital, mas sobre a idéia de entrar formalmente no núcleo do governo — hipótese na qual os dois, satélites do bunker, não achavam a menor graça. Mas ambos acabaram capturados pelo ímã de Fernando Henrique quase ao mesmo tempo, com intervalo de dias, em setembro de 93. Malan assumiu o Banco Central, e Persio aterrissou na presidência do BNDES — uma instituição que, por ele, nem existiria.

Como encarar uma corporação coalhada de desenvolvimentistas, todos falando em plano de metas, política industrial e tudo o que, para ele, não passava de entulho nacionalista? Estava pronta a receita do desastre. Foi aí que Persio deu de cara com Sérgio Besserman — seu ex-aluno na PUC, o homem da responsabilidade fiscal no BNDES e chefe de gabinete da presidência, isto é, seu assessor direto.

O ex-comunista Besserman era o filtro perfeito entre o pára-quedista liberal e o "entulho nacionalista". Até para mostrar-lhe que as coisas vinham mudando rapidamente por ali. A idéia de um BNDES familiar, que servia de pronto-socorro para as empresas arcaicas dos amigos do rei, estava desmoronando. Ainda na gestão de Márcio Fortes, o vice-presidente Nildemar Secches iniciara uma manobra que, aos olhos nacionalistas da corporação, significava o suicídio do banco.

Sua tese era simples: empresas ineficientes, que dependem dos aparelhos estatais para respirar, não merecem viver. E o antídoto para essas formas de vida artificial chamava-se abertura econômica. Baixar tarifas, deixar o sangue circular entre os mercados, empurrar as empresas brasileiras para a competição. Os cronicamente não-competitivos, que continuassem batendo à porta do Estado para pedir seu kit de atualização tecnológica, morreriam.

Pela primeira vez, o BNDES admitia quebrar sua simbiose com as companhias nacionais — isto é, abandonar o jogo de garantir proteção a quem garantia sua existência. E o que a maioria considerava suicídio, Besserman via como única chance de sobrevivência. Não só do banco, mas da economia brasileira inteira. Com suas convicções forjadas nos extremos opostos do Partido Comunista e da PUC, o "marxista liberal" do BNDES filiou-se imediatamente à corrente de Secches. Que previa, além de abertura ao risco e competitividade, a privatização de empresas estatais sem fôlego para modernizar-se — como as siderúrgicas, petroquímicas, elétricas e telefônicas. Ou seja: antes do polêmico Consenso de Washington, antes, portanto, do aparecimento do termo neoliberalismo, as reformas "neoliberais" do Estado brasileiro já estavam em gestação. E em pleno berço nacionalista.

Besserman tinha ido parar na chefia de gabinete da presidência por mais um capricho do seu destino acidentado. Quiseram os astros que a ascensão do ex-comunista no banco se desse justamente com o início do governo Collor. A equipe de Zélia Cardoso de Mello encomendara ao BNDES a formulação do programa nacional de desestatização. E o novo presidente do banco, Eduardo Modiano, escolheu sem piscar, para ser seu braço direito, aquele gerente que vivia a pregar contra os gastos públicos descontrolados e a hiperinflação. Modiano conhecia Sérgio da PUC e reservara para ele uma delicada missão diplomática:

— Besserman, você é comunista. E eu sei que esse banco está cheio de comunistas. Como é que eu vou me entender com essa gente? Você vai ser meu embaixador aqui.

De fato, o forte sentido de obediência da tecnocracia do BNDES era, em grande parte, herança do Partidão. E isso era reconhecido desde os tempos da ditadura militar. O próprio ministro João Paulo dos Reis Velloso, do Planejamento, em pleno governo do general Geisel, via na disciplina daqueles "soldados vermelhos" a base ideal para a busca da excelência. E dava cobertura ao presidente do banco, Marcos Vianna — por acaso tio de Sérgio —, para que ele mantivesse a patrulha dos militares à distância, mais ou menos como fazia Roberto Marinho com os jornalistas de suas empresas. Ao menor sinal de interferência, Vianna disparava:

— Com os comunistas lá de fora, vocês façam o que quiserem. Nos meus comunistas, mando eu.

Besserman assumiu a chefia de gabinete de Modiano, fez a mediação necessária com os soldados vermelhos e logo eles estavam trabalhando a todo vapor no programa de desestatização. Comunistas privatizando? A contradição ideológica era evidente. Mas a fidelidade da tropa aos princípios da disciplina e da excelência, acima de todos os outros, era a garantia de que o programa não sofreria um milímetro de desvio.

Àquela altura, servindo a um capitão de Collor, Besserman compreendeu plenamente por que seu pai só o deixara entrar no Partido Comunista, aos 15 anos, depois de ler *As mãos sujas*, de Sartre. Não que estivesse vivendo uma prostituição moral. Mas sentia que teria de administrar alguns dilemas éticos, ou pelo menos boas confusões ideológicas em torno da sua pessoa. Se para Modiano ele era "comunista", da porta para fora do BNDES, sobretudo se virasse à esquerda, "neoliberal" era apenas um dos palavrões que teria de ouvir.

E certa noite, numa esquina do Rio de Janeiro, os palavrões vieram de um amigo. Sérgio e sua mulher Guida estacionaram em frente a uma farmácia, e ele saltou para comprar um remédio. De dentro do carro, Guida assistiu à cena incompreensível. O jornalista Milton Temer, da ala radical do PT, vinha caminhando pela calçada e os dois se abraçaram. Terminado o abraço, passaram a gesticular agressivamente e logo a seguir a se xingar. Saíram então, brigados, cada um para o seu lado.

Na hora do abraço, Temer falara no ouvido do amigo, pisoteando-lhe o calo:

— E aí, como vai o canalha do Modiano?

O pisão foi dolorido, porque trazia o peso das divergências políticas crescentes entre os dois, sem cautela ou sutileza. Quando pensou, Besserman já tinha respondido:

— Vai bem. Inclusive mandou você tomar no seu cu.

Temer não gostou da grosseria e os dois passaram a trocar ofensas pessoais, com tempero ideológico e algumas pimentas filosóficas. Para os clientes da farmácia, aquele palavreado poderia ser tudo, até uma encenação mambembe de Bertolt Brecht, menos uma briga de rua. A ruptura entre os dois duraria até o fim de semana seguinte, quando veriam o sol se pôr na praia tomando cerveja e discutindo a escalação do Flamengo.

Assim como Modiano, Persio Arida fez de Besserman seu embaixador liberal em território comunista. Embora continuasse achando que o BNDES não devia existir, Persio pôde constatar a sintonia entre o que se passava ali dentro e o plano econômico que ele preparava no bunker. Era confortante ver aquele orçamento bilionário apontado para o mesmo horizonte de reformas, de controle dos gastos públicos, que seria a cama do pacote econômico. Mas algumas divergências delicadas seriam inevitáveis.

Besserman sabia que o novo presidente estava ali de passagem, apenas para ocupar uma cadeira formal na equipe de Fernando Henrique. Mas não concordava com essa história de dinamitar o BNDES, e lutaria contra ela. Desde os tempos da PUC, notara que Persio, independentemente de seus princípios, era um súdito da racionalidade. Tentaria dobrá-lo por aí. Dentre os conflitos surgidos entre os dois, estava uma disputa que confrontava o banco e o Tesouro Nacional. Persio era o presidente do BNDES, mas no episódio estava tomando o partido do Tesouro. Besserman e um grupo de economistas sêniores resolveram reagir.

O grupo considerava que o banco não deveria pagar imposto sobre operações financeiras, o IOF, e o presidente sustentava que a cobrança estava correta. Via na posição daquele grupo uma tentativa de defender um favor tributário ao BNDES, e reagia com seu bordão de responsabilidade orçamentária: "A ótica do dinheiro público é a ótica do Tesouro." Mas Besserman e seus colegas insistiram. E acharam um argumento certeiro: o que o BNDES fazia era financiamento de investimento, e isso não podia ser classificado simplesmente como operação financeira. Portanto, não fazia sentido o pagamento do IOF. Não era uma questão de favor ou anistia, mas uma questão técnica.

A argumentação tinha lógica, e depois de algum tempo o súdito da racionalidade acabaria curvando-se a ela. Redigiu então um ofício ao Banco Central, solicitando que o IOF deixasse de ser cobrado nas operações de repasse do BNDES. Fundamentou, assinou e enviou. Logo a seguir, chegaria ao fim sua passagem pelo banco, sendo deslocado por Fernando Henrique para a presidência do Banco Central. E aí se daria o inusitado: ao assumir seu novo posto, recebeu o ofício que ele mesmo encaminhara ao BC, como presidente do BNDES, argüindo a suspensão do IOF. Apanhou o documento, releu seu próprio pedido e negou-o.

A mutação de Persio Arida tinha sido a demonstração perfeita da Teoria da Relatividade de Einstein, se ela tivesse uma versão política. Besserman também não ficava atrás, com sua trajetória capaz de opor o marxismo ao próprio Marx. E naquele final de 1993, havia um outro ex-comunista pronto para ser xingado defronte a alguma farmácia, mas nas esquinas paulistas.

Depois de ver com seus próprios olhos o contrabando de limpadores de pára-brisa na antiga União Soviética, David Zylbersztajn montara sua teoria particular para a queda do Muro de Berlim. Jamais a defenderia perante uma banca acadêmica, mas gostava de enunciá-la para si mesmo, com toda a convicção: o que derrubou o regime soviético, e depois toda a Cortina de Ferro, foi a máquina xerox. Achava que ela fora a grande arma revolucionária contra o controle do conhecimento e da informação, fotocopiando e replicando o saber represado, arejando cabeças e instituições. Mais do que o autoritarismo político e a rigidez econômica, o que levava um Estado à falência, David estava cada vez mais certo, era a falta de oxigênio intelectual.

Sempre a partir da área de energia, sua especialidade, passara a pesquisar obsessivamente as formas de organização do Estado em diversos países. Montou um curso de energia e relações internacionais na Unicamp, inteiramente fora dos padrões, e dali foi para a USP, criar o primeiro doutorado nessa área no Brasil. O físico José Goldemberg, que o convidara, logo trocaria a universidade pelo governo Collor, como ministro de Ciência e Tecnologia. Praticamente sozinho no programa de doutorado, David radicalizou seus experimentos de observação do cenário mundial. Cruzou América com Europa, sobrepôs problemas e soluções em sociedades diferentes. Botava em prática a segunda fase da Revolução da Xerox: depois da circulação máxima do conhecimento, a busca da excelência.

Se Besserman conectara-se ao ideário do bunker por sua mania de pregar contra o Estado perdulário, Zylbersztajn entraria nessa freqüência política pela mania de *mundializar* os problemas. E por vias tortas. Já estava casado com Beatriz Cardoso, filha de Fernando Henrique, mas sua única militância continuava sendo a acadêmica. Eventualmente filosofava com o sogro, desde que compartilharam suas desilusões políticas na França, mas ficavam no plano teórico. Reformas do Estado, tema que os uniria historicamente mais tarde, apareciam apenas como suaves conjecturas. Numa das poucas vezes em que tinham falado de inflação, não se referiam ao futuro do Brasil, mas a uma dívida de pôquer.

David e Fernando Henrique cultivavam uma mesa de carteado no sítio de Ibiúna, sempre na companhia do filósofo Bóris Fausto. O quarto integrante da roda de pôquer era variável, mas tinha um apelido fixo: "o pato". Os três jogadores cativos comunicavam-se durante a semana para deliberar quem seria "o pato" do próximo sábado. "De quem vamos tomar dinheiro essa semana?", debatiam por telefone, até escolher o infeliz que, por alguma razão misteriosa, acabava mesmo sendo o perdedor da noite. Mais do que arruinar o pato, porém, o grande pretexto da jogatina era arruinar reputações — só por algumas horas —, com a troca de disparates impublicáveis sobre a vida alheia. Quanto mais conhecida e chegada fosse a vítima, melhor. Às vezes, sobrava para os próprios difamadores. Numa dessas, Fernando Henrique caiu na berlinda e teve que ficar ouvindo piadas sobre seus hábitos crônicos de unha-de-fome. Para piorar, foi o perdedor da rodada.

Dias depois, perguntou ao genro se ele não ia descontar o cheque que lhe dera no jogo. David tinha feito as contas: época de inflação alta, cheque de uma agência do Banco do Brasil em Brasília, a compensação ia levar quase uma semana, não era tanto dinheiro assim... E, acima de tudo, não sabia de ninguém que algum dia tivesse recebido um cheque de Fernando Henrique. Tranqüilizou o sogro pão-duro:

— Não, não vou descontar. A inflação já comeu metade dos cacifes que eu ganhei de você. Vou guardar essa relíquia, um dia ela vai valer muito mais...

A aproximação de David com o grupo político de Fernando Henrique passaria longe da mesa de jogo, do sítio de Ibiúna e do próprio sogro. A atração viria do ex-governador Franco Montoro, no período em que ele articulava a criação do PSDB. Montoro fundara uma entidade chamada Instituto Latino-Americano e era um entusiasta da integração do continente. Fascinou-se por Zylbesztajn quando descobriu que ele era um dos papas do assunto na USP, com diversos estudos e teses sobre os mercados da região. Convidou-o então a subsidiar os programas de seu novo partido, promovendo a reconciliação do jovem engenheiro com a política mais de dez anos depois da desilusão comunista. Com um detalhe pitoresco: para David, a tal integração latino-americana, que encantava Montoro e os aproximara, apoiava-se numa identidade cultural confusa e em símbolos econômicos precários, como a megalomania de Itaipu. Ou seja, considerava-a pura ficção.

Pelas mãos de Montoro, o professor da USP se aproximaria do deputado José Serra e do grupo de economistas da PUC que ele recrutara para pensar o país. E se ligaria, principalmente, a um político franco e muito positivo, com quem tocaria uma das principais transformações administrativas do país: o senador Mário Covas.

Exatamente por sua postura franca e positiva, Covas foi decisivo na primeira vez em que Fernando Henrique abriu o bunker para políticos. A sombra da dúvida já pairava sobre os economistas, no momento em que cogitavam deixar o plano de ataque à inflação para o governo seguinte. Era setembro de 93 e o ministro da Fazenda resolvera injetar ânimo na equipe, reunindo-a com os principais caciques do PSDB. Daquela vez, o bunker seria o apartamento de Fernando Henrique em Brasília. Além de um jantar, o cardápio previa uma apresentação das medidas econômicas — tanto as já em execução quanto as em preparação —, para que os políticos reagissem, opinassem e, se fosse o caso, colocassem seu entusiasmo a favor do vento.

Edmar Bacha e André Lara Resende falaram bastante — mais das medidas fiscais (o controle orçamentário, que já estava em campo) que das medidas monetárias (o pacote antiinflação, que ainda não existia). Repassaram toda a autêntica blitz dos últimos quatro meses: fechamento de diversos ralos orçamentários, retirada das contas públicas da clandestinidade, formulação do Fundo Social de Emergência (que daria dinheiro para o governo governar), intervenção no CMN, aprovação do Imposto sobre Movimentação Financeira, ataque aos esqueletos estaduais, entre outras tacadas que já faziam daquilo uma minirrevolução fiscal. Mas os políticos não se animaram.

Se índio quer apito, político quer pacote. Quer saber quando a inflação vai cair. Davam a impressão de achar que os economistas estavam capinando o terreno maravilhosamente, sem plantar nada. Bacha e André falaram por alto na idéia de criar um indexador, uma unidade de valor que se transformaria numa nova moeda, deixando a inflação com a antiga. Mas só tinham o enunciado, e ele se desmanchou no ar. O presidente do PSDB, Tasso Jereissati, e o governador do Ceará, Ciro Gomes, acharam aquela conversa um tanto mole. Advogaram que o negócio era partir para o bom e velho congelamento de preços e salários, e ir para o pau contra os especuladores, remarcadores e espertos em geral.

Fernando Henrique ficou de árbitro da discussão, procurando não se manifestar muito incisivamente para não influenciar as opiniões. Mas um outro participante também não se manifestava, nem incisiva, nem timidamente. O silêncio do deputado José Serra era um enigma naquele momento. Se o PSDB tinha uma voz econômica, ela era e sempre tinha sido a de Serra. Ele agregara e cultivara o grupo de discussão acadêmica que estava agora à sua frente, só que com o poder nas mãos. De certa forma, era um tanto estranho, para todos ali, estarem vivendo aquilo tudo sem que Serra fosse o comandante. O destino pregara uma peça nos tucanos ao colocar, na hora agá, o príncipe dos sociólogos no Ministério da Fazenda. Mas Mário Covas não aceitou o silêncio do deputado economista e cobrou-lhe uma posição.

Serra foi sincero. Em poucas palavras, mostrou que não estava acreditando no rumo da nave. Não criticou a equipe, mas não se comprometeu com ela. Deu a entender que a conjuntura estava desfavorável, e arrematou dizendo que talvez a opção viável fosse um paliativo contra a inflação — apenas para evitar o descontrole total, um pouco antes da eleição de 94. A reunião ia chegando ao fim, madrugada adentro, sem nada parecido com união de forças, muito menos entendimento. Um dos que mais haviam cobrado até ali uma definição clara do plano, Mário Covas dirigiu-se então aos economistas e deu o desfecho na contramão:

— Bom, eu não sei o que vocês vão fazer. Mas estou junto com vocês.

Covas tinha salvado o encontro do fracasso total, evitando que políticos e economistas saíssem dali como almas penadas. Com todos já de pé a caminho da porta, o dono do apartamento aproximou-se de outro falante que passara a reunião calado:

— E aí, Gustavo? Nem te reconheci. Nada a declarar?

Gustavo Franco não poderia declarar o que realmente estava pensando. Passara todo o jantar torcendo contra um único final: aquele grupo político invadindo o bunker e virando copa e cozinha do plano econômico. Estivera inclusive com um "deixa que a gente faz" engatilhado na língua, mas não fora preciso dispará-lo. Na resposta diplomática a Fernando Henrique, preferiu valorizar o suposto apoio tucano ao plano:

— Ministro, agora vai.

* * *

Iniciada a gestação do *rentenmark* brasileiro, a URV, Gustavo foi um dos primeiros a notar que o plano não se sustentava. Pelo menos, não até onde a teoria econômica chegava. De onde estavam até a terra firme, até tocarem o chão da economia real com segurança, havia uma longa travessia a cumprir — por enquanto, no escuro.

A falta de vértebras do projeto ficou-lhe mais visível por causa da função operacional que acabara assumindo no bunker. Desde outubro, a equipe passara a fazer reuniões semanais regulares, nas quais Persio não falava de BNDES, Malan não falava de Banco Central, Clóvis Carvalho não falava da Fazenda, e assim por diante. Depois que o último batesse a porta e passasse a chave, as oito cabeças só falavam, ouviam e pensavam no pacote. Como a tempestade cerebral era sempre farta, Gustavo passou a cuidar de colocar a torrente no papel. Procurava digeri-la e aperfeiçoá-la até a sessão seguinte, trocando idéias especialmente com Edmar Bacha. Virou então uma espécie de relator do grupo, um outro fio terra para fazer companhia ao "gerente" Clóvis — que a essa altura, entre outras funções, tinha que bolar planos criativos de despiste da imprensa.

Logo que assumiu o Ministério da Fazenda, com seus escudeiros ainda em órbita, Fernando Henrique divulgou o que seria o "artigo primeiro" de sua gestão: não faria nada de surpresa. A população jamais acordaria com o susto de um pacote caindo sobre sua cabeça. A imprensa achou aquilo interessante, original, deu destaque ao compromisso responsável do ministro, mas cumpriu o seu dever: duvidou. Até porque a história recente dos pacotões a obrigava a duvidar. E quando os três últimos "pacoteiros" do ministro foram alojados no governo, os jornalistas viram que, com susto ou sem susto, a hora da verdade tinha chegado. Montando campanas e vigílias diuturnas nos pontos cruciais de Brasília, começaram a caçada.

A tática preferida de Clóvis era a do "boi de piranha". Momentos antes do horário marcado para a reunião da equipe, o carro oficial do ministro pulava na rua e disparava na direção contrária àquela onde o bunker seria instalado naquele dia. A patrulha de repórteres empreendia a perseguição pelos trajetos mais loucos da capital, enquanto os membros da equipe recebiam o sinal para deslocar-se rapidamente para o apartamento de um deles, para a garagem do Banco Central ou para o próprio Ministério da Fazenda, de onde a muralha da imprensa acabara de sair. Com o tempo, o drible ia ficando mais difícil, e o bunker passaria a materializar-se em locais mais exóticos, como a remota delegacia da Fazenda no centro de São Paulo. Qualquer que fosse o local, Clóvis passara a marcar as cópias dos documentos discutidos pela equipe com as iniciais de cada um, que se responsabilizava pela guarda ou destruição do papel. Mesmo que com atraso, a imprensa acabava descobrindo o lugar da reunião e revistava até lata de lixo.

Do lado de dentro da panela de pressão, o ritual semanal ia ficando cada vez mais peculiar. Desde o momento em que enterraram a idéia de deixar o plano para o governo seguinte e arregaçaram as mangas, Fernando Henrique notara uma divisão básica em sua equipe. Todos estavam com medo, embora não fosse um medo paralisante. Mas nos pacoteiros de primeira viagem, especialmente Gustavo e Pedro, esse sentimento se transformava em excitação, vontade de ousar experimentar. Nos viajados, sobretudo André e Persio, a apreensão se transformava em conservadorismo e aversão ao risco. Para completar, esta era a ala mais simpática à solução argentina da dolarização — o *currency board* de Domingo Cavallo, mais "à direita" em termos econômicos.

Fernando Henrique passou a se referir a Persio e André como "o PDS", em homenagem póstuma ao partido que sustentava a ditadura militar. Quando a dupla — particularmente André, com a precisão de sempre — vinha demonstrar a solidez da tese do alinhamento com a moeda americana, o ministro esperava a conclusão e convocava a oposição:

— Diante disso, o que diz o PDT?

Por sua teimosia, combatividade e hábito de contrastar o que os outros diziam, Gustavo era o PDT. E como o "brizolista" dos liberais, ele sempre tinha, é claro, algo enfático a dizer: no caso, que uma economia dolarizada era tão sólida quanto uma perna engessada. Ou tão estável quanto alguém com uma arma apontada contra a cabeça.

Os conflitos entre "PDS" e "PDT" levavam o bunker ao limite da cordialidade. Eram os momentos em que a mistura da responsabilidade imensa com a vontade de acertar maior ainda fazia aparecer a tensão entre os membros da equipe. Menos Fernando Henrique. Com o jogo irreverente da caricatura partidária, ele queria não só demarcar as divergências, como estimulá-las. Seu maior medo era que se cristalizasse muito cedo ali dentro um pensamento único, monolítico, que avançasse sem brechas para a autocrítica e a percepção dos erros. Queria ver seus comandados duelando entre si, provendo os melhores elementos para a decisão final — como ocorrera nos bastidores de várias reformas históricas, como o *New Deal* de Franklin Roosevelt.

Na montagem do famoso plano que tiraria os Estados Unidos da Grande Depressão, nos anos 30, o presidente Roosevelt chegaria à beira da esquizofrenia. Estimulara seus secretários do Interior e do Trabalho a montar o programa de investimentos que resultasse mais eficiente para o crescimento econômico. Harry Hopkins, do Trabalho, argumentou que o melhor caminho era identificarem os empreendimentos que mais gerassem empregos. "Harry, você está absolutamente certo", entusiasmou-se Roosevelt. Em seguida, recebeu Harold Ickes, do Interior, cuja proposta era selecionarem as obras que melhor reforçassem a infra-estrutura. Geração de empregos era conseqüência. O presidente aprovou: "Harold, você está absolutamente certo." A primeira-dama Eleanor Roosevelt, que assistira intrigada às duas reuniões, disse então ao marido que ele não poderia concordar com dois argumentos opostos. O presidente não a deixou sem resposta: "Eleanor, você está absolutamente certa."

Com as disputas entre PDS e PDT, Fernando Henrique ia dando polimento ao seu plano econômico. E ia também descobrindo quem, naquela tropa, iria com ele para a frente de combate.

Depois do jantar dos tucanos em setembro, José Serra aparecera em mais uma reunião da equipe e depois se afastara completamente. Winston Fritsch caíra em desgraça em outubro. Na véspera de viajar para a reunião anual do FMI, furava o cerco dos repórteres na saída do ministério, quando um deles perguntou se na maleta que carregava estava o esqueleto do pacote. Irônico, respondeu que sim, e que tinha até deixado cair um ossinho no chão. No dia seguinte, os jornais publicavam que o Brasil ia submeter seu plano econômico ao Fundo Monetário, despertando a ira do presidente Itamar e jogando Winston na geladeira. Em novembro, André Lara Resende também começava a dar por concluída sua missão na equipe, deixando de estar em todas as reuniões e pondo meio corpo fora do bunker. Enquanto isso, um personagem secundário emergia na tropa.

O reforço vinha de fora da constelação dos economistas e intelectuais luminosos. Era um servidor público antigo, sem teses premiadas ou verniz acadêmico internacional. Mas sabia tudo. Mais especificamente, tudo o que se passara nas entranhas dos últimos pacotes econômicos brasileiros. José Coelho Ferreira, procurador chefe do Banco Central, figura simpática e um tanto tumultuada, faria Gustavo Franco vislumbrar pela primeira vez o que seria o verdadeiro esqueleto do plano.

Cada vez mais, o que tirava o sono de Gustavo era tentar entender como fariam, na prática, para submeter uma economia inteira a um índice — a tal Unidade Real de Valor que pretendiam criar. No caso alemão, tinha sido criado até um outro Banco Central para emitir o *rentenmark*. Tudo para impedir que houvesse um respingo sequer da hiperinflação no novo indexador, que originaria a nova moeda. Tratava-se, nada menos, de fazer um fosso entre passado e futuro, cortando no tempo a marcha da inflação. Mas haveria uma multidão de contratos, preços, salários e ações judiciais tentando saltar esse fosso para continuar inflando-se — e bastava um deles conseguir o salto para liquidar o plano.

As conversas com o procurador Coelho sobre os erros legais que minaram cada um dos pacotes anteriores acenderam uma desconfiança em Gustavo: talvez, dali para frente, o que tinham de desenvolver não era mais um plano econômico, mas um plano jurídico. Conseguiu então que Coelho fosse liberado de todas as suas funções normais, passando a reportar-se somente a ele. A partir daí, mergulhou num estudo minucioso sobre legislação monetária, e programou uma bateria de consultas aos maiores especialistas nacionais no assunto. Gilberto Ulhôa Canto, José Tadeu De Chiara e José Luís Bulhões Pedreira foram alguns dos mestres cooptados para a caçada ao DNA jurídico da URV. Persio Arida também entrou nessa cruzada, e a montagem do plano mudou-se definitivamente dos domínios da economia para os do direito.

Quando Gustavo chegou a Bulhões Pedreira pedindo-lhe um indexador, parecia ter entrado numa oficina mecânica pedindo um antibiótico. Era preciso primeiro trazer a linguagem para um território neutro. Na primeira reunião, o economista decodificou em algumas horas *rentenmark*, URV e outros palavrões de seu plano. Depois foi a vez de o advogado levá-lo aos primórdios da legislação que rege a moeda, esmiuçando todas as entranhas jurídicas que sustentam os símbolos do dinheiro. Fez, porém, uma advertência: se ele queria mesmo realizar aquele ataque mortal à correção monetária, não devia mover um músculo antes de ler o papa do assunto, Tulio Ascarelli — e colocou em suas mãos um livro de uns dois quilos, escrito em italiano. Gustavo olhou para o tijolaço, fez umas contas de cabeça (estavam em meados de janeiro, o plano tinha que estar pronto em fevereiro) e agradeceu:

— Doutor Bulhões, um dia vou ler todo o Ascarelli. Mas nesse momento, preciso do meu indexador.

O advogado já tinha em mente o retrato falado da figura, e apresentou ao economista. A conversa de grego com esperanto vinha melhorando bastante, mas naquele instante complicou de novo:

— Já entendi. Você quer fazer uma moeda com curso legal, sem poder liberatório — sintetizou Bulhões.

— O quê?! — reagiu Gustavo, já achando que iam ter que recomeçar a lição do zero. Mas não ia ser preciso. Com uma rápida tradução simultânea, entenderia que ali estava, em bom *juridiquês*, a pista para o DNA da URV.

Um dos grandes desafios da equipe até ali tinha sido descobrir como evitar que a inflação saltasse o fosso entre passado e futuro. Isto é, como impedir que a vida cotada na moeda velha, quando convertida ao tal indexador (embrião da moeda nova), não o contaminasse com o entulho da correção monetária. Gustavo tomou uma decisão política: comprou um pacote de fim de semana num hotel-fazenda e enviou sua mulher e as crianças para lá.

Mergulhou então por 48 horas na biblioteca de seu apartamento em São Conrado, sem atender nem o telefone. No domingo à noite, tinha posto no papel, em bom *economês*, a idéia que os advogados haviam jogado no ar: a URV não seria um índice, nem um indexador, mas uma moeda — "sem poder liberatório", isto é, que não circula como meio de pagamento, mas com "curso legal", ou seja, uma moeda de verdade. Que serviria só como unidade de valor, para transplantar a economia da moeda velha para a nova.

E o que significava isto? Significava que, quando preços e salários desembarcassem na URV, não poderiam — à luz do direito — trazer sua bagagem inflacionária. Pelo simples fato de que não estavam mudando de índice, mas mudando de moeda. E a lei diz que não existe correção monetária de uma moeda para outra.

Faltava traduzir o *economês* de volta para o *juridiquês*, e isso era um trabalho para o doutor Coelho. Gustavo chegou a Brasília na segunda-feira, foi direto à sala do procurador e já entrou falando no negócio das duas moedas. Coelho estranhou, disse que nunca tinha ouvido falar naquilo. O economista mastigou um pouco mais, explicou que a tal segunda moeda não teria representação física, seria como uma moeda virtual, e o procurador cortou-o com as palavras mágicas:

— Ah, já entendi. Curso legal, sem poder liberatório. Interessante! Deixa eu rabiscar aqui...

Na reunião do bunker no dia seguinte, no quarto andar do Ministério da Fazenda, Clóvis Carvalho abriu os trabalhos no mesmo tom das últimas terças-feiras, que passara a ser o dia oficial do encontro: indócil com os impasses do plano.

— Então, doutor Gustavo? Voltamos à velha encrenca. Alguma novidade?

O diretor do BC distribuiu então cópias do documento redigido por Coelho, lido por todos em silêncio: vigência paralela de duas moedas, a segunda só ganhando poder liberatório (uso para pagamento) quando emitida, momento em que desaparecerão a moeda virtual e a moeda velha, tudo no mais empolado *juridiquês*.

— Como é que é, doutor Gustavo? Duas moedas?! — quebrou o silêncio Clóvis, já submetendo a aberração ao oráculo. — Doutor Persio Arida, o que o senhor acha disso?

De pé, andando de um lado para outro da sala — àquela altura já não conseguia mais participar de uma reunião sentado —, Persio não se alterou. Por outras vias, aproximava-se exatamente da mesma conclusão. O PDS assinou embaixo do PDT:

— Tá correto. Duas moedas. Quer dizer: uma moeda e meia, né? Tá ótimo. Vamos nessa.

Ao completar nove meses no bunker, a equipe de Fernando Henrique sentia pela primeira vez que suas idéias estavam prestes a sair para a luz. No mesmo instante, porém, do lado de fora, uma nova tormenta estava pronta para abortá-las.

Coelho, a cobra dançou!

Murilo Mãos de Tesoura foi chamado ao Palácio do Planalto no domingo ensolarado de 27 de fevereiro. Não podia ser bom sinal. A úlcera já pulou preventivamente, antes mesmo da revelação do assunto em pauta. Se qualquer toque do telefone era garantia de má notícia, o homem do cofre sabia que um passeio dominical ao Palácio, ao meio-dia, só podia ser prenúncio de tragédia. Apresentou-se e sua chegada foi anunciada ao gabinete do presidente Itamar Franco. Mas não aconteceu nada.

Àquela altura, o FMI já estava fora de combate. O Brasil conseguira concluir a operação secreta para renegociação da dívida externa sem o financiamento do Fundo Monetário. No último instante, a manobra fora flagrada pela "polícia", os Estados Unidos. Mas depois que Pedro Malan abrira o jogo com Larry Summers, admitindo que o Brasil comprara escondido — com seu próprio dinheiro — as garantias para entrar no Plano Brady, o homem do Tesouro americano ficara um doce. No telefonema seguinte, sequer se referiu ao assunto. Nem sinal de recriminação ou represália no horizonte. Nos últimos dias de fevereiro de 94, o nariz torcido do FMI para a URV e toda a estratégia econômica brasileira não tinha mais a menor importância. Com o discreto aval dos Estados Unidos, estava removida a principal pedra no caminho do novo plano. Mas surgiria uma outra, na última curva, que parecia indicar o fim da linha para a URV. Essa era a causa da convocação urgente do secretário do Tesouro ao Palácio.

Já fazia uma hora que ele estava olhando para as paredes quando uma porta se abriu. Mas ainda não era a do gabinete presidencial. Quem entrou por ela foi Gustavo Franco, chegando meio esbaforido, de cabelo molhado, estranhando a situação:

— Murilo Portugal, você por aqui num domingo?

O secretário do Tesouro informou que estava desde meio-dia ali, em cárcere privado, e sequer levara um jornal para ler. Não estava entendendo nada. Mais meia hora e a porta da sala de Itamar finalmente se abriu para os dois. Lá dentro, em volta da mesa presidencial, estavam os ministros da Fazenda, do Trabalho, da Previdência, da Justiça e os ministros militares. Todos com cara de personagem de tragédia. Sentido o peso da atmosfera, os dois sentaram-se em silêncio na ponta da mesa que tinha o presidente na cabeceira, tentando adivinhar o anúncio fúnebre. Fernando Henrique dirigiu-se a Gustavo e lhe fez uma pergunta técnica sobre os índices que sustentariam o valor da URV. O economista respondeu em menos de cinco minutos e o ministro da Fazenda disse aos dois que podiam se retirar. Mas que ficassem na sala de espera.

Estava na cara. O topo da República reunido num domingo de sol, falando de URV... O plano tinha subido no telhado. E isso estava acontecendo na véspera do dia marcado para a assinatura da Medida Provisória que o lançaria. Durante a nova espera insuportável, Murilo e Gustavo prepararam os espíritos para a guerra. Nove meses de trabalho insano para ouvir agora, de uma junta de políticos e militares, a receita de bolo que deveriam seguir. Foram convocados novamente, e a palavra dessa vez estava com Murilo.

A questão era simples: os militares tinham achado que a fórmula de conversão para a URV achatava os salários, e o homem do cofre fora requisitado para indicar de onde poderia sair um reforço para a remuneração da tropa. Mas seu apelido não era Mãos de Tesoura por acaso. Recitou rapidamente os grandes números do orçamento, deu uma idéia bem clara do quadro de receitas versus despesas e cortou as asinhas dos ministros fardados:

— O governo está preparando algum imposto novo? Se não estiver, nem vale a pena continuar a conversa. Como os senhores vêem, não tenho de onde tirar um centavo.

Murilo cumpria bem o seu papel de fazer qualquer ministro se sentir um perdulário ao seu lado. Mas ali havia um problema mais delicado. O ministro-chefe do Estado-Maior das Forças Armadas, Arnaldo Leite Pereira, e o ministro do Trabalho, Walter Barelli, estavam unidos para derrubar a fórmula de conversão dos salários de cruzeiros reais para a URV. O que equivalia a jogar o plano no lixo.

Um dos principais trunfos do plano das duas moedas paralelas era poder, na passagem da velha para a nova, deixar a gordura da inflação para trás. Naquela reunião, os ministros, com apoio do colega da Justiça, Alexandre Dupeyrat — três dos mais importantes auxiliares de Itamar — estavam decididos a mostrar ao presidente que os salários só poderiam ser convertidos pelo valor máximo a que tinham chegado em cruzeiros reais. Pelos cálculos feitos no bunker, aquilo significaria plantar a semente inflacionária na moeda nova. A fórmula encontrada para barrar esse contágio era converter os salários pelo valor médio deles nos últimos quatro meses — e não pelo valor mais alto a que a inflação os tinha elevado. Com um olhar, Fernando Henrique pediu a intervenção de Gustavo. Era tudo o que ele queria:

— Senhores, converter os salários pelo pico pode parecer uma medida socialmente simpática. Mas estaremos dando aos trabalhadores um falso poder de compra. Porque quando essa massa de dinheiro inflado for derramada na economia, imediatamente vai puxar os preços para uma nova escalada. Aí estaremos de volta à ciranda da valorização artificial de produtos e salários. Isto é, a nova moeda já nascerá com a semente da inflação.

A explicação veio acompanhada de projeções, modelos matemáticos e farta argumentação técnica, tudo devidamente impresso e distribuído aos presentes. Mas não alterou em um milímetro a posição da brigada ministerial. Fernando Henrique se irritou, ameaçou abandonar a reunião. Dissuadido por Itamar, contra-atacou com uma injeção de veneno. Pediu a Murilo e Gustavo que calculassem, sem mexer na regra da URV, um aumento viável nos vencimentos dos militares. Os dois auxiliares entenderam logo que se tratava de oferecer um anel para salvar os dedos, e jogaram um número na mesa: 6%, nem meio ponto a mais. Na mosca. Os ministros de farda ficaram felizes da vida e desistiram de pedir as mudanças no plano.

O lance de xadrez fora calculado para rachar ao meio o bloco de oposição à URV. E só dera certo por um fato curioso da vida brasileira: apenas dez anos após deixarem de mandar no país com mão de ferro, a causa dos militares cabia num abono salarial de 6%. Por acaso, o filho do almirante Arnaldo tinha um restaurante japonês próximo ao prédio de Gustavo, em São Conrado. Dias após aquela reunião, servindo sushi ao economista, ele puxaria conversa:

— Meu pai me disse que esteve com você.

— É verdade — respondeu Gustavo. — Há muito tempo eu não trabalhava tanto...

Mesmo isolado no embate, Walter Barelli ainda contava com o apoio do ministro da Justiça e com a atenção do presidente da República para seus argumentos. Que permaneciam irremovíveis. O ministro do Trabalho sustentava que o plano era um arrocho contra os assalariados. Itamar deixava claro que os trabalhadores não podiam sair perdendo. Com ajuda de Murilo, Gustavo argumentava que os valores em cruzeiros reais não podiam ser tomados "ao pé da letra" — eram valores ilusórios, deliberadamente inchados, para compensar o pedaço que a inflação comeria até o próximo reajuste:

— Se no papel o salário é 100, patrão e empregado sabem que quando for pago, 30 dias depois, ele só vai comprar 60. Ou seja, foi preventivamente inflado. Se fizermos a conversão para a nova moeda pelo valor do primeiro dia do mês, estaremos transportando essa inflação de volta para o futuro.

Já passavam de cinco horas da tarde, e os argumentos da equipe da Fazenda continuavam se espatifando na muralha "trabalhista". Além da fome e do cansaço, ia minguando a possibilidade física de aprontarem a Medida Provisória a tempo de imprimir, ainda aquela noite, o Diário Oficial extra. A falta de acordo impedia que Itamar tomasse a decisão final, então Fernando Henrique tomou a sua:

— Olha, eu desisto. Não quero mais fazer esse plano. Essa discussão está viciada, não vai a lugar nenhum. Vamos fazer alguma coisa no meio do caminho? Se eu fizer isso vou sair daqui frustrado. E vou frustrar milhões de brasileiros. Negativo. Estou fora.

O pedido de demissão do ministro da Fazenda sacudiu o gabinete presidencial. Os demais ministros, civis e militares, baixaram os olhos constrangidos. Apesar do duelo, todos sabiam que Fernando Henrique era o primeiro-ministro de fato. Era o único no recinto que poderia realmente liderar, naquele momento, uma grande reforma. Sua saída do governo era certeza de crise grave, que poderia inclusive arrastar a todos os demais. A paralisia geral em torno da grande mesa foi quebrada rapidamente por Itamar. Mostrando uma firmeza e um equilíbrio que poucos conheciam, assimilou o golpe e tomou as rédeas da situação:

— Não aceito isso. Não é para um desfecho assim que estamos há seis horas em volta desta mesa. Peço maturidade aos ministros. Não bati o martelo até agora, para nenhum dos lados, porque não estou aqui presidindo uma rinha. Estou presidindo um acordo entre homens de Estado. E nós só vamos levantar desta mesa quando tivermos um acordo. De preferência, de alto nível.

A intervenção de Itamar Franco mudou tudo. Lembrou aos presentes, basicamente, que havia um presidente da República na sala. E sem bater na mesa nem impor uma decisão, Itamar tinha deixado um único final possível para o filme. Walter Barelli compreendeu isso e jogou a toalha. A URV estava salva. Ou pelo menos parecia estar.

Derrotado, mas engrandecido pelo gesto de resignação, Barelli tentaria seu gol de honra: que pelo menos o salário mínimo fosse convertido pelo pico. Afinal, era preciso transferir renda aos mais pobres e... Mas não conseguiu levar adiante o postulado. Murilo Mãos de Tesoura foi logo perguntando de onde viria a verba para a caridade, imediatamente apoiado pelo ministro da Previdência, Sérgio Cutolo, que derramou sobre a mesa os números catastróficos da seguridade social. Indexadas pelo salário mínimo, as aposentadorias seriam engordadas, mas só no papel. Na boca do caixa, ia faltar dinheiro. Fernando Henrique então propôs que criassem uma comissão para discutir o aumento futuro do salário mínimo. Barelli aceitou a esmola. Sem gol de honra.

Mas ainda havia um obstáculo. Itamar desconfiava que a engenharia da URV amarrava melhor os salários do que os preços. Seu medo era que alguns setores, especialmente as farmácias, fizessem um reajuste violento logo na largada do plano, e garfassem o poder de compra das pessoas. Declarou então que, como presidente, se sentia na obrigação de prever um mecanismo de controle contra aumentos abusivos. Gustavo gelou. Uma das convicções centrais dos autores do plano era de que qualquer forma de controle arbitrário de preços sairia pela culatra. Essa era a experiência dos pacotes anteriores, quando produtos sumiam das prateleiras e fazendeiros escondiam bois para descongelar o preço da carne.

A ponderação de Itamar ganhou logo a adesão dos ministros do Trabalho e da Justiça. Alexandre Dupeyrat candidatou-se a herdar a Sunab, órgão de supervisão de preços que, com o plano, desapareceria do Ministério da Fazenda. Barelli ofereceu-se para presidir câmaras setoriais de negociação de preços. A equipe de Fernando Henrique não acreditava em câmaras setoriais. Via-as como mais uma tentativa de dirigir artificialmente os preços da economia — algo que consumia enorme energia, nunca funcionava e eventualmente atrapalhava. Gustavo olhou para o ministro da Fazenda, recebeu um sinal afirmativo e dirigiu-se a Itamar Franco em tom paciente, levemente didático:

— Presidente, não é necessário um mecanismo de controle de aumentos abusivos. Se o nosso indexador funcionar como estamos prevendo, o mercado logo enxergará muito melhor o valor das coisas, e reagirá contra os excessos. O abuso ficará muito mais visível — explicou o economista, procurando ser amistoso e tentando esquecer que Itamar não morria de amores por ele (e quase se recusara a assinar sua nomeação para o governo).

— Se anunciarmos regras fixas de controle — continuou Gustavo —, vamos provocar o efeito inverso. Aí, sim, o mercado vai sair correndo para subir os preços preventivamente. E isso seria desastroso. Repito, não é necessário mecanismo algum.

A explicação não fez o menor sucesso, mas uma avaliação do economista estava correta: a de que o presidente não o tolerava. Foi interrompido pela explosão de Itamar:

— Doutor Gustavo, é necessário mecanismo de controle, sim! O senhor fala muito, mas está enganado! Desastroso é o aumento abusivo dos preços dos remédios. Fique sabendo que quem vai cuidar disso não é o mercado, não. É o governo!

Gustavo ficou quieto e Fernando Henrique viu que a temperatura estava alta demais para prosseguirem com a discussão. Dessa vez, pôs o chapéu do bombeiro e disse qualquer coisa, apenas para embaçar a conversa:

— Acho que não devemos nos prender nesse ponto. É tudo uma questão de encontrarmos a linguagem correta. Proponho uma pausa para um lanche.

Nenhuma proposta tinha sido tão bem recebida em toda a reunião quanto aquela. A cúpula da República atirou-se na direção de uma bandeja de sanduíches de mortadela, ressecados como o ar de Brasília, horrorosos enfim, mas devorados com grande regalo. Barrigas forradas e espíritos temperados, decidiram que Barelli, Dupeyrat e Gustavo se reuniriam à parte para redigir o artigo da Medida Provisória sobre preços abusivos. Sabendo que as redações coletivas na prática não existem, porque alguém vai ter que segurar a caneta, o economista fez o que já fizera no bunker: "deixa que eu escrevo."

Deu-se, então, o milagre. A primeira forma proposta pelo redator agradou de saída aos dois ministros. O texto estabelecia que, uma vez verificada a prática de preços abusivos, o

Ministério da Fazenda instruiria as câmaras setoriais a arbitrarem o valor justo aos referidos produtos. Barelli e Dupeyrat acharam que estava muito bom e comunicaram a vitória a Itamar. Só não notaram alguns detalhes: a lei não dizia quem verificaria os preços abusivos, não definia o que eram preços abusivos, não identificava prazos ou periodicidade para a tal instrução do Ministério da Fazenda, não previa nenhuma norma criando as câmaras setoriais. Em resumo, o texto da lei não queria dizer nada.

O domingo ensolarado já tinha virado noite fechada quando Fernando Henrique e seus auxiliares deixaram o Palácio rumo ao Ministério da Fazenda, onde seria feita a redação final da MP. Clóvis Carvalho já reunira toda a equipe, inclusive os funcionários da Fazenda, e informara que o plano saíra das nove horas de reunião intacto. Quando Fernando Henrique, Murilo e Gustavo surgiram no quarto andar do Ministério, a equipe inteira os recebeu de pé com uma demorada salva de palmas, muitos gritos e algum choro. Enquanto corriam com a redação da MP para mandar rodar o Diário Oficial, surgiu sorrateira no ambiente uma garrafa de uísque. O ministro da Fazenda não só não censurou a intrusa, como fez a última checagem do texto com o papel numa mão e o copo na outra. Ninguém ali dormiria aquela noite.

Itamar chegara a mandar Dupeyrat ao Ministério da Fazenda para acompanhar a reta final do projeto. Evidentemente, não era possível discutir mais nada àquela altura. Clóvis usou sua arma letal: Coelho. Internou o ministro da Justiça numa sala com o procurador exuberante, obsessivo, incansável. Duas horas depois, o emissário do presidente se despedia, exausto.

Num canto da grande sala, lambendo a cria que agora já estava nas rotativas da imprensa oficial, Gustavo relaxou e deixou a cabeça viajar. Lembrou-se de uma passagem do escritor italiano Elias Canetti sobre a relação entre desvalorização do dinheiro e decadência do homem. Assim como a bandeira e a língua, a sociedade se vê refletida na moeda — e, nas grandes inflações, se desvaloriza junto com ela: "O homem passa a se sentir tão ruim quanto o seu dinheiro. Todo mundo tem um milhão e todo mundo é nada."

Nos últimos minutos daquele domingo inacreditável, o único que passara em Brasília, Gustavo Henrique sentia-se bem. Fisicamente bem. Olhou para seu maço de cigarros cheio sobre a mesa, apanhou-o e o atirou na lata de lixo. Adeus, tabaco. Um tempo estava ficando para trás. Moeda nova, vida nova.

* * *

Os dois funcionários entraram sem se anunciar na sala do diretor de Assuntos Internacionais do Banco Central. O chefe ficou sem entender nada, mas não teve tempo nem de repreendê-los. Pareciam nervosos e começaram a falar imediatamente, um por cima do outro, avisando ao diretor que tinham um problema sério para resolver.

A URV acabara de ir para a rua, o país estava tomando seu primeiro contato com as novas regras da economia. Os jornais eram uma avalanche de tabelas, quadros e infográficos, explicando como fica o seu bolso, o que muda na sua vida — e mudava tudo. O Banco Central montara um gigantesco *call center*, com 300 funcionários em linha direta com o público, tirando dúvida por dúvida. Não era gente recrutada na esquina. Eram 300 técnicos qualificados, capazes de dar uma aula sobre cada artigo da nova Medida Provisória. Mas estavam surgindo questões complicadas, talvez até fosse preciso fazer alterações na MP. Quando os dois funcionários invadiram seu gabinete com os nervos à flor da pele, Gustavo Franco teve certeza de que acontecera algo grave com a URV.

Mas não era bem isso. O assunto era grave, mas o prejuízo era de ordem ligeiramente diferente. J.A. era um funcionário experiente, A. era uma das auxiliares de confiança do diretor. Tinham quebrado o protocolo da agenda do chefe, metendo a mão na sua maçaneta, para tratar de outra quebra de protocolo mais delicada. Aos prantos, de mãos dadas diante da mesa de Gustavo, anunciaram que estavam tendo um caso amoroso. E não conseguiam mais esconder o fato no dia-a-dia do Banco Central.

Os dois eram pessoas maduras, ambos casados e com filhos. Inicialmente, o diretor teve vontade de lhes perguntar o que tinha a ver com aquilo. Logo percebeu, porém, que estava diante de algo mais do que um drama humano. Com o desenrolar do desabafo, ficou sabendo que o caso já não era recente. A novidade era o vazamento. Colegas do banco tinham descoberto o romance, e o assunto já corria pelos corredores, apimentado pelo fato de envolver dois altos funcionários. Dois fatores agravavam a situação: o primeiro era que os cônjuges traídos de A. e J.A. já tinham descoberto o caso; o segundo era que o casal de amantes, profundamente apaixonado, não pensava em interromper o romance.

Gustavo foi solidário, procurou acalmá-los e propôs que voltassem a conversar em 48 horas para decidir o que fazer. Agradeceu a sinceridade, mas adiantou que, no mínimo, não poderia manter os dois no mesmo departamento. A URV tinha acabado de ir para a rua, o governo ainda nem sabia quanto tempo ela ia durar, e não era possível enfrentar aquilo tudo com funcionários importantes, seus auxiliares diretos, emocionalmente atormentados. O casal concordou com a premissa e pareceu relaxar um pouco, mantendo as mãos entrelaçadas e agora trocando alguns beijos. No surrealismo daquelas carícias em meio a papéis, arquivos e clipses, uma certeza solitária se impunha: tratava-se de uma paixão ardente.

Antes de deixar a sala, A. disse ao chefe que precisavam marcar uma reunião — dessa vez sem quebra de protocolo — para tratar de um outro assunto delicado com ele. Havia detectado no mercado um movimento suspeito, a possível preparação de uma manobra esperta para o momento em que a URV se transformasse na nova moeda. Tudo indicava que seria uma aposta milionária contra o governo e a própria moeda. Preocupado com as linhas gerais do problema, Gustavo lhe disse que conversariam logo, no dia seguinte. Despediram-se. Por alguns instantes, o diretor da área externa do BC ficou refletindo sobre o evento inesperado: no meio do pacote econômico que mudava a vida do país, tinha que resolver um caso de adultério. Mas ficara evidente que, apesar da confusão — ou por causa dela —, A. era naquele momento uma mulher feliz e com enorme vontade de trabalhar. Tinha que mantê-la ao seu lado.

O capítulo das manobras para tentar driblar o plano econômico estava só começando. Para defender a URV, além da sua solidez jurídica, o governo tinha preparado alguns expedientes especiais. Um deles se chamava José Milton Dallari. Na varredura em busca de contrabandos da inflação para dentro da URV, o secretário de Acompanhamento Econômico do Ministério da Fazenda tinha licença para matar.

Os supermercados, por exemplo, foram logo avisados de que a conversão dos preços nas prateleiras não podia ser pelo valor contratado com o fornecedor. Tinha que ser pelo valor do dia do pagamento — o que fazia uma diferença brutal. Se o intervalo entre uma coisa e outra era de um mês, o valor na hora do pagamento teria perdido 45% para a inflação. Este era o valor real, e o empresário que transplantasse os 45% para o preço em URV receberia uma visitinha pouco amigável de Dallari.

Na verdade, os autores do plano sabiam que, se dependessem de um xerife para controlar o contrabando inflacionário, estariam perdidos. A aposta era outra: se o indexador funcionasse e a população acreditasse nele, as negociações espontâneas na praça iam polir os excessos. A tática era simplesmente jogar o vírus da URV na corrente sangüínea da economia e deixar que se espalhasse. Dallari seria guardado para as trampolinagens mais gritantes. Elas surgiram, e aí o jogo foi bruto.

Valeu um pouco de tudo contra os remarcadores: segurar restituição de imposto, mandar blitz especial da Receita Federal, apreensão de planilhas para investigação de caixa dois — até derrubada de tarifa de importação, para derramar as bugigangas chinesas na cabeça do malandro. O ministro da Fazenda não se metia nessa parte subterrânea do jogo. Fernando Henrique não fazia questão nem de saber quando um empresário estava na mira de tiro. Era o xerife quem entrava de sola pessoalmente, em geral iniciando a abordagem com um telefonema padrão: "Olá, aqui é o Dallari, tenho acompanhado a sua política de preços. Como vai a sua declaração de renda? E os bens? Estou preocupado com você...". Nos bilhetes internos da equipe, Dallari passara a ser carinhosamente apelidado de "Departamento da Porrada".

Freqüentemente o xerife contava com os subsídios de Eduardo Jorge Caldas, um assessor que acompanhava o ministro desde os tempos do Senado. Eduardo Jorge era uma enciclopédia no terreno das leis, das normas e dos truques nos labirintos do poder. Fora um parceiro fundamental de Gustavo e Murilo Portugal na extração das "confissões" de Aurélio Nonô sobre as mandingas do orçamento. Tivera atuação importante também na arquitetura jurídica do plano econômico.

No Departamento da Porrada, a ação de Eduardo Jorge era invisível. Certa vez, um dissídio salarial em conflito frontal com as regras da URV foi parar na Justiça. Antes de decidir, o juiz ganhou um amigo inesperado, culto e atencioso, que lhe contaria tudo sobre o espírito da moeda indexada. E lhe ofereceria, bem redigida e impressa, uma "sugestão" de sentença para o caso. Quando foi publicada, a decisão do magistrado só suprimia duas palavras da "sugestão" recebida: Eduardo Jorge.

No *call center* do Banco Central, ao contrário do Departamento da Porrada, o expediente era na superfície, à luz do dia. Logo seriam mais de 20 mil ligações diárias, trazendo todo tipo de gente e de dúvidas ao batalhão de 300 atendentes. Cada um deles estava orientado a só desligar o telefone quando o cidadão do outro lado estivesse plenamente satisfeito. Coelho ficava a postos no salão para dissolver dúvidas mais cabeludas, eventualmente atendia ele mesmo o telefone, e chegava a se divertir com a variedade de solicitações:

"Não, meu amigo, não damos a cotação do paralelo." "Como? O resultado da loteria? Não, minha senhora, foi engano." "Contrato de crédito do sistema financeiro da habitação na modalidade de equivalência salarial? Quer saber como fica? Boa pergunta. De que estado o senhor está ligando? Posso anotar o seu telefone?"

O plano chegara a esse grau de meticulosidade. O procurador-chefe do Banco Central rabiscando no papel o nome de um entre milhares de contribuintes, para desfazer pessoalmente sua dúvida e lhe telefonar de volta. Fora as chamadas de apostadores da loto, as ligações do público eram pertinentes e até decisivas: mais de uma vez, a dúvida de um cidadão apontou uma falha na Medida Provisória — e levou o governo a reeditá-la com a correção.

Ao fim da primeira semana de vigência da URV, com o país na ponta da linha, tomando o pulso da população a cada instante pelo 0800 do BC, monitorando a evolução do seu "vírus" pelos terminais de computador, pela TV, pelas calçadas e prateleiras, os homens do bunker sentiram nas tripas a certeza: o plano tinha funcionado.

— A cobra dançou, Coelho! Puta que pariu! A gente tocou e ela dançou, meu caro!

A explosão eufórica de Gustavo resumia gozo e alívio daquele pequeno grupo de amigos que, no final de maio de 93, dera seu salto no escuro do poder. Mas assinalava também que, a partir dali, nada seria como antes no bunker. A pequena tropa com que Fernando Henrique circulava a tiracolo em Brasília não chegara a impressionar seus interlocutores. Figuras como Clóvis, um amigo desconhecido pescado de uma empresa particular, e Gustavo, que andava de tênis e com um (des) penteado reforçando a cara de garoto, davam um clima de confraria ao grupo do ministro. Era o intelectual cercado por seus parceiros de militância teórica. Depois de 1º de março de 94, as brumas da aventura acadêmica se dissipariam bruscamente. Não era mais um projeto: chancelados pelo olhar de cada garçom, taxista ou aeromoça, os homens do bunker agora eram, de fato, o poder.

E isso mexeria com as patentes da tropa. Coincidência ou não, os que atravessaram o medo do final de 93 de olhos abertos, sem cogitar largar o leme, seriam os mesmos a assumir a execução prática do plano. E eram estes que, embrenhados na máquina, apertando os parafusos da burocracia e fincando as idéias na realidade, diferenciavam-se agora por não estarem mais formulando: estavam governando. Com o sucesso da URV, Pedro Malan, Gustavo Franco e Clóvis Carvalho estavam mais próximos de Fernando Henrique. Provavelmente, ninguém fora daquele núcleo sentira tão intensamente a eletricidade do país com a novidade. E seria ali, mais do que no seu partido, que o ministro da Fazenda decidiria ter chegado a hora de levar o bunker para o Palácio do Planalto. Com menos de um mês de URV, Fernando Henrique era candidato à presidência da República.

Na nova reunião com o diretor de Assuntos Internacionais, A. estava com os nervos de volta no lugar. Isto é, na medida do possível. Livrara-se de um peso ao assumir o romance com J.A., e ainda por cima fora prestigiada pelo chefe. Mas seus sensores acusavam a ameaça de um curto-circuito na transição para a nova moeda. Aliás, quando a URV se transformaria na nova moeda? Esse era mais um divisor de águas na equipe. Como o indexador tinha funcionado, a cobra tinha dançado e a coreografia evoluía com perfeição, surgiu a defesa de que o melhor a fazer, tanto econômica quanto eleitoralmente, era dar vida longa à URV. Um estudo do economista Chico Lopes, um dos expoentes da PUC, chegou a projetar um período de dois anos até a virada para a nova moeda.

De novo, a oposição mais firme à desaceleração do plano veio do núcleo que estava com a mão na massa. Pedro Malan, que fora decisivo em 1993 — ao declarar que empurrar o plano para o governo seguinte equivaleria a empurrar o país no abismo —, votou novamente pela urgência: se a finalidade da URV era a transição, e a transição ia de vento em popa, por que prolongar a perder de vista a existência de uma moeda virtual, de uma meia-moeda? Seria algum desejo atávico de viver sob o signo do provisório? Outra vez, prevaleceu o ponto de vista de pisar fundo na reforma monetária. E, por uma questão de organização do calendário, a virada do semestre já estava na mira para o nascimento da nova moeda real — que seria batizada exatamente com este adjetivo, o mesmo interposto por Nizan Guanaes entre o U e o V da moeda virtual. Para felicidade geral da nação, o "real" acabou derrotando o nome "cristal" na disputa.

Gustavo não disse a A. que o real provavelmente entraria em circulação em julho. Mas deu-lhe a noção de que isso poderia ocorrer a qualquer momento. A auxiliar respondeu que tinham então uma bomba-relógio para desarmar, e precisava ser logo.

No mercado de câmbio, a armadilha contra o Banco Central começava a ser tramada. As operações de compra de dólar eram liquidadas sempre dois dias depois do fechamento, acrescentado os juros desse intervalo. Como a inflação estava na estratosfera, dois dias significavam cerca de 3% de juros. Isto é, quem comprasse 100, recebia 48 horas depois 103. Aí entrava a manobra esperta: quem comprasse dólares no último dia da moeda velha, ganharia os dois dias de juros cavalares, mas com a moeda já estabilizada. Ou seja, lucro limpo e puro, baseado na inflação passada.

O diretor da área externa estava tenso, mas não surpreso. Já tinha ouvido um comentário sobre aquela provável brecha do plano, e informou a A. que criaria um grupo de trabalho para estudar uma saída. Os dois não tinham dúvidas do que estava para acontecer: na véspera da entrada em circulação do real, haveria uma violenta especulação com o dólar. Investidores fortemente alavancados (com dinheiro emprestado) fariam compras pesadas da moeda americana, para transformar os 3% em ganhos milionários. Um dos grandes perdedores poderia ser o governo, já que o Banco Central vinha comprando dólares diariamente para controlar a cotação. Por outro lado, a manobra poderia forçar uma subida perigosa da moeda americana, no instante do nascimento da nova moeda brasileira — que precisava nascer forte.

Sem nem desconfiar dos inúmeros parafusos que iam sendo apertados a cada dia no subsolo da URV, o país ia se encaixando rapidamente na nova engrenagem monetária. A sigla logo virou verbo, de péssima sonoridade, mas os brasileiros foram se *urvizando* assim mesmo — do otimista ao incrédulo, do aluguel à feira livre. Para o bem ou para o mal, era um novo tempo começando, hora de passar a limpo o livro-caixa e recauchutar o cotidiano. A. e J.A. pensavam em *urvizar* seu romance, deixando seus casamentos convencionais na era do cruzeiro real. Tinham um bom pé-de-meia, talvez largassem tudo e se mandassem para o litoral nordestino. Mas, antes, tinham que proteger dos percalços e dos espertos, até o fim, a gestação da moeda nova.

Fernando Henrique também já decidira *urvizar* sua carreira: deixaria para trás o casulo do governo Itamar e sua pele de político acidental, candidatando-se a governar o país a bordo de seu próprio projeto. Para ocupar seu lugar no Ministério da Fazenda e conduzir a fase crucial do Plano Real, tinha à mão a escolha segura do presidente do Banco Central, Pedro Malan. Mas dessa vez ele não seria o escolhido.

Com a URV já embalada, Gustavo Franco encontraria casualmente, num vôo para São Paulo, o deputado José Serra. Estavam afastados desde que Serra se distanciara da formulação do plano, deixando claro que não aprovava o seu rumo. Agora, com dignidade, o político paulista vinha reconhecer o êxito:

— Olha, o que vocês conseguiram é realmente fantástico. Acho que ninguém podia imaginar que fosse funcionar dessa forma.

Quando se afastaram, Gustavo ficou com uma interrogação na cabeça. Antes de se despedir, Serra alertara que era preciso ter clareza sobre o que fazer dali para frente. Era um recado sutil, que encerrava uma perspectiva clara: se Fernando Henrique fosse eleito presidente, Serra era candidato a comandar a política econômica. Ali estava o embrião de um embate que viria a ter vida longa.

Mas a campanha eleitoral estava mal começando. Primeiro era preciso fazer a troca de guarda no Ministério da Fazenda. E a escolha do embaixador Rubens Ricupero para o cargo, naquele momento, foi o combustível que faltava para o conflito anunciado: possivelmente, Fernando Henrique estava guardando, para o mesmo lugar ao qual Serra era candidato quando ele fosse eleito presidente, o nome de Pedro Malan.

* * *

No dia 30 de junho de 94, uma quinta-feira, A. amanheceu com um misto de entusiasmo e apreensão. Era véspera da entrada em circulação do real, e ela já decidira com J.A. que, assim que tudo se normalizasse sob a nova moeda, deixariam o Banco Central para viverem juntos em outra cidade. No entanto, havia as nuvens negras no mercado de câmbio. Não tinham encontrado uma saída clara para o perigo da especulação com o dólar — e tudo indicava que o mercado faria a tal aposta milionária nos dois dias de juros antigos. O diretor se reunira com ela e toda a primeira linha de auxiliares sêniores, transmitindo-lhes uma série de recomendações sobre limites de transações com dólares, entre outras prevenções contra a manobra. Mas o fato é que o Banco Central chegava àquele momento crucial seriamente exposto.

E havia dentro do bunker a primeira ameaça de crise no ar. Em mais de um ano de trabalho em sigilo total, a confiança e a lealdade na pequena tropa haviam impedido o vazamento de qualquer fragmento de informação. Um tipo de blindagem rara, que ia falhar pela primeira vez a cinco dias do lançamento da nova moeda. No dia 25, a *Folha de S. Paulo* saía com um furo sobre o plano econômico. O jornal conseguira a minuta da Medida Provisória do real e a publicava na íntegra. Para completar, fazia uma análise acurada da nova política monetária, e apontava um problema importante: os três sustentáculos dela — emissão de moeda limitada, câmbio administrado e juro tabelado — não podiam, pelas leis elementares da economia, ser usados ao mesmo tempo.

Clóvis Carvalho, o zelador da impermeabilidade do bunker, explodiu. Sem fazer acusações, avisou que aquele vazamento era intolerável e ia investigá-lo até o fim. Mas não interrogou ninguém. Foi direto à fonte, negociando com a *Folha* o acesso ao documento vazado. Conseguiu que o jornal concordasse em lhe mostrar a cópia da minuta que estava em seu poder. Com ela nas mãos, Clóvis mirou direto no canto do papel onde sempre marcava, em letras miúdas, as iniciais do dono daquela cópia. Lá estavam elas: "P.A.". Era a cópia de Persio Arida.

Clóvis não acreditava que Persio tivesse vazado a minuta, e acabou conseguindo saber, pelo próprio jornal, as circunstâncias da obtenção dela. Estava misturada com papéis de rascunho, guardanapos de lanche e outros rejeitos jogados sobre uma mesa do Ministério da Fazenda onde, horas antes, tinha havido uma reunião da equipe. Persio fora vítima daquele jornalismo que investiga até a última lata de lixo.

Mas a ameaça de crise chegara ao Palácio do Planalto. Irritado, o presidente Itamar Franco queria saber se o que a *Folha de S. Paulo* publicara estava correto. Isto é, se era realmente impossível manter, ao mesmo tempo, emissão de moeda limitada, câmbio administrado e juro tabelado. Era. Coube ao ministro Ricupero levar ao presidente uma resposta meio pela metade. A equipe mandava dizer que estudava uma banda de deslizamento para os juros, ou algo assim, em *economês* sem tradução simultânea. Ricupero passaria adiante sem entender nada, Itamar se acalmaria entendendo menos ainda. A rigor, naquele momento, havia algo que nem A., nem Malan, nem Fernando Henrique sabiam. Era um segredo do diretor de Assuntos Internacionais.

Na manhã do dia 30, Gustavo reuniu sua equipe no Banco Central e repassou as instruções para tentar evitar o estouro da boiada em direção ao dólar. Despediu-se dizendo que nas próximas horas estaria no Ministério da Fazenda. A., que normalmente tinha grande autonomia de ação, recebeu uma recomendação enigmática: naquele dia, ela não deveria tomar nenhuma medida sem antes consultá-lo.

Logo depois do almoço, aproximava-se a hora em que o Banco Central entrava no mercado de câmbio — comprando, vendendo ou os dois, o que fosse necessário, enfim, para manter a cotação do dólar no valor fixado pelo governo. Desde muitos anos, o câmbio no Brasil era um "preço público", que o BC determinava do mesmo jeito que a Petrobras fixava o preço da gasolina. Duas e meia da tarde, hora em que o BC religiosamente começava a atuar, A. ligou para Gustavo e disse que o mercado fervia. Conforme imaginado, investidores faziam fortes posições em dólar, para ganhar os tais 3% "voadores". O diretor então deu uma ordem seca, que a funcionária experiente nunca tinha ouvido:

— A., é o seguinte: hoje o Banco Central não vai atuar. Vamos ficar fora do mercado. Hoje você não faz nada.

— O quê?! Como assim?

A instrução era clara, mas a auxiliar pedia mais explicações por puro reflexo, como se quisesse dar tempo ao chefe de dizer que estava só brincando. Não estava, e A. entendeu em poucos segundos o que aquilo significava: o governo estava abandonando o "preço público" do dólar à própria sorte. Ou seja, a "tarifa" do câmbio ia desaparecer — e a cotação ia parar onde bem entendesse. Como o BC vinha sendo um grande comprador de dólar (para controlar sua oferta excessiva na época), se ele simplesmente não fosse às compras, a cotação da moeda americana iria provavelmente despencar. Violentamente.

— Mas aí vai derreter — ainda checou A., referindo-se ao que aconteceria com o valor do câmbio, como se ele fosse um sorvete ao sol de meio-dia. — É isso mesmo?

— É — encerrou o diretor.

Isolado no bunker avulso que montara na Fazenda, Gustavo assistiu ao vivo, de seu terminal, o "derretimento" do dólar. E da malandragem dos que tinham apostado alto contra o Banco Central. Investidores grandes, como os bancos Multiplic e Garantia, abarrotados com a moeda americana, sangravam em praça pública. À medida que a cotação despencava, iam vendo sua jogada milionária transformar-se, minuto a minuto, em prejuízo colossal.

O telefone do diretor do BC começou a tocar. Os investidores queriam saber o que estava acontecendo. Com um mapa das posições de cada um sobre sua mesa, Gustavo sabia exatamente o tamanho do tombo de quem estava do outro lado da linha. Havia também os que estavam ganhando. O Banco Pactual, por exemplo, entendera rápido o que se passava e praticamente zerou suas posições em dólar. A todas as perguntas dos bancos sobre o que significava aquilo e o que ia acontecer com a política cambial, o diretor respondia da mesma forma:

— Vamos ver. Primeiro gostaria de saber a avaliação do mercado. O que vocês estão achando?

Aquele era o segredo do Banco Central para a dúvida de Itamar Franco, para a manobra especulativa dos 3% voadores e para que o real nascesse forte perante o dólar: liberar o câmbio, simplesmente deixá-lo flutuar. Em outras palavras, o segredo era não fazer nada.

No dia seguinte, o real vinha à luz saudável, o governo se fortalecia e a candidatura de Fernando Henrique embicava para cima, rumo à vitória em primeiro turno. Como planejado, A. também iniciava sua vida nova, licenciando-se do Banco Central para "legalizar" seu romance proibido. Na última hora, porém, haveria um imprevisto. E era algo muito mais desconcertante do que a flutuação do câmbio. Após apelo dramático da mulher e dos filhos, J.A. resolvera desistir da aventura. Sentia muito por A. e pelo romance deles, mas achava mais racional manter o casamento, a família e permanecer em Brasília. No Banco Central. Moeda nova, vida velha.

Prefiro o ladrão

— Não tem jeito, eles vão fazer o trem da alegria. Tentei de tudo, mas o contrato já está até pronto. Só falta assinar.

— Elias, não é possível. Último dia do governo, esses caras não podem engordar a folha de pagamento assim, aos 45 do segundo tempo.

— Poder, podem. Aliás, estão me chamando lá no décimo segundo pra diretoria assinar o contrato. Tenho que desligar.

— Espera aí, Elias. Faz o seguinte: em vez de pegar o elevador pro décimo segundo, pega pro térreo. Vai pra rua e some com esse contrato.

— Tá louco? Esses caras acabam com a minha carreira.

— Não acabam, não. Não dá tempo. Hoje é sexta-feira, segunda-feira é outro governo. Vai por mim, Elias. Eu te garanto.

David Zylbersztajn desligou o telefone confiante de que sua orientação anárquica seria seguida. Estavam a três dias da posse de Mário Covas no governo de São Paulo, e ele tornara-se um dos colaboradores mais próximos do governador eleito. Àquela altura, o cheque que ganhara de Fernando Henrique no pôquer já se valorizara consideravelmente como peça de colecionador. Seu sogro fizera história, eleito presidente da República por maioria absoluta em primeiro turno, com 34,3 milhões de votos — embalado pelo otimismo nacional trazido pelo controle da inflação.

David colaborara com o programa de governo do presidente eleito, mas desde que se aproximara do PSDB, por via da utopia latino-americana de Franco Montoro, se ligara fortemente a Mário Covas. Era um político teimoso, turrão, mas logo David perceberia que ali estava um homem aberto. Por trás da couraça, Covas gostava de ser convencido com bons argumentos. E, uma vez convencido, ia às últimas conseqüências.

A campanha eleitoral estava só começando quando Zylbersztajn trouxe ao candidato suas idéias de reforma do Estado. Evidentemente, poupou-o do enunciado completo da tese de que a xerox derrubara o comunismo, e o que isso tinha a ver com a crise do Estado moderno. Covas, acima de tudo um ser prático, era capaz de enxotá-lo de sua sala. David foi direto ao ponto: formara a convicção de que, no mundo dos anos 90, um Estado forte era um Estado leve — que trocasse a capacidade de empreender pela capacidade de organizar. Apresentou então ao candidato o plano do Estado regulador, desenvolvido a partir da experiência de Vancouver:

— Senador, o órgão regulador tem três virtudes: independência, transparência e excelência. Ele poupa dinheiro público, porque afasta o Estado da agenda política do governo. Ele impede que cada governante tenha sua empreiteira de estimação.

— Muito bom. Eu me candidato a governador, e você quer tirar poder do governador.

— É verdade, mas é que...

— Não precisa explicar. Gostei. Pode botar no nosso programa — encerrou Covas.

Era a primeira vez no Brasil que a concepção de Estado regulador aparecia na plataforma de um político. Um ano depois, São Paulo teria a primeira lei nessa área, abrindo caminho para serviços públicos com regras mais estáveis, atração de capital privado e burocracias mais enxutas. Neste último quesito, a batalha começara antes mesmo da posse do novo governo. Nomeado secretário de Energia, David passara a examinar com lupa as empresas do setor, todas estatais na época. Assim descobrira, entre outras manobras, o trem da alegria na Comgás, preparado para o dia 30 de dezembro. Era uma empresa fortemente dominada pelo PTB, o então partido da situação, e não era fácil extrair informações lá de dentro.

Mas Elias era um bom contato, e avisara o futuro secretário sobre o contrato que estava para ser assinado com a Fundação do Desenvolvimento Administrativo (Fundap), uma entidade de formação de recursos humanos. David fora alertado para os convênios e contratos de consultoria de valor elevado nessa área, que muitas vezes eram uma forma dissimulada de inchar os gastos com pessoal. Quando o elevador parou no sétimo andar do prédio da Comgás, Elias confiou em Zylbersztajn. Em vez de apertar o 12, apertou o T.

Eram três da tarde quando o funcionário ganhou a rua com o tal contrato debaixo do braço. Estava na rua Augusta, próximo à avenida Paulista, e não tinha a menor idéia de onde se meter para ficar a salvo da diretoria. Uma possibilidade era entrar num botequim, pedir uma cerveja e ficar no balcão, fingindo que estava bebericando. Mas era tarde de sexta-feira, e a probabilidade de esbarrar ali com alguém da empresa seria grande. Foi seguindo pela calçada, meio sem rumo, até dar de cara com a Livraria Cultura. Pulou lá dentro sem pestanejar, como se pulasse um muro de embaixada em busca de asilo.

Rumou direto para o fundo da livraria, encaixou-se no canto menos visível da loja, apanhou um livro na prateleira e atracou-se com ele. Ali permaneceu, estático, com o contrato da Fundap escondido sob a camisa e a cara enfiada no livro, até acabar o expediente na Comgás. Estava abortada a transação, e inaugurada a reforma administrativa de Mário Covas.

Com os pés descalços erguidos sobre o braço do sofá, por causa de uma flebite agravada na peregrinação da campanha eleitoral, o novo governador de São Paulo tinha sua atenção dividida na tarde de domingo. A TV à sua frente exibia um jogo do Santos, sua paixão; e o papel em sua mão exibia a lista gigantesca de funcionários da Cesp, sua obsessão. Com David a seu lado, Covas completava cinco horas de trabalho para redesenhar o mapa da máquina pública do estado — que herdara em situação pré-falimentar, com uma dívida de 18 bilhões de dólares. Enquanto as reformas mais complexas, de caráter institucional, ainda cumpriam seus ritos legislativos, o governador decidira usar a caneta como tesoura. E o último pingo de escrúpulo para cortar verbas, projetos e pessoas já tinha desaparecido, depois do que assistiram em seus primeiros dias no governo.

Só a Cesp, que não gerava um quilowatt para a cidade de São Paulo, tinha cinco prédios em plena avenida Paulista. Praticamente toda a massa de funcionários empregada naqueles escritórios recebia auxílio periculosidade — talvez pelo perigo de tropeçar no carpete ou ficar preso no engarrafamento. Uma triangulação muito eficiente entre sindicato, patronato e Justiça do Trabalho tornava esses benefícios praticamente intocáveis. Assim como era virtualmente intocável o direito de não dar as caras no local de trabalho.

Com seus próprios olhos, David testemunhou a cena que já lhe tinham descrito, mas ele achara que era folclore. Uma vez por mês, religiosamente, o filho de um deputado federal, um dos articuladores do famoso Centrão na Constituinte, parava seu Porsche na porta da empresa (em local proibido). Saltava, apanhava a cesta básica a que seu pai tinha direito como funcionário da Cesp, e só reaparecia no mês seguinte para repetir a operação — e poupar o pai daquele transtorno.

Nos primeiros meses como secretário de Covas, a cada dez toques do telefone na mesa de David, nove eram ligações de políticos. No final de janeiro, vários projetos da reforma do Estado já tinham sido enviados à Assembléia Legislativa, ainda dominada pela maioria do governo de Luiz Antônio Fleury (os novos deputados só assumiriam em março). Foi de um parlamentar da legislatura velha que Zylbersztajn recebeu o telefonema mais pedagógico sobre as entranhas do poder público. O deputado foi direto:

— Secretário, bom dia. O senhor sabe quantas pessoas que trabalhavam para mim o senhor mandou embora?

— Não, deputado.

— Mas eu quero que o senhor tente adivinhar.

— Pois não, deputado. Dez pessoas? Vinte?

— Não.

— Ora, deputado, eu não sei. Desculpe, mas preciso trabalhar...

— Pois eu vou lhe dizer, secretário. Foram 342. O senhor demitiu 342 trabalhadores sérios ligados a mim. Estou lhe telefonando só para informar que os seus projetos vão ficar em bom lugar aqui na Assembléia. Sete palmos debaixo da terra.

Havia os ameaçadores, mas havia também os amistosos. Um deles era um deputado bem falante, sedutor, que apresentava um programa popular de TV na hora do almoço. Telefonou e foi logo se declarando encantado com o início de gestão do secretário de Energia. Deu os parabéns algumas vezes, repetiu outras tantas que realmente as coisas não podiam continuar como estavam, e destacou a coragem do secretário de efetuar tantos cortes de despesas e de pessoal em tão pouco tempo. David agradeceu e já ia desligar, quando o deputado lhe pediu só mais um minuto de atenção:

— Secretário, eu tenho um filho, o Júnior, que é funcionário da Eletropaulo.

— Que bom, deputado.

— Pois é, o menino é bom mesmo. Tanto que não concordava com as coisas que andavam acontecendo por lá antes do senhor chegar. Não admitia compactuar com aquele estado de coisas, e por isso estava há algum tempo sem trabalhar.

— Há quanto tempo ele não vai trabalhar? — quis saber David.

— Há três anos, secretário.

— Três anos?! As divergências eram sérias, então.

— Seriíssimas, secretário. Mas agora que viu a faxina que está acontecendo na empresa, o Júnior está que é puro entusiasmo, o senhor não faz idéia. Chega a estar ansioso para voltar ao trabalho. A quem ele pode se apresentar, doutor David?

— Diga a ele para se apresentar ao presidente da empresa amanhã de manhã, pode dizer que falou comigo.

— Excelente, secretário! O senhor não vai se arrepender, o garoto é um pé-de-boi danado. Muito obrigado pela sua atenção.

Mais tarde, despachando com o presidente da Eletropaulo, Zylbersztajn informou que ele seria procurado pelo filho do deputado-apresentador. O presidente da empresa perguntou-lhe se tinha alguma recomendação especial para aquele funcionário, e o secretário respondeu que sim:

— Demite.

Na solenidade do primeiro dia de governo, no instante em que o empossava como secretário, Covas lhe falou rapidamente ao ouvido, enquanto se abraçavam: "Estou te dando um dos maiores pepinos do meu governo. Resolve o problema da Eletropaulo pra mim." Aquele recado ganhava cada vez mais sentido para David, especialmente o trecho "um dos maiores". Ele já estava achando que, ao citar a Eletropaulo, o governador tinha sido injusto com os outros pepinos. E o maior deles não era a empresa A ou B, mas o assalto generalizado do Estado pelos interesses políticos particulares. Até um conselheiro do Tribunal de Contas, sem o menor receio de se expor, entrou na fila dos telefonemas desafiadores:

— É o seguinte, secretário: nessa onda violenta de cortes aí, meu genro, minha nora e uma prima minha foram demitidos. Ninguém aqui é criança, e o senhor vai entender a minha pergunta: quais são os critérios para escolher as exceções?

— Não há critérios, conselheiro, porque não haverá exceções.

— Ok, está correto. Mas vou ficar atento. Se realmente não houver exceções, o senhor pode ter certeza de que ficarei quieto. Mas se eu descobrir que a janela abriu, pode anotar que vou querer exceção para mim também.

A valentia do conselheiro chegava a ser pitoresca. Sobre a sua mesa, David já reunira números que deveriam deixar qualquer conselheiro valente com o rabo entre as pernas. Nas barbas do Tribunal de Contas, tinha desfilado ao longo dos anos um festival de negociatas com dinheiro público — pelo qual cabia ao Tribunal zelar. O abre-alas não podia deixar de ser a hidrelétrica de Porto Primavera, no trecho paulista do rio Paraná, uma das campeãs brasileiras de "excepcionalidades" — o cheque em branco do CMN. Em janeiro de 95, a obra já havia consumido 11 bilhões de dólares (o suficiente para erguer algumas Porto Primavera), contabilizando uma façanha: os gastos com o investimento, de 5 bilhões, já tinham sido ultrapassados pelos 6 bilhões de gastos com os juros da obra interminável.

O problema para os desafiantes era que o novo secretário não estava acostumado a recuar para salvar seu cargo. Às vezes, nem para salvar sua pele. Quando aterrissou na candidatura Covas, David chegava de um roteiro não muito convencional — de Xangai, na China, para o Xingu, na Amazônia. Andava estudando, entre outras coisas, justamente o impacto dos grandes projetos hidrelétricos nas contas públicas e no meio ambiente. Sua temporada na Universidade de Xangai, em 1993, coincidira com o primeiro salto da abertura econômica chinesa e o início da construção da hidrelétrica de Três Gargantas, a maior do mundo. O professor da USP ia se especializando na radiografia desses megaprojetos ao redor do mundo, montando quase um kit de prevenção contra o desperdício de dinheiro público e a destruição ecológica. Foi o que o fez embrenhar-se na Amazônia, mal desfizera as malas da viagem ao Oriente.

O projeto da construção de barragens no rio Xingu, no Pará, ganhara a cena internacional pouco mais de três anos antes. A imagem de uma índia caiapó acuando um diretor da Eletronorte, deslizando a lâmina de seu facão contra o rosto da autoridade, correra o mundo. Desde então, o clima de confronto na região entrara numa escalada de tensão. De um lado, fazendeiros, grileiros e suas milícias, a favor das obras e do dinheiro que elas trazem; do outro lado, índios, seringueiros e ribeirinhos em geral, temendo a inundação de suas terras. No meio desse fogo cruzado, David Zylbersztajn desembarcaria sozinho, armado apenas de sua tecnologia acadêmica para radiografar megaprojetos energéticos.

Logo na chegada, a convite da Comissão Pró-Índio de São Paulo, foi fazer uma palestra numa associação de produtores rurais em Altamira (PA). Depois de uma primeira explicação sobre danos econômicos e ecológicos daquelas empreitadas gigantes, foi interrompido por um fazendeiro da região. Com voz grave e pausada, o homem apresentou ao forasteiro um breve resumo das leis locais:

— Tá vendo isso aqui? — perguntou o fazendeiro, erguendo uma caixa de fósforos. — Isso é a arma que a gente usa pra resolver o problema ecológico da floresta. Mas o problema econômico a gente resolve com essa outra arma aqui — e sacou um revólver da cintura, erguendo-o para que todos na sala vissem.

David não passou recibo, terminou a conferência e prosseguiu com sua programação no dia seguinte. Estava atravessando um trecho da Transamazônica num carro da Funai, quando as leis enunciadas pelo tal fazendeiro começaram a ser aplicadas. Os estampidos secos e sucessivos vindos da mata logo se somaram a uma percussão metálica sobre a lataria do carro. No coração do Brasil grande, David e seus anfitriões estavam sob chumbo grosso. Abaixaram-se, aceleraram e rezaram. Por sorte, nenhum dos tiros acertou os pneus e o carro ganhou velocidade. Escaparam.

O estudante que escapulira das garras dos militares na PUC, pendurado no braço do Tristão de Athayde, não gostava de sair fugido dos lugares aonde ia. O garoto que armou um show de Gonzaguinha no Sesquicentenário para "responder" à comemoração oficial da ditadura — e acabou trancado dois dias no Dops — não era muito de largar a teimosia de lado. De João Saldanha à revolução da xerox, de Karl Marx à reforma do Estado, não costumava deixar sua utopia em casa quando saía para uma boa briga. Talvez por isso estivesse vagando pelo Xingu, e não instalado confortavelmente numa sala de aula na USP. Apesar dos riscos, decidiu permanecer em Altamira e terminar seu trabalho. Dali, não retornaria para São Paulo. Havia um novo chamado na selva, agora em Roraima.

Da janela do monomotor, voando em direção à região do rio Cotingo, não se via uma clareira sequer. Por mais que avançassem, para qualquer horizonte que olhassem, o mar de floresta compacta parecia não ter fim. Chacoalhando com a turbulência causada pelas bolhas de calor, o aviãozinho não tinha instrumentos, nem rádio, e a bússola não estava funcionando. Boiando no meio do nada, o arremedo de aeronave tinha em seu comando um piloto jovem, de óculos escuros e mascando chicletes, com os bíceps emergindo das mangas curtas arregaçadas — bíceps que pulavam a cada tabefe desferido contra a bússola, na tentativa de ressuscitá-la. Suando muito, entre um palavrão e outro — proferido talvez contra a bússola, ou contra a turbulência, ou contra o conjunto da obra — o motoboy do ar virava-se de dois em dois minutos para os passageiros, avisando-os que podiam ficar tranqüilos porque estava tudo bem.

A hidrelétrica no rio Cotingo era o clássico projeto "empreiteira *driven*". Geração de 350 megawatts numa região cuja demanda não chegava a 30 megawatts. E para interligar aquela energia com o sistema nacional, seria necessário gastar com transmissão umas três vezes o valor da usina. Ou seja, era o bom e velho assalto aos cofres do Estado. David já fizera contato com várias entidades civis de Roraima, e levava consigo seu kit de desmascaramento de atentados econômico-ecológicos. Faltava, é claro, chegar lá a salvo.

Das janelas do monomotor finalmente se via um buraco entre as árvores, um bom pedaço de chão nu e plano. David teve vontade de propor que pousassem ali mesmo, não se incomodaria de cumprir o resto do caminho a pé, nem que fosse longe. Mas antes que dissesse a primeira palavra, o piloto deu uma guinada no aparelho que quase jogou os quatro passageiros uns sobre os outros. Ainda durante a manobra, tratou de esclarecê-la:

— Estão vendo essa clareira aí? Isso é garimpo. A gente tem que sair daqui rápido, porque eles agora estão atirando em avião pra derrubar. Não é pra matar, é só pra saquear.

De volta ao mar de floresta, a viagem prosseguiu sacolejante, como se estivessem de jipe numa estrada esburacada. Já estavam bem próximos da cordilheira que levava ao monte Roraima, vendo as montanhas quase ao lado da janela, quando o aviãozinho mergulhou numa nuvem imensa e escura. A bússola continuava desmaiada, e o piloto esfregava o vidro frontal para tentar enxergar alguma coisa. Em alguns segundos, David já perdera a noção do lado em que estava o paredão rochoso. Estavam, enfim, nas mãos de Deus. Mas Ele parecia querer que o motoboy aéreo consumasse a sua entrega. Não só não se espatifaram contra o monte Roraima, como voltavam a ver céu azul no momento em que ouviram do piloto as palavras sagradas: estamos chegando.

Uma nova clareira apareceu sob o monomotor, esta bem menor que a anterior. Era o "aeroporto", na verdade um campo de futebol de terra batida, com traves e tudo. Iniciaram a aproximação novamente sob temporal, desses amazônicos que terminam alguns metros à frente. Estava difícil imaginar como o jovem piloto faria o avião parar numa "pista" tão curta de barro empapado de chuva. Mascando seu chiclete, ele deu um rasante sobre o campo de futebol e subiu de novo. Fez a curva, voltou a apontar para a área de pouso, mas repetiu a manobra do rasante, acelerando novamente para o alto. Os passageiros quiseram saber que acrobacia era aquela, e o comandante deu a explicação científica:

— Isto é um sinal para as vacas. Elas precisam entender que eu vou pousar. Senão na hora agá se metem na frente do avião.

A terceira investida foi para valer. A tática do piloto para frear o monomotor era fazê-lo bater com força contra o chão, no início da pista. O choque pareceu que ia desmantelar o aparelho, mas ele permaneceu relativamente íntegro, deslizando por entre as vacas até parar já com o nariz enfiado do outro lado da mata. Virando-se para trás com um sorriso de criança que acaba de dar uma volta de montanha-russa, o piloto contou vantagem:

— Não falei pra vocês que ia ficar tudo bem?

Era final de setembro de 94 quando Zylbersztajn concluiu seu trabalho em Roraima. Dois meses depois estaria nomeado secretário de Mário Covas, para encarar outros bichos. Depois de enfrentar a vida selvagem, porém, não dava para tremer com rugido de político.

Apesar dos esperneios dos "donos" da máquina pública, a política pão-e-água do novo governo prosseguia — e o mapa dos cortes desenhados nas tardes de domingo ia crescendo. Um possível foco de superfaturamento era a área de transporte das estatais, e David foi logo checar a frota de carros da Eletropaulo. Comparou o preço unitário de locação com os valores do mercado, mas constatou que não havia disparidade. O preço estava correto. Ainda assim, quis tirar uma dúvida: a totalidade da frota alugada era de cerca de 2 mil carros, e ele solicitou ao departamento de transporte que, no dia seguinte, reunisse todos eles no pátio. Queria vê-los ao vivo. Mas ia ficar querendo. Lá chegando, fez pessoalmente a contagem, e mal passou de mil unidades. O valor pago pelos outros mil deveria estar em alguma caixinha filantrópica.

Mas o espírito do governo Covas só seria devidamente compreendido com uma outra reação do secretário. A partir dela, até os políticos começariam a desistir dos telefonemas. Foi quando David, ainda fazendo a biópsia da Eletropaulo, foi checar os contratos de segurança. Constatou que cada vigilante recebia o equivalente a 28 dólares a hora, e questionou imediatamente o departamento administrativo. O responsável foi à sua sala e explicou-lhe que, infelizmente, não existiam no mercado seguranças confiáveis por um valor inferior àquele. Zylbersztajn não prolongou a conversa:

— Não tem mais barato? Ok, então rescinde todos os contratos. Acabou a segurança. Por esse preço, prefiro o ladrão.

Naquele e em diversos outros setores da máquina pública, as saídas "inexistentes" de redução de custos foram milagrosamente aparecendo. Mesmo assim, o governador começou a perceber que só conseguiria tirar de fato o estado do atoleiro com uma tacada maior. Dívidas venciam a toda hora e ele já não tinha onde raspar para honrá-las. O rosto de David já aparecia em jornais paraguaios com a legenda "o caloteiro brasileiro", por causa das dívidas das distribuidoras paulistas com Itaipu Binacional. Num daqueles domingos de jogo do Santos e cortes de cabeças, o secretário chegou à casa de Covas com uma proposta extrema, que nenhum dos dois cogitara nem nos debates da campanha eleitoral: vender empresas estatais.

O governador pulou do sofá e disse que David estava indo longe demais. Suas idéias de choque de capitalismo nunca tinham incluído privatizações. Como sempre, porém, quis conhecer os argumentos do interlocutor.

Foram três dias de conversas reservadas, sem um único assessor presente. O secretário mostrava-lhe que, se um dia conseguissem tapar o rombo das empresas gigantes de energia, por exemplo, teriam que desembolsar em seguida o dobro — porque ali estava um setor que só sobrevivia com investimento pesado. E que não podia entrar em colapso. Se não quisessem administrar um governo falido, eternamente preso à UTI de Brasília, tinham de firmar um princípio: aquelas megacompanhias não cabiam mais no orçamento público. Uma era chegara ao fim. A única decisão honesta que poderiam tomar era vendê-las. Ao final do terceiro dia, Covas fechou negócio com David.

Montaram então o plano que, depois de muitos anos, começaria a tirar São Paulo do buraco. O programa de privatizações serviria como garantia para tentarem buscar dinheiro novo na praça. Arquitetaram uma operação de captação de 700 milhões de dólares em eurobônus, para a qual precisariam do aval do governo federal. Tratava-se, portanto, de convencer Brasília de que as privatizações seriam bem-sucedidas e dariam a São Paulo oxigênio para, dessa vez, honrar seus compromissos. Redigiram um plano que era quase um livro, com todos os mecanismos de segurança para os investidores e um arsenal de salvaguardas jurídicas.

David passou um mês dividindo o expediente entre São Paulo e Brasília, negociando seu projeto com os ministros da área econômica. Estava quase tudo acertado quando a negociação emperrou no Banco Central.

O diretor de Assuntos Internacionais, Gustavo Franco, discordava do aval. Achava que São Paulo deveria tentar captar o dinheiro por seus próprios meios. Se não tinha credibilidade para isso, que a construísse. Para tirar as diferenças, marcaram uma reunião no Ministério da Fazenda, sem hora para terminar. Mário Covas era um dos principais aliados políticos do presidente Fernando Henrique, e Zylbersztajn, seu genro, mas isso tinha ficado fora da pauta. Ali, laços e alianças à parte, a voz do presidente era a de Gustavo, mesmo que fosse para dizer não.

O secretário de Covas iniciou a reunião com um argumento forte: dos 700 milhões de dólares pretendidos, 450 milhões saldariam dívidas da Eletrobrás — portanto, iam direto para o governo federal. Apresentou o minucioso plano de privatização e um painel do rigoroso aperto fiscal que o governo paulista vinha realizando. Mas o diretor do BC não se mexeu. Reiterou que nada daquilo justificava um pedido de aval, e manteve sua posição. Era contra. David então explodiu:

— Ah é? É assim? Não tem conversa? Então eu também nem quero ouvir o que você está falando!

— Bom, então não sei o que eu estou fazendo nessa reunião... — devolveu Gustavo.

— Eu também não sei. Aliás, se você quiser ir embora, por mim está ótimo.

O secretário já estava de dedo em riste e o diretor levantou-se:

— Eu vou embora, e você fica sem aval.

Constrangidos com a agressividade da discussão, os assessores das duas partes procuraram acalmar os ânimos. Um dos técnicos do Banco Central puxou um cigarro do maço, e imediatamente o presidente da Cesp, Andrea Matarazzo, que estava com David, estendeu a ele seu isqueiro. Mas o secretário de Covas interrompeu bruscamente o movimento, segurando a mão de Matarazzo:

— Não vai emprestar isqueiro nenhum! Guerra é guerra. Eu estou há um mês tentando resolver por bem, pra evitar que o governador Covas venha aqui, porque ele é estourado. Ele não gosta de nenhum de vocês, e com razão. Mas se não tá dando, a gente pára esse negócio aqui. Agora é o governador que vai tratar com o presidente.

Covas foi a Fernando Henrique e saiu do encontro com o aval. O presidente apoiara a posição de seu diretor do BC, mas fizera outro cálculo: o plano de São Paulo poderia ser um reforço importante para os projetos de privatização e ajuste fiscal do próprio governo federal. Na prática, foi mais do que isso. Nos *road shows* em que começava a colocar o Brasil na pauta dos centros financeiros internacionais, Gustavo Franco acabaria cruzando com David Zylbersztajn — que passara a fazer o mesmo, só que "vendendo São Paulo". Ambos tinham de explicar, a cada parada, a moratória de Dilson Funaro de dez anos antes — e convencer cada investidor desconfiado de que o Brasil não era mais aquele. No fundo, eram dois agentes de uma mesma missão.

No duelo do aval, o embate explosivo entre David e Gustavo mostrara, acima de tudo, que essa missão seria levada a ferro e fogo pelos que acreditavam nela. Num desses encontros de aeroporto, os dois iniciariam com um abraço uma longa amizade. E continuariam brigando a cada peleja entre São Paulo e Brasília. Quase ao mesmo tempo, porém, um confronto bem mais explosivo preparava-se para estourar na ante-sala de Fernando Henrique. E esse não teria um desfecho pacífico.

O poder emana da cozinha

Na casa alugada pelo presidente eleito Fernando Henrique Cardoso para preparar a transição, o bunker deixara de ser um exército de meia dúzia de sete. Não se tratava mais de montar um plano, mas um governo. Estavam todos lá: os que tinham feito o Plano Real, os que tinham acreditado à distância, os que não tinham acreditado e os que tinham desdenhado. Era a hora de distribuir os chapéus, hora de fazer a partilha do poder. E os critérios para demarcar o espaço de cada um no topo da República eram basicamente dois: os cargos e as cotoveladas.

Na visão de fora para dentro, isto é, dos recém-chegados ao bunker, o núcleo que executara o plano econômico era uma espécie de brigada contra incêndio. Tinham feito o serviço emergencial. Agora é que começava o projeto de país, profundo, que só os políticos são capazes de conduzir. De dentro para fora, a visão era de que uma pequena equipe acabara de produzir a ressurreição da moeda nacional. E que agora, orbitando em torno desse fato concreto e extraordinário, políticos desengavetavam seus planos de metas e outras cartilhas fantasiosas. Ainda durante a campanha, com o real já circulando, a inflação despencando e a candidatura de Fernando Henrique subindo que nem foguete, esse conflito ficara claro.

Numa das reuniões de terça-feira, nas quais o comando da tropa se reunia religiosamente no quarto andar do Ministério da Fazenda, surgiu um documento muito recomendado. Ele partia da figura de uma mão espalmada, em que cada um dos dedos representava uma prioridade de ação. Era a primeira versão do programa de governo do candidato do PSDB, preparada por membros destacados do partido, como os economistas Paulo Renato Souza e Luiz Carlos Bresser Pereira. Por trás do documento estava também Nizan Guanaes e a equipe de marketing da campanha, que identificara por meio de pesquisas qualitativas os maiores anseios da população: emprego, agricultura, segurança, saúde e educação — os cinco dedos da mão, que deveriam orientar o discurso do candidato e as futuras ações do presidente. Pedro Malan ficou preocupado com o que leu. Gustavo Franco avisou que não ia gastar um minuto com aquilo.

A preocupação de Malan era que a estratégia, genérica demais, precisava de ajustes para se aproximar da realidade. Para Gustavo, aquilo não passava de uma costura de teses de Celso Furtado com princípios consagrados da sociologia — algo feito para soar bem em qualquer situação, mas inteiramente assexuado como ação de governo:

— Em que planeta foram feitas essas pesquisas? Essas prioridades vão aparecer em qualquer pesquisa na África, nas Ilhas Papua ou no raio que os parta. O que está acontecendo no Brasil é o renascimento da moeda! Isso é a vida real. Isso é a campanha.

Fosse o que fosse, Malan achava que era importante corrigir as imprecisões do documento. Gustavo sustentou que não se envolveria e sugeriu ao presidente do Banco Central que não gastasse seu tempo com as tais diretrizes do PSDB e de seus marqueteiros:

— Pedro, isso aí não quer dizer absolutamente nada. Esquece. Daqui a pouco vai tudo pro lixo.

No hemisfério oposto, o estado de espírito era mais ou menos o mesmo, com sinal trocado. Aproveitando seu distanciamento do bunker, José Serra dedicara-se a uma observação crítica do plano de estabilização monetária. Vinha subsidiando Fernando Henrique, ao pé do ouvido, com ressalvas às medidas adotadas por sua equipe. Se o futuro presidente desejasse uma correção de rumos na política econômica, o chapéu caberia com exatidão em Serra. E ele já deixara um concorrente para trás: seu desafeto Ciro Gomes, dono da cadeira de ministro da Fazenda no final do governo Itamar, de onde não teria se levantado, não fossem os cotovelos em contrário.

Ciro substituíra Rubens Ricupero, considerado um dos principais explicadores do Plano Real, com sua serenidade e clareza de embaixador. Ricupero caíra ao explicar em off, com clareza excessiva, seus truques para fazer os indicadores da economia parecerem melhores do que eram. A saída do estúdio da TV Globo para o satélite estava aberta, e as bravatas do ministro viajaram pelo éter até as antenas parabólicas.

Então governador do Ceará, o jovem Ciro Gomes assumiu e logo conquistou a equipe. Ao contrário de seu antecessor, entrou no jogo do bunker, participando das reuniões de terça-feira com humildade e entusiasmo. Comprou todas as brigas com o mercado e os especuladores, derrubou tarifas de importação para conter os preços, deu ao ministério, enfim, o perfil combativo que os operadores do plano queriam. Na transição, Fernando Henrique ofereceu-lhe o Ministério da Saúde. Ciro achou que estava sendo desprestigiado e virou inimigo mortal do presidente eleito. Exilou-se num curso desimportante em Harvard.

O chapéu da Fazenda estava mesmo guardado para Malan. Mas o do Ministério do Planejamento foi entregue a José Serra, lançando a dúvida no ar. Serra era politicamente grande demais para ficar num ministério econômico como coadjuvante. Depois da eleição, voltara a ser um dos homens mais próximos de Fernando Henrique — e ali estava uma dupla que, no terreno do conchavo, tocava de ouvido. Certa noite na casa da transição, o conchavo veio à tona. E esclareceu, diante de Gustavo, o encontro enigmático que ele tivera com Serra na ponte aérea, logo após o lançamento da URV.

Na ocasião, o deputado tucano elogiara o plano, mas deixara no ar que o desafio era saber o que fazer no segundo momento. Agora, pelo visto, o segundo momento chegara e Serra sabia o que fazer com o plano. Entre um assunto e outro sobre a montagem do novo governo, comentou com o presidente eleito, em tom trivial, a mudança que fariam na política econômica:

— Bom, e agora temos que consertar esse negócio do câmbio.

Como diretor do Banco Central, o assunto era da responsabilidade de Gustavo, que estava sentado na mesma mesa, quase diante de Serra — que no entanto sequer olhara para ele. O Brasil estava saindo da turbulência causada pela crise financeira do México. Tinha havido uma corrida ao dólar, obrigando o BC a vender reservas para impedir a subida da cotação da moeda americana. Serra estava entre os que defendiam uma maxidesvalorização do real. E o solavanco da crise mexicana lhe servia como argumento para fazer o tal "conserto do câmbio", que ele estava acertando, ali ao vivo, com Fernando Henrique. A conversa não era com Gustavo, mas ele achou que era:

— Consertar o quê? Você pode dizer o que é que tem que ser feito com o câmbio?

A intervenção provocou constrangimento e silêncio. Serra não olhou para Gustavo, nem para lugar nenhum. Fernando Henrique também não. Como ninguém dizia nada, Gustavo respondeu, ele mesmo:

— Não tem nada para consertar, não. A política é essa aí.

Novo silêncio pesado, e o presidente eleito decidiu passar ao tema seguinte. O conchavo estava abortado, mas só momentaneamente. Todos ali sabiam que o que estava na mesa, em última análise, não era o câmbio. Era a decisão de quem ia mandar na economia brasileira dali para frente. Os chapéus já estavam distribuídos, mas ainda faltava a distribuição de cotoveladas.

Discretamente, Fernando Henrique estava exercendo seu papel peculiar de maestro da discórdia. Como no clássico PDS versus PDT, de sua autoria, jogava gasolina na disputa entre aliados, à la Roosevelt, agregando e desagregando ao mesmo tempo, submetendo idéias e capacidades a uma espécie de seleção natural. Um jogo de risco, cujo potencial explosivo o presidente conseguiria elevar ainda mais, com a ajuda de Clóvis Carvalho, na partida de seu governo.

Assim que tomou posse como ministro-chefe da Casa Civil, Clóvis achou que tinha de recriar aquela entidade que a própria equipe se acostumara a chamar de "bunker". Dali emanara o poder nos últimos seiscentos dias. Um grupo seleto e coeso, discutindo tudo horizontalmente, sem verificar patentes — do ministro ao aspone — e tomando decisões por consenso. Seria difícil manter o mesmo grau de informalidade, até porque o tamanho da máquina que a equipe tinha agora sob sua responsabilidade formal era muito maior. Clóvis partiu então para a criação de uma Câmara de Política Econômica, que reuniria os ministros da Fazenda (Pedro Malan), Planejamento (José Serra) e Casa Civil, mais o presidente do Banco Central (Persio Arida). Dentro dela funcionaria um comitê, reunindo diretores do BC e secretários executivos dos ministérios — assemelhando-a, assim, à estrutura ecumênica do bunker.

O chefe da Casa Civil convocou então a primeira reunião da Câmara, e ela foi um desastre.

Dando continuidade à sua estratégia, José Serra abriu os trabalhos apresentando sua proposta de maxidesvalorização do real. Depois poderiam partir para uma indexação do câmbio, aproximando-se do regime de dolarização, se fosse o caso. Persio Arida foi receptivo à proposta e Clóvis mostrou-se aberto a estudá-la. Isolado, Malan se deu conta do que estava acontecendo: se perdesse aquela parada, estaria começando a perder o comando da economia para Serra. Decidiu, então, virar a mesa:

— Olha, não vou discutir esse assunto aqui. Uma decisão desse tamanho não pode ser tomada num foro como este.

Os outros membros reagiram indignados. Sustentaram que a câmara, com a composição que tinha, era mais do que soberana para tomar aquela decisão. Nenhum membro tinha a prerrogativa de desqualificá-la daquela forma. Mas Malan não quis saber. Disse que se o espírito era reproduzir o bunker, estava faltando gente. E se não fosse o bunker, aquela câmara não poderia se impor à autoridade de cada ministro. Em outras palavras, o presidente da República ia ter que apontar quem estava no comando.

O assunto foi levado a Fernando Henrique, e agora as labaredas estavam altas demais para que ele jogasse a sua gasolina. Ou prestigiava a Câmara de Política Econômica e punha o leme nas mãos de Serra, ou a feria de morte para bancar a posição do ministro da Fazenda. O presidente ficou com a segunda opção. Dali para frente, o bunker se chamava Pedro Sampaio Malan. Apesar disso — ou talvez por causa disso —, a cabeça do ministro da Fazenda não demoraria a aparecer na guilhotina.

Havia uma estranheza no ar. Fernando Henrique bancava Malan desde que passara a comandar o governo Itamar, mas não parecia pessoalmente próximo dele. O presidente era sempre visto, em público ou em particular, confabulando com Serra, Clóvis e outros membros do seu Estado-Maior. Quase nunca com Malan. Aquilo parecia indicar uma relação vulnerável. Pragmática, mas sem o indispensável recheio humano.

Logo que conseguiu levar Malan para Brasília, Fernando Henrique resolveu quebrar sua rotina numa sexta-feira, permanecendo na capital em vez de embarcar para São Paulo. Levou então o novo presidente do Banco Central para um jantar com políticos e jornalistas, onde exibiu toda a sua irreverência e sarcasmo. Como de hábito, Fernando Henrique dominou a noite com suas histórias detalhadas, piadas e maledicências que não poupavam nem os amigos. A seu lado, Malan passou o jantar mudo. Parecia levemente desconcertado com tanta irreverência, revelando a distância de personalidade que existia entre os dois.

A partir de 1º de janeiro de 1995, o noticiário político passou a rastrear os ministros e autoridades em geral que freqüentavam o novo presidente no palácio. Era preciso mostrar quem estava em alta no governo que se iniciava. Malan nunca aparecia nas colunas. Não se viam registros de encontros seus com o presidente fora do protocolo. Parecia mais uma confirmação de que a relação entre o presidente e seu ministro da Fazenda carecia de substância política — e talvez tivesse pés de barro. Mas era ilusão de ótica.

Pedro Malan visitava Fernando Henrique todos os fins de semana no Palácio da Alvorada. E faria isso, quase religiosamente, por muito tempo. Conversavam sobre as questões centrais do governo, sobre conjuntura internacional — seu tema predileto — e até sobre música clássica. Nunca tinham pressa para encerrar a conversa. Nem para contá-la para a imprensa, ou para quem quer que fosse. Ao contrário de todos os outros ministros, parlamentares e políticos, Malan não vazava suas conversas com o presidente. Na maioria das vezes, nem sequer se ficava sabendo que elas tinham existido. Fernando Henrique logo captou o estilo, e passou a fazer o mesmo. Acabaram construindo em torno de si uma barreira de discrição quase indevassável, muito pouco comum nos meios políticos. Nascia ali uma relação de poder com algo de invisível — e de invulnerável.

Numa daquelas conversas no Alvorada, o ministro da Fazenda comentou que estava sendo pressionado por um procurador da República (que mais tarde seria investigado por tráfico de influência). O procurador exigia uma vaga no Conselho Monetário Nacional, justamente no momento em que o CMN deixava de ser a velha feira de interesses, sendo reduzido a apenas três membros. Era mais uma oportunidade para o presidente pronunciar a frase que repetiria nas situações mais delicadas — inclusive quando avisado, no fim do ano, da falência do Banco Nacional, da família de sua nora: "Faça o que tem que ser feito."

O que tinha de ser feito, no caso do CMN, e também da Receita Federal, do Banco Central, da Comissão de Valores Mobiliários e de tudo o que estava sob o guarda-chuva do ministro da Fazenda, era simples: jamais nomear alguém por favor político — e jamais permitir desvios políticos em assuntos institucionais. Essa era a cláusula pétrea da relação entre Malan e Fernando Henrique. E foi por uma ameaça a ela que a cabeça do ministro da Fazenda apareceu numa bandeja em agosto de 95.

A faxina financeira dos estados brasileiros, embora não parecesse, era um dos pontos fundamentais da política econômica. Desenterrar esqueletos milionários, trazer dívidas para a luz do dia e renegociá-las, tudo fazia parte do trabalho insólito de tirar as contas nacionais da clandestinidade — uma vez que não se pode consertar aquilo que não se vê. A operação tinha sido iniciada com sucesso, a partir da proibição aos bancos estaduais de emprestarem para os governos que os controlavam. Mas ainda havia manobras complicadas pela frente, como a retirada do mercado dos títulos podres dos estados. E dali em diante, teria papel central naquela empreitada uma pessoa que Malan estava tentando levar para a equipe havia mais de um ano: o engenheiro Pedro Pullen Parente.

Criado na burocracia do Banco Central, Parente fizera no BC uma pequena revolução contábil. Transformara todo o arquivo inerte das operações do banco em informação viva, digerida e pronta para a tomada de decisões. Era um especialista em descascar abacaxis administrativos. Quando Fernando Henrique foi nomeado por Itamar ministro da Fazenda, Malan convidou-o para ser ministro do Planejamento. Com pouco mais de 40 anos, Parente recusou a oferta, alegando que ainda não era o seu momento. Segundo amigos, porém, o real motivo era uma razoável desconfiança da chamada República de Juiz de Fora.

Depois de passar pelo Ministério da Fazenda na gestão de Marcílio Marques Moreira — que fez de Malan o negociador da dívida externa e preparou o terreno para a estabilização econômica —, Parente estava trabalhando no FMI, em Washington. Tinha sido convidado para implantar em vinte países a tal reforma contábil que realizara primeiro no Banco Central, depois no governo inteiro.

A engenhoca que chamara a atenção do FMI chamava-se contabilidade gerencial. Nascera de uma idéia que todos na máquina pública consideravam absolutamente maluca. O plano de Pedro Parente e alguns colegas do BC não era modesto: tratava-se de montar um sistema que reunisse a massa de números da administração pública, a processasse e a organizasse em mapas instantâneos — para consulta a qualquer momento e tomada de decisão imediata. Ou seja, tratava-se de criar uma conexão inteligente entre unidades de governo em todo o país, em tempo real. E isso acontecia em 1986, com a informática na Idade da Pedra e muito antes da Internet.

Ninguém acreditou naquilo, com exceção de Dilson Funaro, então ministro da Fazenda, que embarcou no delírio dos jovens técnicos e lhes deu sinal verde. Parente e sua equipe correram os meios militares para colher subsídios tecnológicos para o projeto, e ouviram o que não queriam de um comandante da Marinha:

— A idéia é interessante, mas o software que vocês precisam para desenvolver esse sistema não existe. Em lugar nenhum do mundo. Eu rasgo o meu diploma se vocês fizerem isso funcionar.

De fato, em consultas a centros tecnológicos americanos e europeus, não encontraram nenhum programa parecido com o que queriam. Resolveram então quebrar a cabeça no Brasil mesmo, reunindo os "loucos" do BC com os da Marinha (motivados pela chance de derrubar o diploma do comandante). Tinham menos de seis meses para criar o monstro. Funaro determinara que o início da operação fosse 1º de janeiro de 87, pois era preciso pegar o ano cheio. Após um extenuante processo de tentativa e erro, quase no limite do prazo fatal, a brigada técnica dava à luz o software do Sistema Integrado de Administração Financeira, o Siafi — ferramenta decisiva para a transparência dos governos no Brasil.

Mas faltava um detalhe: um computador capaz de rodar um sistema daquele porte. No auge da reserva de mercado de informática, vieram pressões de todos os lados para que fosse usado equipamento nacional, o que era impraticável. Aí se deu uma curiosa solução intermediária: o Serpro (Serviço Federal de Processamento de Dados) forneceu o computador IBM solicitado, mas de um porte inferior ao requisitado. Mal começou a rodar o Siafi, o computador rateou e quase fez o novo sistema cair, o que seria desastroso. Parente e seu grupo correram ao ministro da Fazenda e mostraram que a revolução estava ameaçada pela má vontade do Serpro.

Conseguiram então a autorização para importar um computador decente. Fizeram uma operação-relâmpago, mas no dia em que a máquina chegou, a Receita Federal entrou em greve e o super-IBM ficou preso na alfândega. Os homens do Siafi não tiveram dúvida: articularam uma carteirada de Funaro e resgataram o equipamento por baixo dos panos. Um momento nobre do contrabando nacional.

A segunda investida de Malan ocorreu logo após a eleição de Fernando Henrique, e dessa vez ele não deu ao outro Pedro muitas chances de refugar. Garantiu a ele que, no dicionário daquela equipe, a técnica viria sempre antes de influência. Acenava também com outro atrativo: poder. Como secretário-executivo da Fazenda, Parente teria carta branca em todas as frentes que entrasse representando o Ministério. No período em que tinham estado juntos na equipe de Marcílio, Malan tivera a chance de enxergar outra faceta do mago do Siafi. Numa mesa de negociação, havia poucos como Pedro Parente. Era o monge da burocracia, o senhor da paciência e da racionalidade, capaz de emergir dos impasses mais embaraçados com um acordo nas mãos.

Repetindo o movimento de seu novo chefe, Parente foi a Washington só para buscar as malas, a mulher e os filhos. Estava de volta aos abacaxis brasileiros.

E o primeiro era o mais cascudo possível. A bancada ruralista no Congresso derrubara um veto do presidente a um projeto de perdão de dívidas dos agricultores. Era a primeira crise política de Fernando Henrique. Em clima de confronto inflamado, com tratores invadindo a capital, Parente foi representar o governo no front.

Ele tinha três princípios sagrados numa negociação: ouvir antes de falar, não blefar nunca e oferecer seu cargo como garantia de sua palavra. Seguindo o script, deixou primeiro os produtores rurais gritarem, desabafarem. Foi construindo seu juízo em silêncio, esperou que se acalmassem e expôs sua posição, sem blefe: eles estavam certos. Com o controle da inflação, os preços agrícolas tinham declinado e os juros dos financiamentos tinham permanecido no teto. Muitos agricultores estavam realmente quebrando.

Com a mesma franqueza, porém, disse que não estava ali para perdoar dívidas. Colocou na mesa três ou quatro propostas de distensão financeira que, pelos seus cálculos, seriam o oxigênio suficiente para livrá-los da bancarrota. E a mensagem crucial: sua palavra valia seu cargo. Ganhou os ruralistas e emergiu da confusão com mais um acordo debaixo do braço.

O emaranhado das dívidas estaduais bilionárias não perdia por esperar. Parente já tinha dossiês prontos para todos os estados da federação, com tudo preparado para que cada governador assinasse o que ele queria e ainda se levantasse feliz da vida. Era uma engenharia parecida com o princípio da URV: fazer um corte entre o passado e o futuro. No caso, trocar um pelo outro, comprando as dívidas velhas e contratando o fim das orgias orçamentárias. Mas havia outras mãos dispostas a manter aquele abacaxi com casca.

Uma mensagem cifrada, confirmada em seguida por uma nota de jornal tão sutil quanto eloquente, confirmara as suspeitas de Pedro Malan. Estava em andamento uma manobra subterrânea para tirar do Ministério da Fazenda a renegociação das dívidas estaduais. Em agosto de 95, toda a estratégia coordenada por Parente estava prestes a virar sucata. A tal manobra podia até não ser palpável ainda. Mas os indícios eram graúdos, e o ministro não quis esperar que eles caíssem de maduro em sua cabeça.

Pediu uma audiência urgente com o presidente e entrou no Palácio do Planalto com seu cargo numa bandeja. Sabia que só era possível ser inteiramente lúcido numa situação como aque-

Capa da última edição de *Veja* em 1994: otimismo nacional com o ataque à inflação.

Charge de Chico Caruso em *O Globo*, setembro de 97: depois de dobrar o mercado, governo é forçado pela crise a discutir a volta ao FMI.

WORLD BUSINESS NEWSPAPE[R]

FINANCIAL

www.FT.com THURSDAY JUNE 5 1997

Brazil floats $3bn 3[0-year bond]

By Edward Luce and
Geoff Dyer in São Paulo

Heavy demand despite trebling of [offer]

Brazil yesterday launched the largest global bond ever to be issued by an emerging market borrower in a deal which was three times the size expected by the markets.

Bankers said that the 30-year $3bn bond, which was heavily oversubscribed, demonstrated strong investor confidence in Brazil.

"Investors have been willing to take a big bet on Brazil by subscribing to an unsecured 30-year bond offering," said Mr Chip Seelig, head of emerging markets debt at Goldman Sachs in New York.

"It is a sign that the markets are very comfortable with Brazil's long-term economic prospects."

The size of the offer was based on the strong response to Brazil's invitation last month to swap existing Brady bond debt – bonds issued in place of distressed commercial loans in 1994 – for its new uncollateralised bond. The Brady swap, which was expected to total between $1bn and $2bn dollars, far exceeded expectations and the size of previous swap operations

undertaken last year by Mexico and the Philippines.

J.P. Morgan, which jointly managed the deal with Goldman Sachs, said there was also strong cash demand for the global bond, with bids of more than $16bn submitted in the last fortnight.

The bond, which was priced to yield 3.95 percentage points over 30-year US Treasury bonds, was traded heavily in New York yesterday. Its spread over US Treasuries tightened to about 3.7 percentage points in the secondary

markets after strong b[uying from] large US and Europe[an fund] managers.

"There was very [strong] demand for the pape[r which] was priced very attrac[tively at] 395 basis points ov[er Trea]suries," said Mr. Alb[ert] Hess at Citibank Glob[al asset] management in New Y[ork].

"The fact that it wa[s so] large, and therefore li[quid]ly traded), issue wa[s a] pulling factor."

Economists in Bra[zil said] the success of the bo[nd] reflected the substanti[al...]

Brasil na manchete do *Financial Times*, junho de 97: bônus de 30 anos, negócio da década.

IMES

USA $1.50 Canada C$2.00 Bermuda $2.00

ear bond

red issue

Brazilian sovereign risk the past two years after have brought inflation control, produced steady mic growth and ved the distribution of

eyer, the failure of the ument to pass important tutional reforms which med at reducing the gov ent's fiscal deficit has a number of analysts to a note of caution about in recent weeks.

Arturo Porzecanski, cas chief economist at

ING Barings in New York, observed: "It is hard to imagine a further reduction in Brazil's sovereign risk in the near future. Quite the contrary, we are likely to witness an increase in country risk from now on, and especially next year."

A number of other Brazilian borrowers are keen to take advantage of the approved access to international capital markets. Although interest rates have fallen sharply over the last year, real interest rates in Brazil are still substantially higher than in the US or Europe.

Lex, Page 4 Bonds Page 18

Chico no *Globo*:
meses após a apoteose brasileira em
Nova York, crise dos tigres asiáticos ameaça
engolir o poder da equipe econômica.

— O problema com esses modelos asiáticos é o freio ABS...

Folha de S. Paulo, maio de 93:
com autonomia total, ministério vira bunker.

Fernando Henrique nos tempos
de professor em Stanford,
quando conheceu Malan.

Amigos no poder: Fernando Henrique, Pedro Malan, Gustavo Franco e "idéias para vinte anos".

Montagem da *IstoÉ*: parte da equipe econômica no poderoso Copom, criado por uma simples circular do Banco Central.

FOLHA DE S. PAULO

MP criará limite para emissão da nova moeda

Às vésperas do nascimento do real, manchete da *Folha* revela a MP guardada a sete chaves e aponta falha no plano.

Charge de Erthal no *Globo*: na crise da Ásia, juros mais uma vez na estratosfera.

Malan comanda reunião no Conselho Monetário Nacional: órgão vital tinha virado balcão de feira.

1-2 Segunda-Feira, 17 de abril de 1995

FOLHA DE S.PAULO
Um jornal a serviço do Brasil ★★★

Façam o que eu digo

O ministro da Fazenda, Pedro Malan, quer nos próximos meses uma segunda rodada de discussões para a desindexação.

flação quando se tem indexação a mais de 100% da inflação passada". Para Malan, é necessário extinguir a cultura da indexação.

Essas declarações podem ser vistas mais como eloquente expressão de uma dificuldade. Afinal, já no início deste ano a equipe que elaborou o Plano Real dava como iminente a desindexação. Mas nenhum passo foi dado nessa direção.

Independentemente das dificuldades externas, o fato é que a equipe econômica vem-se limitando à operação da política econômica no mais estrito curto prazo. Nada se fez para alterar os horizontes mais amplos. E não se trata apenas da morosidade no encaminhamento de mudanças constitucionais ou dos recuos em temas como reforma tributária e privatização.

A manipulação de tarifas, recolhimentos compulsórios, impostos sobre operações financeiras, taxas de juros e complexas engenharias cambiais fazem muito barulho, mas quase nada esclarecem do ponto de vista das diretrizes fundamentais. A rigor, todas essas acrobacias nem mesmo conseguiram produzir os efeitos anunciados. A equipe econômica continuou agindo com foco apenas no dia-a-dia, operando incessantemente instrumentos de sintonia fina, como se a estabilização fosse um dado e sua defesa uma questão de gerência rotineira.

O apelo à eliminação da cultura inflacionária, nesse ambiente que o próprio governo foi incapaz de transformar por meio de atos, soa patético. Pois o traço mais forte da cultura inflacionária é precisamente o casuísmo do governo, o recurso às mais ziguezagueantes determinações sem que se transmitam à sociedade rumo ou prioridades.

pendem de avanços significativos no terreno da inflação, do ajuste fiscal, da reforma do Estado e da reforma do sistema financeiro. Pior que a incapacidade do governo de garantir esses avanços talvez seja a desfaçatez com que assume o tragicômico papel de macaco Simão. Propõe aos outros que façam o que ele diz, mas não o que ele faz.

Editorial da *Folha* critica Malan em abril de 95: fritura do ministro esfriava no Palácio.

David Zylbersztajn com Mário Covas:
parceria incômoda para os afilhados políticos do Estado.

Orador da turma de engenharia da PUC de 1977,
David discursa contra a ditadura, é ameaçado de prisão
e salvo pelo doutor Alceu Amoroso Lima, patrono da turma.

Gustavo Franco com os pais, Guilherme Arinos e Isabel: nascido graças ao suicídio de Vargas.

O jovem Gustavo com o peixe que inspiraria a nota de cem reais, ainda sem as mordidas dos tubarões da política.

Com o filho Antonio: parceiro de alegria e sofrimento com o Botafogo e a roda-viva.

NOVO COMANDO: *Nome de Gustavo Franco para o BC é aprovado na CAE por 21 votos a favor e apenas seis contra*

US$ 60 bi contra os especuladores

Economista garante que as reservas são suficientes para anular qualquer ataque ao real

Rossana Alves e Sheila D'Amorim
BRASÍLIA

O Banco Central não hesitará em utilizar os quase US$ 60 bilhões em reservas internacionais para defender o país de um possível ataque especulativo por parte dos investidores estrangeiros, como aconteceu recentemente nos países do Sudeste da Ásia. A garantia foi dada ontem pelo futuro presidente do Banco Central, Gustavo Franco, durante sabatina na Comissão de Assuntos Econômicos (CAE) do Senado, em que reafirmou a disposição do Banco Central de manter inalterada a atual política cambial.

A sabatina foi bem sucedida e Franco teve seu nome aprovado pela CAE por 21 votos a favor e seis contra. Agora, resta apenas a aprovação do plenário do Senado, na terça-feira, para que Franco se torne o novo presidente do Banco Central.

No debate com os senadores, Franco explicou que as reservas em dólar e ouro acumuladas pelo país desde o início do Plano Real funcionam como uma espécie de seguro, que deve ser usado em momentos críticos.

— As reservas existem para serem usadas. É como uma bomba atômica. Resolvem o problema, mas é melhor se não precisar utilizá-las — disse Franco, em resposta a uma pergunta do senador Gilberto Miranda (PMDB-AM).

Pelos cálculos do futuro presidente do BC, o Governo gasta atualmente R$ 1,5 bilhão para sustentar as reservas internacionais. O valor é estimado tomando por base a diferença entre a remuneração obtida pelo país quando aplica os dólares e o ouro no exterior e os juros pagos na emissão de títulos do Tesouro Nacional. Quando os investidores estrangeiros chegam ao país com seus dólares e os trocam por reais, o BC emite títulos com o objetivo de tirar de circulação esse excesso de dinheiro.

Segundo Franco, os títulos rendem cerca de 8,5% ao ano, já descontado o Imposto de Renda, enquanto o país ganha apenas 5,5% ao ano com a aplicação das reservas.

O FUTURO PRESIDENTE do Banco Central, Gustavo Franco, à esquerda, conversa com o senador José Serra, presidente da CAE, durante a sabatina de ontem no Senado

Pausa no fogo amigo:
na turbulência, o conchavo dos adversários Gustavo e José Serra.

No *Jornal do Brasil*, Verissimo fuzila o otimismo do governo.

O GLOBO

RIO DE JANEIRO, QUARTA-FEIRA, 13 DE JANEIRO DE 1999 - ANO LXXIV - Nº 23.877

Gustavo Franco cai e Francisco Lopes é o novo presidente do BC

Diretor do Banco Central convoca entrevista para anunciar hoje mudanças na banda cambial

• O presidente do Banco Central, Gustavo Franco, pediu demissão ontem ao presidente Fernando Henrique no início da noite. Seu substituto será o atual diretor de Política Monetária do BC, Francisco Lopes. Gustavo Franco vinha se sentindo desconfortável no cargo e há três dias ele e Francisco Lopes, que divergem sobre a condução da política econômica, concluíram que um dos dois deveria sair. Acertaram também que o presidente do BC teria a prerrogativa de tomar a decisão de ficar ou não. "Ficou acertado que tudo dependeria de Gustavo. Se ele quisesse ficar, Chico Lopes sairia", disse uma fonte do Governo. No início da noite, a assessoria do BC informou que o diretor de Assuntos Internacionais, Demosthenes Madureira de Pinho Neto, dará uma entrevista hoje, antes da abertura dos mercados, para anunciar um ajuste na banda cambial. Essa informação reforçou as expectativas de analistas do mercado de que Governo promoveria uma mudança mais audaciosa no câmbio do que uma simples correção nos limites de oscilação da banda. O Brasil voltou a enfrentar ontem turbulências semelhantes às dos piores dias da crise de outubro. Em apenas um dia, o país perdeu mais de um bilhão de dólares. **Páginas 3 a 5 e 25 a 29**

Jorge Bastos Moreno
BRASÍLIA

O presidente do Banco Central, Gustavo Franco, pediu demissão ontem ao presidente Fernando Henrique Cardoso no início da noite. Seu substituto será o atual diretor de Política Monetária do BC, Francisco Lopes. Franco vinha se sentindo desconfortável no cargo e os boatos de sua saída circulavam há mais de um mês. Há três dias ele e Lopes divergiram sobre a condução da política econômica e concluíram que um dos dois sairia. Acertaram também que Franco teria a prerrogativa de tomar a decisão de ficar ou não.
— Ficou acertado que tudo dependeria de Gustavo. Se ele quisesse ficar, Chico (Francisco Lopes) sairia — disse uma fonte do Governo.

BC deve acentuar hoje a desvalorização do real

Ontem, no fim da tarde, ministros influentes já cogitavam da possibilidade

O Globo noticia a queda do presidente do Banco Central: furo de Moreno.

Sérgio Besserman com
Fernando Henrique e Martus Tavares:
operação transparência no IBGE.

Besserman com Brizola:
elo entre o BNDES de
Collor e a esquerda.

Nos tempos de dirigente comunista,
em congresso na UNE – Salvador.

ECONOMIA

Greve contra o apagão

Sindicatos protestarão contra efeitos do racionamento, como redução de emprego e salário

Crise de energia: Parente, ministro do apagão, avisou ao presidente que o governo podia ruir.

Governo soube da gravidade só esta semana

O curinga Pedro Parente, fusível do presidente: o mais político dos burocratas.

Pedro Malan, Antônio Palocci e a parceria que vai além da transição: vida após a morte.

Dentadas do poder: em dezembro de 2004, CPI acusa Gustavo Franco de crime financeiro.

Reportagem da *Veja*: desmoralização da CPI e do relatório de José Mentor.

André, Bacha, Clóvis, Gustavo, Persio, Winston e Malan (o sobrevivente): os homens do presidente no bunker.

Murilo Portugal: tesoura e úlcera.

Dirceu: mentor da CPI.

Tasso: "porrada nele".

Itamar: força estranha.

Moreno: enviado especial à cozinha.

ACM: terra em transe.

Jabor: jornalismo em transe.

Luís Eduardo: tropa de choque e de fofoca.

Mauch: "comer galeto".

Gabeira: onde está o bem?

Mendonção: o sonho grampeado.

Clinton: avalista e cúmplice.

laria se, ao menos momentaneamente, o homem desencarnasse do ministro. Precisava enxergar-se fora do cargo para não virar refém dele. E para garantir a tolerância zero com o intolerável, entrou no gabinete presidencial disposto a deixar sua mensagem e se retirar. Fernando Henrique teria que compreender a descortesia do monólogo:

— Presidente, me parece que há um projeto de transferir o saneamento das dívidas estaduais para outro foro, alheio ao Ministério da Fazenda. Não quero cansá-lo entrando no mérito do assunto. Apenas gostaria de lhe dizer que o senhor pode me substituir se esse fato se concretizar.

Pedro Malan saiu daquela audiência com a cabeça no lugar, em todos os sentidos. O golpe não se concretizou, aproximando-o mais do que nunca da lenda do ministro intocável. Mas o ano de 95 lhe traria também sua primeira cicatriz profunda.

* * *

O bem estava custando a triunfar. Depois da longa noite, na histórica campanha pelas eleições diretas, o povo ganhou, mas não levou. Não viu a cor das urnas e ainda teve que ficar com José Sarney, a mutação civil do gene militar. A desilusão se completava com o velho MDB, fiel da resistência contra a ditadura, chegando ao poder pelas mãos de um filho do regime autoritário. Quando o povo pôde votar, o operário Lula e a esquerda foram atropelados pelo fenômeno Collor, o candidato de laboratório. A queda dele e a ascensão da figura de Fernando Henrique no governo transitório pareciam, finalmente, o sinal de que a verdadeira oposição estava com a mão na taça. Mas quando o príncipe dos sociólogos se aliou ao rei dos coronéis, Antônio Carlos Magalhães, o bem parecia estar novamente morrendo na praia.

Quando o governo Fernando Henrique começou, o PT e a esquerda respiraram fundo e reassumiram seus papéis de água mole em pedra dura. Algum dia, no Brasil, uma oposição de verdade chegaria ao poder sem vender a alma ao diabo. O Plano Real ainda não completara um ano. Estava, portanto, dentro do prazo de validade dos truques econômicos eleitoreiros, que se desmancham depois de distribuir dividendos políticos. Para completar, o novo governo vinha com uma agenda de enxugamento do Estado e privatizações. Não havia dúvida: Fernando Henrique assinara embaixo do Fim da História, a tese do americano Francis Fukuyama que decretava a vitória definitiva do capitalismo neoliberal.

Na verdade, havia, sim, algumas pequenas dúvidas entre os chamados progressistas — mais no campo simbólico que no político. Pela primeira vez, Chico Buarque e Caetano Veloso, por exemplo, não estavam enxergando o bem no mesmo lugar. Caetano desgarrara e resolvera apoiar Fernando Henrique. Podia ser mais uma guinada estética do baiano, como quando ele agrediu o nacionalismo da oposição (em plena ditadura apoiada pelos EUA), importando as influências elétricas americanas para o tropicalismo. Para a esquerda progressista, em se tratando de Caetano, aquilo podia ser uma simples manifestação de tédio. Mas começaram a surgir outros sinais confusos no ar.

Aproveitando a popularidade trazida pelo combate à inflação, o governo já nasceu com um pé dentro do Congresso Nacional — e uma pesada pauta de reformas constitucionais debaixo do braço. A oposição se preparou para a guerra. Estava claro que o rolo compressor neoliberal poderia, em pouco tempo, retalhar o Estado brasileiro. Em maio de 95, a discussão sobre a quebra do monopólio estatal da telefonia fez o Congresso ferver. Tratava-se de passar adiante um patrimônio construído pelos brasileiros durante mais de um século. Liderados pelo PT e apoiados pelos sindicatos e movimentos sociais, os partidos de oposição gritaram contra a liquidação sumária de um bem histórico do povo brasileiro. Uma voz, porém, desafinou o coro da esquerda.

No dia da votação da emenda constitucional que permitiria a venda da Telebrás, os telejornais destacaram um discurso do deputado Fernando Gabeira. Na batalha dos blocos de dezenas ou centenas de parlamentares, Gabeira só tinha controle sobre um voto, o seu próprio. Em meio aos choques tectônicos entre bancadas, o presidente da Câmara, Luís Eduardo Magalhães, não resistira à provocação ao representante solitário do Partido Verde no Congresso: "Concedo a palavra ao deputado Fernando Gabeira, líder de si mesmo." Vaiado por aliados e aplaudido por adversários, reproduzido quase imediatamente no *Jornal Nacional*, o discurso de um voto só, pronunciado por Gabeira, atacava o samba de uma nota só da esquerda. E atordoava a bússola das ideologias.

— Não é possível manter a telefonia celular e a telefonia cabeada em poder do Estado, deixando milhões e milhões de pessoas sem telefone no Brasil, só para não desvalorizar o patrimônio estatal — argumentou o líder de si mesmo. — Não há na esquerda nenhuma sensibilidade para os sem-telefone. Ela está sensibilizada com o patrimônio nacional. A esquerda está preocupada com o trabalho morto.

O jornalista e escritor Fernando Gabeira era oposição ao governo na Câmara dos Deputados, e continuaria sendo. Logo depois da abertura da telefonia, aprovada no Congresso, ele ajudaria a apurar o escândalo do Sivam (Sistema de Vigilância da Amazônia), que derrubaria o chefe do Cerimonial da Presidência, Júlio César Gomes dos Santos — acusado de favorecimento à empresa americana Raytheon. Mas continuaria defendendo vários pontos da agenda governista de reformas do Estado.

Tendo combatido a ditadura e sido ferido por ela, tendo confrontado o *establishment* da política ao sexo, de *O que é isso, companheiro?* a *O crepúsculo do macho*, Gabeira começava a indicar, com suas posições, uma certa dança de cadeiras entre progressistas e retrógrados. No embate entre oposição e situação, dessa vez o bem e o mal pareciam não ter lugar marcado.

Depois do aniversário de um ano do real, a tese do plano eleitoreiro se desidratara. Mas os que acusavam o governo de subscrever o Fim da História, de tramar a vida eterna com o elixir neoliberal, não ficariam sem causa. Seriam municiados pelo próprio grupo político de Fernando Henrique, um pouco mais tarde, com a idéia de instituir a reeleição para os governantes — já valendo para o então presidente. Um golpe de casuísmo. Não era o Fim da História, era o fim da moral, o fim da picada, acusava a oposição.

O debate ganharia curvas perigosas, como a tese governista de que a política tinha sua própria moral — argumento sustentado pelo filósofo José Arthur Giannotti, ligado ao PSDB. Gabeira também entraria no rali com uma manobra arriscada, capaz de chocar não só a esquerda, como o seu próprio eleitorado. Pondo em risco sua sobrevivência como deputado, apoiaria a reeleição de Fernando Henrique. E subiria à tribuna para admitir que conspirara — não com os partidos A ou B, mas com o destino:

— Eu voto a favor da reeleição porque o meu pensamento é o de buscar o melhor dos adversários e, no melhor destes, o melhor de seus argumentos — discursou Gabeira, afirmando que Lula evoluiria em confronto com as idéias de Fernando Henrique. Pedindo licença à letra fria da lei, ele intuía que esse era o destino a ser cumprido pelo país. — Quero que a história siga o seu curso. Voto "sim" com a máxima da conspiração aquariana: "Deixe o sol brilhar — *Let the sun shine*". Esperemos que a aurora do século XXI acabe com o mofo insuportável da nossa vida política.

Além de Caetano e Gabeira, um outro líder de si mesmo investia contra o mofo da política — este pedindo licença à letra nem tão fria do jornalismo. O cineasta Arnaldo Jabor abandonara os filmes e mudara-se de malas e bagagens para o território da imprensa. Começara a escrever a partir do noticiário, misturando fatos cotidianos e análise, usando as ferramentas jornalísticas sem fazer jornalismo. Gabeira quebrara protocolos políticos para indicar, sem sair da oposição, que o monstro neoliberal tinha lá suas nuances. Jabor saltaria os protocolos da imprensa para proclamar de sua tribuna, sem nuances, que o bem não morrera na praia — e estava sendo salvo pelo monstro.

Fernando Gabeira acabara de voltar da Alemanha, onde passara dois anos cobrindo a queda do Muro de Berlim para a *Folha de S. Paulo*, quando encontrou Arnaldo Jabor na ponte aérea. Jabor estava deprimido. Era 1991, e a política de terra arrasada de Collor na área de cinema deixara-o sem projetos e sem perspectivas. Para piorar, os filmes de publicidade, que vinham garantindo seu sustento, também tinham evaporado. Seu telefone não tocava. O cineasta começava a não poder prover o básico a suas filhas. Foi direto:

— Gabeira, eu não tô conseguindo viver. Tô na merda. Você tem prestígio lá na *Folha*. Eu sei escrever, será que você não consegue alguma coisa lá pra mim?

O jornalista achou que, além de um pedido, ali estava uma boa idéia. Os jornais tinham sempre o desafio de ultrapassar as duas dimensões, e o olhar cinematográfico combinava bem com essa busca por perspectiva. Gabeira ligou para o diretor de redação da *Folha*, Otavio Frias Filho, e vendeu-lhe o peixe do cineasta-articulista. Frias comprou o peixe, ligou no ato para Jabor e contratou-o na semana seguinte.

O novo articulista estreou na profissão com pautas estranhas. Uma delas falava de poder, mulheres e lágrimas. Jabor notara que, num mesmo dia, Rosane Collor, Xuxa, a prefeita Luíza Erundina e a ministra Zélia Cardoso de Mello tinham chorado em seqüência. Misturou análise política com crônica de costumes e fez chover cartas na redação. O ibope de seus textos políticos parecia vir justamente da falta de especialização — da falta de cerimônia. As preocupações habituais com isenção e distanciamento não estavam no seu manual particular. Tomava partido ostensivamente daquilo que achava certo, e avisava que estava tomando. Dava razão a quem o acusava de ser um comentarista parcial, mas ressalvava: "Pelo menos não tento esconder a minha loucura."

Loucura, burrice, babaquice — o jornalismo desvairado de Arnaldo Jabor trazia um palavreado, por assim dizer, original ao colunismo político. Entre os babacas estavam os "corporativistas revolucionários", que viviam de atacar os governos e, ao mesmo tempo, se servir do Estado: "Mamam num seio e mordem o outro", escreveu Jabor. E burros eram, principalmente, os que viam na eleição de Fernando Henrique mais uma conspiração da elite contra o povo. Apelidou-os de "militantes imaginários", por manterem seus dogmas a salvo da vida real. Se para Gabeira a resistência às reformas do Estado era a "defesa do trabalho morto", para Jabor a esquerda estacionara num compromisso com o bem abstrato: "O militante imaginário é uma espécie de herói masoquista, com o charme invencível do derrotado que não desiste."

A falta de cerimônia não poupava nem os cardeais — religiosos ou laicos. D. Paulo Evaristo Arns, símbolo do combate à ditadura, era um "populista cristão". Chico Buarque não acompanhara a posição de Caetano Veloso por ignorância. "Chico é um grande artista, mas não entende nada de política.

Entender de política dá trabalho." A metralhadora giratória de Jabor podia cometer injustiças na mesma rajada em que quebrava tabus. Seus comentários jorravam quentes, sem filtro, e o público para aquela mistura de crônica e comício começava a crescer. Em maio de 95, o diretor de redação de *O Globo*, Evandro Carlos de Andrade, convidou-o para assinar uma coluna semanal no jornal. Evandro aceitava que Jabor continuasse escrevendo na *Folha*. Faltava convencer a *Folha*.

— Otavinho, eu tô pobre. Tenho que ganhar dinheiro, tô ficando velho — apelou o articulista ao seu "inventor". Otavio Frias Filho topou dividi-lo com *O Globo*.

E logo teria de dividi-lo com mais um concorrente. No final de 95, veio o convite da TV Globo. Evandro tinha saído do jornal para ser diretor de jornalismo da emissora, e levou Jabor para ser comentarista político. Comentarista político era força de expressão. O cinejornalista ia ser aquilo que vinha sendo, que não cabia em categorias formais, um líder de si mesmo, pronto para disparar o que lhe viesse à cabeça — agora ao vivo, arrombando a sisudez dos telejornais. Evandro sabia onde estava se metendo e não se surpreenderia com os acontecimentos do dia 30 de maio de 96. Sua única providência foi um telefonema:

— Jabor, liga a televisão. O Congresso Nacional está pedindo a sua cabeça, você não pode perder isso.

Algumas horas antes, no *Bom dia, Brasil*, o comentarista tinha feito uma crítica pesada aos parlamentares. Rolava o é-dando-que-se-recebe de sempre, popularizado na Constituinte pelo "Centrão" de Roberto Cardoso Alves, para aprovar as reformas de Fernando Henrique. Em seu comentário, Jabor dissera que o Congresso finalmente assumira sua vocação de shopping center, e o homem da mala preta já sabia onde encontrar o que queria comprar: no Centrão, segunda porta à direita depois do banheiro.

O comentarista ligou a TV e viu o mundo desabando em sua cabeça. Deputados de todas as correntes atacavam-no duramente. Anunciavam processos judiciais contra ele e desenterravam o polêmico projeto da nova Lei de Imprensa. O debate sobre o controle da liberdade de expressão estava de volta, e não era confortável ver-se como estopim daquela recaída.

Depois da chamada de Evandro o telefone não parou mais, inclusive com uma ligação de seu pai, assustado com o fogo cerrado. Da tribuna, Gabeira tentou rechaçar o projeto da Lei de Imprensa, argumentando que o Congresso seria sempre atacado daquela forma enquanto durasse seu servilismo ao poder Executivo. Mas não defendeu Jabor. Não dava.

Colunistas da própria *Folha de S. Paulo*, como Jânio de Freitas e Carlos Heitor Cony, disparariam contra o colega, acusando-o de promiscuidade com o presidente Fernando Henrique, com quem tinha estado no sábado anterior. Tachado por eles de chapa-branca, Jabor passou a chamá-los de chapas-negras ("rancorosos disfarçados de progressistas"), numa guerrilha que não cessaria até o ex-cineasta ser demitido da *Folha* pelo contador, cinco anos depois. Receberia apenas um e-mail de Otavio Frias Filho, dizendo-lhe que sua marca tinha ficado associada demais à Globo. Respondeu ao seu inventor dizendo que continuava tendo-lhe admiração e gratidão, mas sabia que o motivo da demissão não era aquele.

No dia seguinte ao episódio do *Bom dia, Brasil*, um telefonema direto do Congresso deu a Jabor uma nova pista sobre o que estava acontecendo. Do outro lado da linha estava Luís Eduardo Magalhães, presidente da Câmara dos Deputados — um dos que o comentarista vira atacando-o pela TV:

— Jabor, tive que te esculhambar. O baixo clero tava enlouquecido contigo, eu tinha que dar uma satisfação a eles. Mas isso não vai longe, não.

De fato, nos dias que se seguiram, a biruta começou a virar. Especialmente pela reação de parte da imprensa, que passou a contestar as razões da revolta dos políticos. O editor de opinião de *O Globo*, Luiz Garcia, sugeriu que, antes da Lei de Imprensa, os congressistas precisavam de um espelho: "Se existe crime, então muito bem, vocês venceram. Castiguem o Jabor. Mas sem furar a fila." Os primeiros da fila de ofensas aos deputados, lembrava Garcia, eram os próprios deputados. Canalha, poltrão, salafrário, fanfarrão e mentiroso tinham sido alguns dos adjetivos trocados, dias antes, por Inocêncio de Oliveira, do PFL, e José Aníbal, do PSDB — por acaso, dois partidos aliados. A temporada de caça ao Jabor começava a ficar para trás.

Mas algumas feridas continuariam sangrando. Sempre que podia, o presidente do PT, José Dirceu, batia no supercílio aberto pela acusação de conluio entre o comentarista e o presidente. "Arnaldo Jabor é o porta-voz oficioso do governo", fustigava Dirceu. Jabor reagia incluindo o agressor no grupo dos militantes imaginários, "com seu narcisismo disfarçado de amor ao povo". E vinha mais uma no supercílio do comentarista: trata-se de um fantoche neoliberal. Às vezes a resposta beirava o lirismo: "Pobre Dirceu. Sonhou comandar as massas e acabou defensor de funcionários públicos. Que dor lhe causa esta infernal complexidade do mundo de hoje, ele que tem um Muro de Berlim na alma."

Na fase inicial do governo, a durabilidade do plano econômico, acima das expectativas, confundira o discurso da oposição. Mas a militância, imaginária ou não, conseguira encaixar no debate político um bordão eficiente — o neoliberalismo. A eficiência decorria de dois fatores puramente táticos: em primeiro lugar, Fernando Henrique se incomodava profundamente com o termo; em segundo, e ainda mais importante, a palavra caíra na boca do povo com status de xingamento (mesmo que a imensa maioria não soubesse o que significava). Cada vez que a oposição, Dirceu à frente, vociferava contra "este governo neoliberal...", ia colando o estigma e roubando mais um pontinho da imagem positiva do presidente.

Irritado com a repetição da manobra esperta, numa reação pouco inspirada, Fernando Henrique produziria sem querer uma das marcas folclóricas de seu período: "Chega de palanque, chega de nhenhenhém!" A palavra proveniente do tupi, designando conversa fiada, ficava estranha na boca de um presidente articulado. Jabor traduziria o nhenhenhém como "a voz que dá ilusão de mudança à nossa fome de paralisia." Mas o termo voltaria como um bumerangue contra a retórica culta do próprio governo, piorando um pouco o xingamento: nascia o "nhenhenhém neoliberal".

Desconjuntada, anasalada, vulgar, a palavra tupi acabaria servindo, em seu uso mais duradouro, para batizar o terreno das futricas da República. Autor da patente, o repórter Jorge Bastos Moreno inaugurou a coluna *Nhenhenhém*, no *Globo*, certo de que a alma do governo Fernando Henrique estava na cozinha.

Moreno nunca acreditara muito na visão dominante de que Fernando Henrique era um intelectual de passagem pela política. O homem indeciso e hesitante, que não sabia dizer não, transformara a economia como ministro da Fazenda e chegara a presidente. Na contramão do senso comum, o repórter achava que ali estava uma raposa das mais ardilosas, armada com o poder da dissimulação — o poder de não parecer raposa. Moreno não tinha dúvidas de que Fernando Henrique era um político para ser lido nas entrelinhas. E passaria a traduzi-lo para o grande público em julho de 96, com as mensagens telegráficas e eventualmente cifradas de seu *Nhenhenhém*.

De saída, um recado singelo: estava ligeiramente enganado quem achava que agora, no Brasil, o poder era tucano. O presidente era do PSDB, mas o governo, na prática, não era do partido — era do bunker montado pessoalmente por Fernando Henrique. A pista oferecida por Moreno era só para os bons entendedores. O sociólogo francês Alain Touraine tinha dito que o PSDB era *"pura mierda"*, causando surpresa geral por criticar tão duramente o presidente, que era seu amigo. O colunista fez a correção sutil: Touraine e Fernando Henrique continuavam amigos e aquilo não fora uma crítica, mas "uma baita inconfidência".

Ninguém entendia direito por que o deputado carioca Moreira Franco, do PMDB, tinha tanto prestígio com o presidente. Fora nomeado assessor especial da Presidência, evidentemente um aspone de luxo, e corriam muitas versões sobre alguma dívida política que Fernando Henrique teria com ele. Fuxicando a cozinha do poder, Moreno descobriu o segredo. Nas idas e vindas entre o Congresso e o Palácio, Moreira Franco produzia para o presidente informes políticos que continham uns 10% de política. Os outros 90% eram curiosidades sobre a vida alheia, a velha e boa fofoca. Seus relatos eram um antídoto contra a chatice da vida partidária.

Nessas sessões picantes, Moreira tinha em geral a seu lado dois integrantes da tropa de choque do governo no Congresso, o ministro da Coordenação Política, Luiz Carlos Santos, e o presidente da Câmara, Luís Eduardo Magalhães — ambos negociadores profissionais e bisbilhoteiros por vocação. Luís Eduardo colecionava piadas de Fernando Henrique sobre seu próprio governo, e raramente deixava o gabinete presidencial sem ter soltado uma gargalhada. Riam do destino, lembrando que o deputado "anão" Genebaldo Corrêa, cassado por fraudar o Orçamento, tinha sido mais importante que José Serra, então líder do PSDB, na aprovação do Plano Real. Riam das notas plantadas pelo ministro das Comunicações, o trator Sérgio Motta, insinuando que o presidente era inoperante e quem tocava o governo era ele. Entre quatro paredes, a tropa de choque de Fernando Henrique parecia um bloco carnavalesco.

— Aqui entre nós, o Fernando fala demais — disse Serjão para Delfim Netto e José Sarney. Era um dos arroubos do trator captados pela coluna *Nhenhenhém*, que ficava na expectativa de algum recado com o troco do presidente. Mas o troco nunca vinha, nem para o jornalista, nem para o ministro falastrão. Mesmo quando Serjão declarou que o governo tinha que parar com a "masturbação sociológica", Fernando Henrique fingiu que não ouviu. Deixava para falar mal de Sérgio Motta quando estivesse com Antônio Carlos Magalhães, adversário frontal do ministro. Aí concordaria integralmente com ACM: Serjão era boquirroto, prepotente e precisava de freio. Mas quando o presidente voltasse a estar com Serjão, o boquirroto, prepotente e que precisava de freio passaria a ser ACM. Sem sombra de dúvida.

O jogo duplo tinha motivos táticos, dentro do princípio de usar a concorrência como estímulo e, ao mesmo tempo, controle para ambos. Mas o faz-de-conta também tinha seu lado de traquinagem — de puro jogo. Fernando Henrique desenvolveria códigos de ironia com vários de seus interlocutores mais próximos, e se divertiria muito com eles. O presidente americano Bill Clinton, com quem o brasileiro construiria uma relação bastante estreita, também entraria no jogo. Em visita ao Brasil, certa vez, Clinton enfrentava uma fila de políticos que haviam pedido para cumprimentá-lo. Entediado, Fernando Henrique fazia apresentações sarcásticas, com expressão absolutamente séria:

— Presidente, este é Olavo Drummond, prefeito de Araxá, de quem lhe falei.

Clinton, que nunca sequer tinha ouvido falar em Araxá, captava imediatamente a deixa:

— Ah, então este é o senhor Drummond! Admiro as suas realizações, prefeito. Muito prazer em conhecê-lo.

Jorge Bastos Moreno tinha mais de 15 anos como repórter em Brasília sem nunca ter compreendido inteiramente a tramitação de um projeto de lei. Achava que a essência do poder não estava nos ritos, nem nos cargos. Estava nas pessoas, e quase sempre no que elas tinham de prosaico por trás da couraça formal — o poder estava no nhenhenhém. A coluna de Moreno não surgira com a ascensão de Fernando Henrique por acaso. Neoliberalismo à parte, ele nunca vira um governo tão animado, tão fofoqueiro, tão transparente quanto aquele. Era a hora de o jornal ter um correspondente na cozinha.

* * *

A nota sobre Alain Touraine e o PSDB refletia um mal-estar espalhado pelos corredores do poder. Na diretoria do BNDES, o desabafo de um tucano resumia o problema:

— O Fernando Henrique é um ingrato. Foi eleito e esqueceu do partido. Tanta gente boa, preparada, e não tem cargo pra ninguém. Qualquer outro presidente, de qualquer partido, já tinha aparelhado a máquina toda. O que adianta a gente ter o governo federal?

A queixa ouvida por Sérgio Besserman Vianna não seria a primeira daquele tipo, nem a última. Como indicava a nota publicada no *Nhenhenhém*, o PSDB não era para o presidente o que o presidente era para o PSDB. E nenhum partido seria. Fernando Henrique chegara ao topo juntando meia dúzia de abnegados em torno de si, numa época em que ninguém queria subir no seu barco. "Não fui eleito por um partido. Fui eleito por um projeto. Criado por mim", costumava dizer aos mais chegados. Isso lhe dava independência para tentar livrar-se daquilo que, como sociólogo, sempre considerara um desvio da democracia: a semelhança entre o pós-eleitoral e o pós-guerra, que fazia do Estado o território a ser ocupado pelos vencedores, com o banimento dos vencidos.

Fernando Henrique achava que o Estado precisava ter um mínimo de permanência, não podia viver como uma sanfona política. Daí saíra o pacto de despolitização da área econômica, selado com Pedro Malan. E à medida que esse critério ia se espalhando pelo governo, o fogo amigo contra o presidente se intensificava.

Sérgio Besserman respondia aos queixosos que, pessoalmente, aprendera a separar Estado de partido lá atrás, na primeira desilusão com o totalitarismo comunista. Achava que militantes do PSDB, um partido moderno, já deviam saber essa lição de cor. Mas sabia que, na prática, a coisa não era tão simples. Com quase dez anos de serviço público, aprendera também uma outra lição, menos edificante: no Brasil, cada lote do Estado tinha o seu dono, aquele que faria a distribuição dos cargos e decidiria o caminho do dinheiro. A clientela já ficava esperando pela repartição de salários e verbas — e esperava rosnando, como Besserman veria ao vivo.

O ex-comunista forjado na PUC chegara a diretor pelas mãos de um banqueiro forjado na USP. O novo presidente do BNDES, Luiz Carlos Mendonça de Barros, ligado ao paulista José Serra, resolvera apostar em Sérgio Besserman, oriundo da escola do carioca Pedro Malan. Mendonção, como era conhecido — não pelo tamanho, mas pelo estilo —, queria criar um departamento de emprego no banco de fomento. Besserman pegou a deixa e dobrou a aposta:

— Luiz Carlos, por que só departamento de emprego? Que tal recriar a área social inteira? Vamos devolver o "S" ao BNDES...

Mendonção tinha horror a recuos. E quando a proposta era acelerar em frente, em geral ele afundava o pé no pedal, para depois conferir aonde estava indo. Com Sérgio promovido a diretor de planejamento, a área social do banco, que estava desativada, voltava a existir de uma tacada. Política de microcrédito, projetos intensivos em geração de emprego, um novo cardápio de operações com finalidade social. O novo "S" tinha menos de seis meses de vida quando o banco recebeu uma proposta para a primeira grande operação financeira na área social, um projeto de alto investimento. A proposta vinha do investidor Luiz Cezar Fernandes, fundador do Banco Pactual, e Mendonça de Barros recebeu-o para discutir o empreendimento no BNDES.

Recebeu-o, em termos. Mendonção tinha o hábito de marcar duas ou três reuniões para a mesma hora, e deixar representantes seus em cada uma delas. Ia então pulando de sala em sala para tomar as decisões essenciais e bater martelos. Besserman ficou na reunião com o investidor e seus parceiros no negócio, um grupo de sindicalistas de São Paulo. Com meia hora de conversa, pediu licença e foi atrás do presidente. Havia um problema com a grande operação inaugural do "S":

— Luiz Carlos, o projeto está correto. Só que não tem nada de social.

A proposta se referia a um empreendimento imobiliário para instalação de um mercado hortifrutigranjeiro. O argumento social era o benefício que resultaria para os feirantes — o que pareceu a Besserman ter o mesmo apelo social que a construção de um estacionamento em nome dos interesses dos flanelinhas. O presidente concordou que aquilo estava com jeito de manobra para obter financiamento barato, e não podiam correr o risco de desmoralizar o "S". Os dois voltaram então para a reunião, e começaram a apresentar suas ressalvas ao projeto.

Notando a resistência, Luiz Cezar foi contundente. Argumentou que não adiantava o banco criar uma área social, se ia bloqueá-la com critérios excessivamente rigorosos para concessão de crédito.

— Agora é que nós vamos ver se esse "S" aí é marketing de governo ou é o social do BNDES mesmo — desafiou o investidor, batendo na mesa.

Mendonção deu uma pitada em seu cachimbo e respondeu sem elevar a voz:

— Doutor Fernandes, o "B" é de banco. Não é de babaca, não.

Com esperneio, fogo amigo e nhenhenhém, a clientela ia aos poucos notando que algo diferente acontecia nos balcões do Estado. Mas não parecia disposta a se acostumar com isso. Desde os primeiros dias de 1995, as tais blindagens de Fernando Henrique seriam testadas com agressividade, sobretudo na área econômica. E ao soltar sua primeira granada dentro do bunker, o mercado vinha exigir o cumprimento de suas duas leis básicas: um cadáver a cada 24 horas, uma cabeça de ministro a cada quatro meses.

Entre parnasianos e extraterrestres

— Joubert, sua camisa está ensopada. Não seria melhor trocar?

— É que não tenho outra, diretor.

Era a trigésima vez, em pouco mais de três horas, que Joubert Furtado completava o trote de ida e volta entre a mesa de câmbio e a Diretoria de Assuntos Internacionais. Com menos de um ano de vida, a nova moeda brasileira estava sob ataque mortal. No dia 9 de março de 1995, o mercado percebera uma falha na condução da política monetária, e decidira apostar agressivamente contra o real. A boiada estourara logo de manhã, com uma corrida generalizada ao dólar, que ameaçava fazer a cotação da moeda americana disparar. Somado a uma pressão por aumentos de preços que estourara na virada do ano, com setores querendo fazer reajustes de até 20%, o ataque especulativo contra a moeda brasileira estava prestes a transformar o Plano Real em pó.

A cada trote de Joubert, o Banco Central decidia fazer um novo leilão de dólares, para tentar evitar a disparada da cotação. Mas não estava adiantando nada, o mercado queria sangue. Arrastando para lá e para cá seu corpanzil de 1,90 metro de altura por 140 quilos de peso, só parando para rápidas borrifadas de sua bombinha contra asma, o chefe do Departamento de Operações com Reservas Internacionais tinha duas imensas rodelas de suor na região das axilas. A cada gorda fatia das reservas do país vendidas em vão, suas rodelas expandiam a área de camisa empapada. As duas manchas encontraram-se no centro do peito quando a queima de reservas ultrapassou 5 bilhões de dólares. Joubert não tinha camisa para trocar, e o mercado não tinha limite para parar de comprar. Queria o dinheiro da banca, e queria também verificar se Pedro Malan era intocável mesmo.

No confronto entre os ministros Malan e José Serra, no episódio da Câmara de Política Econômica, o presidente bancara a posição do primeiro. Sem declarações ostensivas. Apenas desqualificara a tal Câmara como instância decisória final — deixando o comando da economia pender, por gravidade, para o ministro da Fazenda. Mas a posição de Serra em favor de uma maxidesvalorização do real tinha aliados de peso, como o presidente do Banco Central, Persio Arida.

Malan não era o tipo de autoridade que batesse na mesa, levantasse a voz ou impusesse seu poder com argumentos hierárquicos. Além disso, tinha mais do que respeito intelectual por Persio. Eram amigos. Mas isso significava também que as linhas cruzadas dentro do governo não seriam cortadas na raiz. Para o ministro da Fazenda, toda decisão era um processo: mais linha do que ponto, mais filme que fotografia. Naquele caso específico, porém, esperar o filme chegar ao fim era garantia de desfecho macabro.

A tentativa de descruzar as linhas — ou de conciliar o que parecia inconciliável — coube a José Roberto Mendonça de Barros, irmão de Luiz Carlos. Substituto de Winston Fritsch na secretaria de Política Econômica, estava entre os economistas mais ouvidos por Fernando Henrique. Seu modelo costurava a proposta de Persio, que queria desvalorizar o real em pelo menos 10%, com a de Gustavo Franco, que queria manter o câmbio, fazendo uma desvalorização menor e gradual ao longo dos meses seguintes.

O modelo híbrido incluía a criação de um leilão de dólares para entrega no futuro, que serviria para o Banco Central projetar a desvalorização que pretendia fazer. Se o dólar estava valendo 0,83 real, o BC venderia a 0,90, por exemplo, para entregar em trinta dias — indicando ao mercado qual seria a trilha da desvalorização naquele período. Era o leilão de câmbio *forward*, diferente do mercado futuro convencional, porque haveria entrega física de dólares (não apenas contratos). Uma arquitetura inteligente, mas que, quando materializada, desmoronaria como um prédio de Sérgio Naya.

— Câmbio *forward*? Como é que funciona isso? — perguntou um operador da área externa do BC ao seu chefe.

— Eu também não sei — respondeu o diretor, na véspera da implantação do novo regime.

No momento da implantação, o Banco Central convidou grandes negociadores de câmbio para uma reunião de esclarecimentos. Persio, Gustavo e o staff do BC explicaram as novas regras e o que pretendiam com elas. Experientes, os *dealers* logo perceberam que havia bola dividida no governo. Diante deles, o Banco Central era um monstro de duas cabeças, querendo duas coisas diferentes e traçando a mediatriz delas. Para o mercado, aquilo tinha um único e límpido significado: se a autoridade tinha dúvidas sobre o seu ponto de referência para a defesa da moeda, era hora de apostar contra ela.

Na guerrilha monetária, mais importante do que a política adotada era a clareza do compromisso de defendê-la — a todo custo. Na vitória sobre a hiperinflação alemã de 1923, um dos grandes trunfos, além da engenharia magistral do *rentenmark*, tinha sido a obstinação pessoal de Hjalmar Schacht. O presidente do banco central alemão jogara seu prestígio, sua carreira e sua própria vida na linha da defesa da nova moeda. O mercado sabia que Schacht e sua teia de relações institucionais iriam até a última gota de sangue para proteger o valor do *rentenmark*. No Brasil de março de 1995, uma derrapagem grosseira do Banco Central sugeria ao mercado que o real poderia ser atacado a petelecos.

Iniciado o leilão de câmbio *forward*, o mercado ficou quieto. Fingiu que não viu. No final da manhã, uma ovelha desgarrada fez seu lance. Era um grande investidor, que queria comprar 1 bilhão de dólares, para receber em trinta dias. A operação foi contratada, e no final da tarde o comprador recebeu um telefonema explosivo do Departamento de Câmbio do BC. Havia um limite de posição comprada, isto é, uma regra que obrigava o investidor, na aquisição de dólares acima de uma determinada quantia, a depositar no Banco Central o valor excedente. O limite estava em cerca de 15 milhões, portanto aquele comprador tinha que depositar, no ato, 985 milhões de dólares numa conta do BC — dinheiro vivo que ele evidentemente não tinha. O investidor enlouqueceu no telefone, instalou-se o impasse e a situação ficou tensa. Joubert ligou para a sala de Gustavo:

— Acho bom você descer aqui que o negócio é sério.

O diretor foi à sala de operações e certificou-se de que aquela tinha sido a única operação relevante do leilão. Pegou então o telefone onde estava o comprador ensandecido e avisou-lhe simplesmente que estava estornando a operação. Com o lance único cancelado, o leilão de câmbio *forward* tinha melado. Vendo o Banco Central zonzo, o mercado preparou-se para o banquete no dia seguinte.

A quinta-feira 9 de março começou pegando fogo. Manada atropelando em bloco, desde a primeira hora, como se tivesse recebido uma ordem-unida. Todos querendo dólares. De saída, a cotação bateu no teto estipulado pelo governo, que era de 0,86 real. O BC fez logo uma oferta grande da moeda americana, para inundar o mercado e saciar a procura, puxando a cotação para baixo. Mas o refresco não durou nem meia hora. Já suando em bicas, Joubert correu para mostrar a Gustavo que o dólar já tinha batido no teto de novo. Fizeram outro leilão grande, mas a situação se repetiu, agora em menos de 15 minutos. O Banco Central repetia a operação, mas podia colocar 50 milhões de dólares de uma vez na boca do mercado que ele engolia e queria mais. O teto da banda cambial estourou. O governo Fernando Henrique estava sangrando.

Nem o encontro das duas manchas de suor de Joubert comoveu o mercado, que continuou devorando as reservas do país até bater em 7 bilhões de dólares. Só parou com o fim do expediente, depois de quase quarenta leilões. Jogado nas cordas, atordoado, o governo convocou a cúpula econômica para uma reunião de emergência no fim do dia. Presidida pelo ministro-chefe da Casa Civil, Clóvis Carvalho, no próprio Banco Central, a reunião começava após uma frenética troca de telefonemas perplexos entre seus participantes. Perplexos e inconclusos. No auge da crise, a equipe continuava batendo cabeça, sem uma definição clara do caminho a seguir.

Com todo o estado-maior reunido, Serra e Malan frente a frente, Clóvis transmitiu, da cabeceira, a diretriz curta e grossa de Fernando Henrique: aquela bagunça devia acabar imediatamente. O presidente não queria nem mais um minuto de controvérsias e conjecturas acadêmicas. Cada participante tinha uma ponderação a fazer, mas Gustavo, que estava no olho do furacão, não tinha mais nervos para ponderar nada. Fechara-se anteriormente com sua equipe da área externa e chegara à reunião com um documento. Era uma lista de 18 pontos — não mais idéias ou conceitos, mas medidas executivas, instantâneas. Sua tese era de que o país tinha reservas e indicadores suficientemente bons para não se deixar acuar pelo mercado. Era uma questão de operação. Usou a frase que ouvira certa vez de Chico Lopes, numa discussão teórica que agora parecia resumir a realidade: "Estamos nos afogando numa poça d'água."

Distribuiu cópias da lista a todos os presentes e sugeriu, já que não tinham uma pauta, que passassem a discutir cada ponto proposto. Fisgado em seu espírito prático, Clóvis comprou o peixe e iniciou os trabalhos em torno do tal documento. Era um saco de maldades, recheado de medidas de impacto extremo. Diante daquilo, o Departamento da Porrada de Milton Dallari era uma legião da boa vontade. O diretor da área externa tinha sido claro com seus auxiliares, quando os reuniu para prepararem as medidas:

— Todo mundo viu a indecisão do Banco Central. Estamos ferrados. A nossa única saída é dar uma porrada no mercado pra ele nunca mais se esquecer, e nunca mais se meter a besta com a gente.

O petardo central viria da taxa de juros. A lógica era simples: os reais captados pelos especuladores para a compra dos dólares tinham que custar mais do que os dólares iam render. Por isso, entre os pontos propostos, estava um aumento cavalar da taxa básica de juros para 65% ao ano. Gustavo defendeu a medida explicando que poderiam reduzir os juros logo depois, mas que naquele momento nada que fosse parcimonioso funcionaria. Havia um mal-estar na sala, pela evidência de que o debate em torno de cada um dos 18 pontos tinha algo de teatral. Nas entrelinhas, Gustavo estava dizendo que não acreditava mais em política monetária e cambial feita a oito mãos. Agora estavam todos no sufoco e ele montara seu próprio plano. Estava oferecendo uma saída, desde que pudesse operá-lo como bem entendesse. Do contrário, iria embora para casa.

Elevação dos juros, redução drástica do limite máximo de posição comprada (em dólares), aumento de taxação das operações, alterações de prazos — as medidas iam sendo aprovadas, uma a uma, embaladas por Clóvis e seu argumento recorrente: quem tivesse outro plano, que pusesse na mesa. Persio evitou a polêmica, Serra recolheu-se. Malan, com o pescoço na reta da lâmina do mercado, permanecia discreto. Aprovava tudo com os olhos. Quando a reunião ameaçava emperrar em torno de algum dos pontos, o ministro da Fazenda dava-lhe o empurrãozinho decisivo, levantando o dedo indicador e murmurando um "apóio totalmente".

No dia seguinte, sexta-feira, às 7:30 da manhã, Gustavo Franco estava sentado na mesa de câmbio do Banco Central, em linha direta com Eduardo Nakao, no Rio. Chefe do Departamento de Mercado Aberto, Nakao explicou que ainda precisava do sinal verde de Alkimar Moura, o diretor de Política Monetária, a quem ele se reportava. Gustavo estranhou aquela pendência e foi checar com o presidente do BC. Persio Arida então confirmou que ainda estava fazendo as últimas consultas antes de autorizar a execução das novas medidas. O diretor da área externa foi pego de surpresa:

— Persio, a gente decidiu tudo ontem! Não tem como não fazer!

O presidente do BC disse a Gustavo que ficasse tranqüilo, que logo ligaria para ele com a decisão final. Persio não almejara aquele cargo, nem a presidência do BNDES, nem qualquer posto no governo. Não estava valorizando sua autoridade. Estava já, inclusive, pensando em sua saída do governo — que se consumaria não muito tempo depois. Mas era um homem reflexivo e sabia-se diante de uma situação perigosa, com conseqüências inevitavelmente graves. Queria pesar o custo-benefício de cada medida até o último momento, dividindo suas preocupações com Fernando Henrique, para chegar à decisão menos danosa e mais responsável possível.

O problema era que, 18 andares abaixo dele, havia uma tropa de sessenta operadores de pé, com uma mão no telefone, outra pronta para apertar um botão, e uma faca entre os dentes. Gustavo tinha incendiado sua equipe. O Banco Central estava pronto para a guerra.

O diretor descera da sala de Persio no 21º andar às 7:50. Às 8:05 ligou para lá, perguntando pelo sinal verde, com todos os olhares da tropa estática e silenciosa filmando cada gesto seu. Às 8:15 Persio telefonou: tudo bem, podiam botar o plano na rua.

Gustavo repassou o sinal de imediato para Nakao e Joubert. O silêncio no terceiro andar do BC transformou-se em gritaria. O diretor da área externa fizera questão de não realizar coletiva de imprensa nem qualquer outra forma de divulgação do plano. Queria obrigar o mercado a guerrear no escuro, sem saber de onde vinha cada golpe. E os golpes começaram a ser desferidos, não em bloco, nem mesmo em pares. A estratégia era soltar cada medida de uma vez, esperando o mercado absorvê-la e colocar novamente a cabeça de fora, para levar a pancada seguinte.

No início, os investidores continuaram comprando dólares. O Banco Central haveria de cansar em algum momento, a cotação voltaria a disparar e o governo teria de se render — proporcionando lucros ainda maiores aos apostadores. Mas lá pelo sexto tiro de canhão, o mercado finalmente compreendeu o que se passava. Aquilo não era mais um punhado de aspirinas do BC. Tratava-se de um pacote econômico, autêntico, dos mais pesados, preparado na surdina e sem mecanismo de recuo. Estava claro que dessa vez o governo iria às últimas conseqüências, ao último centavo, ao último soldado.

No final da manhã daquele 10 de março, o mercado jogou a toalha. O câmbio derreteu, a bolsa de valores decolou, o dólar desabou no chão. No final da tarde, ouviu-se o último estampido do dia — um estouro de champanhe na mesa de operações do Banco Central. A gritaria agora era de comemoração pela notícia que já batera em Wall Street: o Brasil vencera a primeira guerra contra a sua moeda.

* * *

A crise do México estourara em dezembro de 94, jogando o país na lona e obrigando-o a fazer a maxidesvalorização do peso. Desde então, o Brasil era a bola da vez. Mas a vitória do governo brasileiro contra o ataque especulativo de março zombara dos relatórios de conjuntura. Um ano depois de ganhar uma queda-de-braço com o FMI, a mesma equipe de Fernando Henrique, ao dar um sonoro tombo no mercado, começava a não ser mais surpresa para a comunidade financeira internacional. Os homens do presidente passariam a ser chamados de equipe econômica — forma encontrada no governo para denominar o núcleo que ficara com o poder, após o confronto interno. Ficara com o poder e com suas primeiras feridas profundas.

O grupo liderado por Pedro Malan atropelara os defensores da maxidesvalorização do real, mas isso não lhes sairia de graça. A posição dos vencidos voltaria a fustigá-los em nova bateria de ataques, não mais na arena do mercado. As críticas de José Serra à política monetária e cambial reapareceriam em vozes diversas, vindas do front acadêmico, político e industrial, especialmente da sociedade paulista. Logo estaria montado o circuito da fritura de Malan: um economista respeitável da USP, FGV ou Unicamp, como Luiz Gonzaga Belluzzo, por exemplo, levantava algum efeito colateral deletério dos juros altos e do câmbio valorizado; um político influente, como o ex-ministro Delfim Netto, torpedeava na mesma direção, com munição mais pesada; a polêmica se espalhava pela semana e se consolidava num editorial de domingo, em geral do *Estado de S. Paulo* ou da *Folha*, apontando os perigos da gestão do ministro da Fazenda. O óleo estava fervendo.

"O ministro da Fazenda, Pedro Malan, quer nos próximos meses uma segunda rodada de discussões para a desindexação. (...) A manipulação de tarifas, recolhimentos compulsórios, impostos sobre operações financeiras, taxas de juros e complexas engenharias cambiais fazem muito barulho, mas quase nada esclarecem do ponto de vista das diretrizes fundamentais", criticava a *Folha* no editorial "Façam o que eu digo", de 17 de abril de 95, completando: "O apelo à eliminação da cultura inflacionária, nesse ambiente que o próprio governo foi incapaz de transformar por meio de atos, soa patético."

Durante todo o ano de 95, quem se encarregou de jogar água na fervura foi o presidente da República, pessoalmente. Sem dar uma palavra. Nesses momentos em que o fogo da frigideira subia, invariavelmente Fernando Henrique recebia pelo menos dois ou três interlocutores, políticos ou não, que vinham tomar-lhe o pulso sobre "o caso Pedro Malan". Deixavam o tema para o fim da conversa e então jogavam a isca da "situação delicada" do ministro. O presidente simplesmente não respondia. Ou respondia sobre um assunto completamente diferente, matando o visitante de constrangimento.

A demissão de Malan ia bem, até chegar à caneta que deveria assiná-la. As notas de jornal sobre o descontentamento de Fernando Henrique com seu ministro da Fazenda começariam a rarear — por falta de quem acreditasse nelas. Mas o fogo cruzado em torno da política econômica continuaria intenso. Com o sucesso do real, a disputa de poder no Brasil parecia ter caído numa bula de remédio: em lugar das grandes bandeiras ideológicas, discutiam-se as doses da taxa Selic, da alíquota de importação, da banda cambial, do superávit fiscal, primário ou nominal, entre outras substâncias que o eleitor só saberia pedir com a receita na mão. O próprio presidente às vezes deixava a bula de lado para ser curto e grosso. A alguns interlocutores que vinham questionar a filosofia do Banco Central, ele resumia:

— O mercado tem medo do Gustavo Franco. Essa é a filosofia.

Evidentemente havia a política monetária e cambial, que era uma entre muitas receitas possíveis. Mas desde a engenharia da URV, a força da equipe econômica parecia estar na operação. A nova moeda vingara por causa do plano que a sustentava. Mas também, e talvez principalmente, porque este plano fora operado com senso prático e alta eletricidade.

Especialistas discutiam se o real deveria ou não estar ancorado na taxa de câmbio. Novamente, a resposta estava fora da bula. O desafio maior parecia ser o de cravar a âncora — alguma âncora — com firmeza suficiente para resistir à tormenta da troca de moeda. Era o que vinha sendo feito desde a batalha no front do orçamento, passando pelo front jurídico na reforma monetária, chegando ao front financeiro na batalha com o mercado. Já não se tratava tanto de formular, mas de governar. Era uma etapa do trabalho menos visível, mais entranhada, e o debate público não entraria, obviamente, no mérito de como a âncora fora cravada. Sua pauta era a formulação, as idéias, o desenvolvimentismo, o neoliberalismo.

Se o mercado tinha medo de Gustavo, a academia não tinha. E como ele (ao contrário de Malan e Fernando Henrique) nem sempre conseguia fingir que não ouvia, a rinha intelectual foi parar no meio da praça — com direito a editorial da *Folha de S. Paulo* recriminando o bate-boca.

Antes de o real completar dois anos, o diretor do BC escrevera um ensaio sobre abertura comercial como caminho para o crescimento econômico equilibrado. Como vinha de uma autoridade governamental, o texto foi recebido como uma diretriz da equipe econômica, e seguiu-se o rebuliço. O "despudor do atual ideário neoliberal" foi criticado com veemência no caderno Mais!, da *Folha*, pela professora da USP Leda Paulani: "No momento atual do capital mundializado, tripudiando sobre as fronteiras geográficas, geopolíticas e quantas mais se quiser mencionar, é natural o absoluto domínio do credo liberal, aqui travestido — e aí o ingrediente tipicamente brasileiro da história — em política social-democrata."

Gustavo respondeu duas semanas depois, no mesmo suplemento, em artigo no qual perguntava "por que a professora está tão zangada?": "A professora fala da 'atual etapa do sistema capitalista' com verdadeiro nojo, como se estivesse segurando um rato nas mãos", escreveu o diretor do Banco Central.

Em outro artigo, publicado na revista *Carta Capital*, o economista Luiz Gonzaga Belluzzo centrava fogo na financeirização da riqueza, decorrente do neoliberalismo: "O estoque de capital produtivo é excedente e este excesso aparece sob uma pletora de capital monetário, diante de perspectivas pouco animadoras de acrescentar o seu valor como capital em função." Gustavo retrucou na *Folha*: "Impossível saber o que são essas coisas, mas nada pode soar mais assustador: fetichismo, financeirização, capital em função, cruz credo. (...) A terminologia dos professores é verdadeiramente parnasiana, ou talvez simbolista. Oh, meu Deus, esses incríveis economistas da Unicamp recitando, arrebatadores, críticas ao Plano Real que soam como versos de Augusto dos Anjos."

O diretor do BC ressaltava "o efeito plástico soberbo" alcançado por seus críticos, e dedicava a eles a observação de Olavo

Bilac a propósito de jovens poetas: "Falam apenas sobre mundos degradados, de modo que a literatura se tornou uma enfermaria onde se acolhem os doentes e se observam as moléstias, uma orgia de pessimismos."

Logo em seguida, a *Folha de S. Paulo* publicava o editorial "Bater sem debater", em que criticava a troca de agressões em lugar da troca de propostas. "Gustavo Franco abriu fogo contra professores alinhados ao marxismo como se, substantivamente, inexistisse um autêntico debate conceitual sobre os riscos da atual política cambial. Ao ridicularizar o discurso marxista, o diretor do BC é brilhante e hilário, mas os temas cruciais continuam em aberto", atacou o jornal, acrescentando: "E se há um ponto em que, apesar das divergências ideológicas, partidárias e retóricas, concordam um Delfim Netto e uma Conceição Tavares, é na crítica aos riscos de desindustrialização ou crise cambial de uma política que valorizou o real."

Para Gustavo, "um Delfim Netto e uma Conceição Tavares" eram um convite apetitoso para uma tréplica. Na sua opinião, os dois economistas eram as duas faces, direita e esquerda, da mesma "coalizão inflacionária". Mas a *Folha* tinha razão, era hora de cuidar da vida real.

Na vida real, a tropa do bunker vivia uma experiência de celebridade. A moeda estável tinha sacudido o estado de espírito do país. Em sua última edição de 1994, a revista *Veja* trazia na capa apenas uma exclamação: "Eta, ano bom!". Referia-se ao tetra do Brasil na Copa dos Estados Unidos e à virada do país contra a inflação. No *Globo*, a jornalista Miriam Leitão publicava uma frase de Gustavo Franco no lançamento do plano econômico: "Este é o primeiro dia do resto de nossas vidas". O antropólogo Roberto DaMatta estava eufórico. Via o resgate de uma instituição nacional — o dinheiro — capaz de religar o pessoal e o público, a casa e a rua. Para ele, expressões populares como "dinheiro é merda" começariam a ficar para trás, e até o "dinheiro não traz felicidade" poderia perder ibope. Num encontro na casa do economista José Márcio Camargo, os autores do real receberiam de DaMatta uma carga de entusiasmo que raros outros acadêmicos manifestariam:

— Porra, esse plano é a redenção nacional!

Gustavo entrava num avião e cinco minutos depois estava cercado por gente querendo conversar, perguntar, sugerir. No trânsito, não podia mais soltar um palavrão ao levar uma fechada. Não era mais um economista que tinha um plano. O plano já não lhe pertencia, tornara-se uma entidade pública — à qual ele passara a pertencer. E entidades não xingam no trânsito. Garçons, porteiros e comissários de bordo cumprimentavam-no com um sorriso cúmplice, referindo-se ao real valendo mais que o dólar, como se o Brasil tivesse passado os Estados Unidos para trás. Tempos depois, alguns desses profissionais mais humildes o abordariam para informá-lo de que tinham conseguido comprar um videocassete ou uma geladeira. Com menos de 40 anos de idade, Gustavo Henrique sentia algo estranho no meio daquilo tudo.

Nem quando se transportou para 1888 e reviveu a transição republicana, nem quando viajou para 1923 e enfrentou o brontossauro alemão, muito menos quando montou sua resistência à resistência marxista da PUC, ou ainda quando subsidiou o suposto choque de capitalismo de Mário Covas — jamais, por mais alto que tivesse voado sua cabeça, sonhara estar no centro de uma transformação como a que o Brasil estava passando. De certa forma, aquilo era o seu Fim da História particular. Passara anos e anos de formação e profissão preparando-se para o desafio de controlar a inflação e recuperar a moeda nacional. Era o desafio de uma vida inteira sendo vencido aos 38 anos de idade. O que fazer depois? Estava cedo para ir embora para casa. Mas, e agora? Que grande idéia perseguir? Entre extasiado e esvaziado, Gustavo vivia uma espécie de depressão pós-parto.

Mas Brasília logo lhe daria sinais de que, se quisesse cair em depressão, havia outros motivos bem mais fortes. Nos primeiros meses de vida do real, alguns dos ataques mais fortes à valorização da moeda vinham da Fiesp (Federação das Indústrias do Estado de São Paulo), por conta das perdas que isso causava aos exportadores. Eles tinham tido um direito comercial cassado pelo plano, pressionava a entidade. O tiroteio se intensificaria com empresários denunciando a política cambial irresponsável. Gustavo diria que a Fiesp era "um monumento vivo ao custo Brasil", com sua negra torre de mármore construída com dinheiro dos impostos que incidem sobre o emprego. Os industriais marcharam a Brasília e exigiram uma reunião com a equipe econômica.

A reunião foi marcada e o diretor de Assuntos Internacionais do Banco Central ficou na berlinda. Do outro lado da mesa estava boa parte do PIB nacional, na pele de Paulo Cunha, Eugênio Staub, Cláudio Bardella, Jacques Rabinovich, entre outros. Gustavo teve que se explicar. Argumentou que sua decisão essencial tinha sido deixar o câmbio flutuar, ou seja, não estava arbitrando valor nenhum à moeda:

— O câmbio não é uma tarifa pública. Está flutuando, portanto a cotação é um fato da vida.

Apesar das preliminares tensas, a reunião ocorria em clima cordial. Os empresários marcavam sua posição, os representantes do governo mostravam-se abertos às demandas, contra-argumentando civilizadamente. Chegaram a trocar idéias sobre um livro do economista americano Paul Krugman, que indicava o fortalecimento da moeda nacional como oportunidade para exportação de departamentos inteiros das empresas para outros países. Duelaram amistosamente e no fim do encontro, na fase dos cumprimentos, o empresário Cláudio Bardella, da indústria mecânica, colocou um papel dobrado no bolso do paletó do diretor do BC.

Desconcertado, Gustavo deixou para ler depois. Tratava-se de uma minuta para a alteração de uma regra de comércio exterior. Ampliava o prazo para o Adiantamento de Contrato de Câmbio — uma antecipação em reais do que o exportador venderia em dólares. Naquele momento, o diretor do Banco Central teve a sensação de que o governo era um entreposto da iniciativa privada. Numa conversa com a *Veja*, no dia seguinte, deu a pista do que estava acontecendo:

— Há empresários que nos jornais dizem cobras e lagartos. Quando vêm falar com a gente, curioso, falam fininho. Lá fora, saem-se com críticas macroeconômicas. Aqui, preferem colocar no seu bolso um papel com um pedido pessoal.

Era um escândalo, mas era só um aperitivo do que veria acontecer no lado oculto do poder.

* * *

Joubert veio avisar que estava indo embora do Banco Central. Gustavo tentou dissuadi-lo. Era um grande profissional, tinham vivido grandes jornadas em pouco mais de um ano de trabalho juntos. Ele substituíra A. no Departamento de Reservas Internacionais, após o desfecho infeliz do caso amoroso da funcionária. Mas o gigante estava irredutível. Enfrentava problemas particulares, estava endividado e precisava ganhar dinheiro — bem mais do que o BC lhe pagava. Ia para a iniciativa privada.

— Vai trabalhar onde? — quis saber o diretor.

— Na Interunion.

— O quê?! Não faça isso, pelo amor de Deus — apelou Gustavo.

— A oferta é irrecusável — encerrou Joubert.

O diretor então fez um alerta:

— Não sei o que isso vai significar pra você. Mas significa que nós vamos ficar sem nos falar por um bom tempo.

No dia seguinte, Gustavo reuniu todos os funcionários do BC diretamente ligados a ele e fez um comunicado geral:

— Pessoal, o Joubert foi trabalhar na Interunion, ok, todo mundo tá sabendo disso. Agora, é o seguinte: a partir de hoje, ninguém mais está autorizado a atender telefonema do Joubert. É nosso amigo, a gente gosta dele, mas fez uma opção. Espero que todos tenham entendido. No Banco Central, ninguém mais atende ligação do Joubert.

A corretora Interunion, do empresário Artur Falk, era protagonista de um caso grave em investigação pelo BC. Na contratação de Joubert, provavelmente havia a expectativa da abertura de um canal de *inside information*. E Gustavo não tinha qualquer motivo para confiar na corretora. Em seus primeiros meses como diretor, um de seus interlocutores mais importantes fora o doutor Alcindo Ferreira, chefe do Departamento de Câmbio. Era um dos funcionários mais experientes da instituição, verdadeira enciclopédia. Vida toda dedicada ao serviço público, de onde saíra por alcoolismo e retornara sem o vício, espirituoso, já vira de tudo daquela janela. No seu primeiro encontro com Gustavo, resumira o que entendia ser a sabedoria essencial daquela repartição:

— Diretor, o mais importante pra entender aqui é o seguinte: polícia é polícia, bandido é bandido.

— Alcindo, dá pra elaborar? Essa sabedoria tá muito bruta pra mim...

O velho funcionário riu do comentário e explicou melhor:

— Aqui o senhor vai ver que de vez em quando vão aparecer umas coisas esquisitas. Vai ver que são dois universos separados: se o senhor for polícia, jamais vai aparecer um bandido aqui pra oferecer um negócio. Jamais vão mexer contigo, jamais nada, é como se fosse outro mundo. Agora, o dia em que o senhor molhar o dedinho ali no negócio, o senhor não é mais polícia.

Doutor Alcindo seria o melhor gerente para uma política de tolerância zero com fraudes. E se animou quando o novo diretor lhe pediu uma lista com os principais indícios de irregularidades, para que pudessem correr atrás delas. Na cabeça da lista, aparecia uma operação suspeita com 650 contratos de câmbio para importação, do final dos anos 80. Era uma operação milionária, aparentemente de fachada, montada para comprar dólar no câmbio oficial e vender em seguida no paralelo — numa época em que o paralelo estava cerca de 150% acima do oficial. A investigação era complicada, por envolver um emaranhado de instituições, e o doutor Alcindo recomendou que requisitassem um procurador de Curitiba, especialista naquele tipo de transação.

No primeiro encontro com o procurador, Carlos Augusto Faias, Gustavo achou-o demasiadamente retraído. Alcindo então explicou-lhe que era, de fato, um sujeito um pouco estranho, mas genial. Bastava deixá-lo trabalhar. E que não se surpreendesse se o procurador fizesse algum comentário sobre mensagens recebidas de outro planeta. O diretor riu da irreverência de Alcindo e voltou a reunir-se com o circunspecto investigador. Após traçarem as linhas básicas de ação, falavam de amenidades quando Faias disse que seu hobby era estudar sobre discos voadores. Gustavo ainda tentava entender a metáfora quando o procurador lhe contou que se interessara pelo tema desde o dia em que uma nave extraterrestre o capturara no quintal de sua casa. E não estava brincando.

O diretor foi reclamar com o doutor Alcindo. Irreverência tinha limite. O procurador enviado a ele para destrinchar uma megaoperação de fraude cambial era um lunático. Alcindo reconheceu que a relação de trabalho com o procurador não era fácil, mas ficou firme. Disse que se Gustavo aprendesse a lidar com ele e lhe desse corda, não se arrependeria.

Faias foi a campo e fez um strike. Não levou muito tempo para descobrir a gênese da fraude: um pequeno grupo de empresas fantasmas, difíceis de serem descobertas por terem todos os documentos corretos, com exceção de um — a certidão de nascimento de seus fundadores. Eram pessoas físicas inventadas a partir de certidões falsas, mas com toda a papelada, do CPF em diante, absolutamente verdadeira. As empresas fantasmas então contratavam as importações que nunca aconteceriam, compravam o dólar na cotação oficial — principalmente nos bancos Econômico e Bamerindus — e consumavam a negociata vendendo imediatamente a moeda americana no *black*. As investigações conseguiram apontar a conivência de alguns altos funcionários dos bancos envolvidos e um dado eloqüente: dos 650 contratos fraudados, que somavam 1,5 bilhão de dólares, 630 tinham sido intermediados pela corretora Interunion.

A investigação do caçador de ETs permitiu a Gustavo Franco, além de encaminhar farto material para abertura de processos pelo Ministério Público, aplicar multas recordes na história do Banco Central — sendo 600 milhões de dólares só para a Interunion.

Durante a investigação, Artur Falk decidiu tirar a situação a limpo com Gustavo. O diretor do BC avisou que não o receberia. Mas na véspera de uma reunião marcada com o governador do Espírito Santo, José Inácio, um funcionário descobriu, numa checagem de estacionamento, que o governador viria acompanhado de Falk. Gustavo mandou avisar imediatamente a José Inácio que, se o dono da Interunion chegasse com ele, não receberia nenhum dos dois. O governador teve que dispensar o acompanhante. Mas ele não desistiria, e usaria trunfos mais fortes. Entre eles, o governador Tasso Jereissati, cacique do PSDB, muito influente com Fernando Henrique. Mas o pedido por telefone para que o diretor do BC recebesse Artur Falk bateria no mesmo muro:

— Governador, eu estou atuando como magistrado nesse processo. Mando fazer as diligências, abro os processos administrativos e vou decidir sobre as punições. Como é que eu vou receber um sujeito que é o principal investigado, pra fazer lobby a favor dele mesmo? Nem pensar.

A inflexibilidade com as pressões e a disposição para destampar escândalos e punir seus autores contagiou os funcionários do BC. O episódio da Interunion levou para o lado de Gustavo toda a chamada "ala xiita" do Departamento de Câmbio. Era gente com grande apetite "policial", que se entusiasmava com a perspectiva de receber munição e carta branca para agir contra fraudadores. Entre esses funcionários estava Maria José, considerada a líder dos xiitas, que diante do caso Falk bateu continência imediatamente para o novo diretor.

Maria José representava o Banco Central no comitê do programa de financiamento à exportação, Proex, e foi avisando ao chefe que, se quisessem briga, ali não ia faltar. O diretor lhe disse que sim, queriam briga, e ela então arranjou logo uma bem grande. Para a construção da usina hidrelétrica de Karun, no Irã, o governo brasileiro iria emprestar 400 milhões de dólares ao governo iraniano, que por sua vez contrataria a empreiteira brasileira Andrade Gutierrez. O Irã estava em moratória, o dinheiro jamais voltaria, e o único interesse brasileiro no negócio era, portanto, o da construtora. Maria José vetou a transação.

Pouco depois, o telefone do diretor da área externa do BC tocou. Era Fernando Henrique:

— Gustavo, quem é essa Maria José?

— Ela trabalha pra mim, e não deixa passar bobagens lá no comitê do Proex.

— Sei. É porque tá dando um problema lá com a bancada de Minas Gerais, o senador Ronan Tito tá furioso. Dá uma olhada com cuidado nesse assunto.

A bancada mineira tinha ido pedir a cabeça de Maria José a Fernando Henrique. Gustavo resolveu que na reunião seguinte do Proex iria junto com ela. Chegaram lá e o cenário estava pronto para o atropelamento da xiita do BC. O projeto da usina de Karun agora contava até com um parecer favorável do Banco do Brasil. Gustavo achou que era hora de não economizar clareza e objetividade:

— Alguém está pensando que isso aqui é jogo de Banco Imobiliário? Esse dinheiro tem dono. E esse projeto só passa sobre o meu cadáver!

No dia seguinte, novo telefonema de Fernando Henrique, este mais explícito:

— Gustavo, estive agora com o senador Ronan Tito. Ele está pedindo a sua cabeça.

— Ah, é o negócio da Andrade Gutierrez, né? — respondeu o diretor do BC, já reconhecendo o estilo do chefe. Fernando Henrique queria que ele desse uma atenção especial ao senador, para apagar aquele incêndio. Gustavo disse que faria uma visita sem problemas ao parlamentar mineiro. E levou Maria José.

Ronan Tito buscou um tom conciliatório:

— Doutor Gustavo, eu sou de Minas. O senhor compreende que preciso lutar pelos interesses do meu estado.

— Compreendo, senador. E eu tenho que lutar pelos interesses do meu país. Aliás, sou responsável pela defesa de um interesse difuso, que é o do contribuinte.

Tito já desistira do tom conciliatório:

— Mas você aprovou a operação da Odebrecht na Colômbia. Cadê o interesse do contribuinte?

— Aprovei porque é uma boa operação, senador. Com todas as garantias financeiras que a operação da Andrade Gutierrez no Irã não tem. O dinheiro que vai, tem que voltar.

O senador perdeu o último fio de paciência que lhe restava. Recuou a cadeira e passou a falar de pé, em tom ríspido, levemente exaltado:

— Eu não quero saber! O senhor aprovou a operação da Odebrecht! Eu vou levar isso a plenário. O senhor está favorecendo a Odebrecht! Agora isso vai ser investigado, vamos colocar tudo na mesa!

— Leve ao plenário, senador. É o seu dever. O meu dever é explicar por que uma operação prejudicial ao Brasil não deve ser aprovada.

Gustavo e Maria José saíram do gabinete do parlamentar quase enxotados. Fernando Henrique voltou a ligar no dia seguinte, mas dessa vez sem cabeças na guilhotina. Ronan Tito informara que havia a possibilidade de um banco japonês financiar o projeto, e perguntava se o Banco Central poderia receber emissários da Andrade Gutierrez para discutir a operação. O diretor do BC respondeu que se os japoneses queriam enterrar dinheiro no Irã, era problema deles, e que os representantes da empreiteira seriam recebidos tranqüilamente. Por Maria José.

Antes da reunião, o diretor passou na sala de sua combatente xiita:

— Vai lá, Maria José. Vê se essa operação tá direitinha mesmo. Se não estiver, estraçalha eles.

O valor de contar com uma pitbull da ética como Maria José ficaria mais evidente com a saída dela. Nenhum figurão conseguira puxar-lhe o tapete, mas ela acabou decidindo deixar o cargo, após várias missões cumpridas. Seu substituto também era um xiita, mas a serviço do inimigo.

Havia um negócio nebuloso entre Brasil e Angola, a partir de um calote aplicado pelo país africano contra o governo brasileiro. Montara-se então uma operação conjunta envolvendo embarque de petróleo, na qual a parte dos angolanos contava como abatimento da dívida, e a parte dos brasileiros era considerada serviço novo. Um arranjo muito interessante para as *tradings* que cuidavam da empreitada. O acordo estava perto do seu vencimento quando surgiu no Banco Central uma proposta para renová-lo. Tinha sido redigida em papel timbrado da empresa que dominava o negócio, e neste mesmo papel estava sendo apresentada por um funcionário do Banco Central, o substituto de Maria José. Foi imediatamente mandado para comissão de sindicância e afastado de suas funções.

Bandido era bandido. Mas nem sempre parecia ser. E poderia estar na mesa ao lado, sério e cooperativo, com o mesmo sorriso amistoso a cada fim de expediente, de mês, de ano. E se estivesse perto demais, poderia dinamitar junto a reputação do vizinho. Gustavo já não era um recém-chegado na diretoria do BC quando recebeu um telefonema esquisito de um executivo de um grande banco estrangeiro. Queria mandar um emissário seu encontrar-se com ele fora do Banco Central, no aeroporto de Brasília. O diretor aceitou e dirigiu-se ao ponto de encontro imaginando que tipo de papel tentariam pôr no seu bolso dessa vez. Mas não era o caso de matar alguma jogada corrupta no nascedouro. Ela já tinha nascido e estava em fase de crescimento.

— Olha, nós operamos ouro com o Banco Central há muitos anos — começou o representante do banco estrangeiro, parecendo constrangido. — Mas de uns tempos para cá, temos sido instruídos por vocês a pagar corretagens para uma determinada empresa...

— Negócio com o Banco Central não tem corretagem — cortou Gustavo.

— Pois é, mas estão mandando pagar. Para uma empresa no Uruguai. Estou te contando porque achei esquisito.

Esquisito era bondade do interlocutor. O diretor do BC pediu-lhe os dados das operações, agradeceu a informação e saiu correndo contra o relógio. Se havia um esquema de corrupção florescendo debaixo do seu nariz, ele próprio poderia, de uma hora para outra, virar suspeito. Cumpria descobrir o esquema antes do Ministério Público, da imprensa ou dos adversários. Determinou sindicância urgente e recomendou que a investigação começasse pela tal empresa uruguaia. Começou — e acabou nela. Em pouco mais de 48 horas a negociata estava descoberta.

Os proprietários da empresa uruguaia não falavam espanhol, nem estavam longe dali. Eram dois operadores de ouro da mesa do Banco Central, que já tinham faturado, na etapa inicial da fraude, 2 milhões de dólares líquidos. O diretor pediu instalação imediata da comissão de inquérito, de forma que pudesse divulgar o caso já com as providências tomadas para o afastamento e a punição dos delinqüentes. Desceu então para a sala de imprensa com a bomba, certo de que ela não poderia mais estourar em suas mãos. Cumprimentou os repórteres e disse que tinha um episódio grave para relatar.

Gustavo descreveu a fraude em detalhes. Não queria dar nem uma milimétrica margem para dúvidas. Sabia que em qualquer caso de corrupção no poder público, o governo ficava exposto como um todo. O Banco Central mandar pagar corretagem a uma empresa privada no Uruguai era escandaloso. Cabia mostrar que a instituição e ele próprio estavam do lado certo do escândalo — isto é, fora dele. Terminou a explicação inicial já ajeitando sobre a mesa os papéis que o auxiliariam nas respostas mais difíceis. Mas não houve respostas difíceis. Nem fáceis. Recostados em suas cadeiras, ar levemente entediado, os repórteres permaneceram em silêncio. Não tinham pergunta alguma a fazer. Após uma pequena pausa, um dos jornalistas quis saber:

— Mas, diretor, e o negócio do câmbio? Quando é que a banda vai alargar?

No dia seguinte, apenas um registro aqui, outro ali, e os jornais abandonariam o escândalo que atormentara Gustavo. A imprensa não achara a menor graça nele.

Em suas incursões pela face sombria do poder, chegaria o momento em que o próprio presidente Fernando Henrique o deixaria falando sozinho. Foi quando a fiscalização do Banco Central descobriu uma seqüência de operações milionárias com um papel emitido pelo Banco do Estado do Amapá. Era um certificado de depósitos de escrituras de terras, que iam sendo transacionados por valores cada vez mais altos. O BC iniciara uma investigação nas extensas propriedades rurais cobertas pelos certificados, e chegara a uma conclusão cristalina: as terras não existiam.

Numa reunião rotineira de diretoria, o diretor de fiscalização, Cláudio Mauch, apresentou o caso, mostrando as evidências de que as transações com os certificados também eram artificiais. Ou seja, as terras e os ganhos com a valorização fantasiosa dos títulos serviam de fachada para negócios ocultos. Gustavo pulou da cadeira. Estavam desde 1993 numa batalha árdua para fechar os ralos financeiros dos bancos estaduais. E ali estava o flagrante de uma fraude gigante, que talvez permitisse o fechamento sumário e definitivo daquele ralo amazônico.

— Mauch, isso aí é banco estadual fazendo lavagem de dinheiro?

— Não tenho a menor dúvida.

— Porra, então a gente pode liquidar essa merda. Vamos liquidar esse banco hoje!

Começaram imediatamente a tomar as providências legais para fechar o Banco do Amapá. Gustavo ligou para Fernando Henrique, para informá-lo de que estavam preparando a medida drástica, e que provavelmente enfrentariam reações políticas fortes. Mas o presidente não quis ouvir a história:

— Gustavo, vamos fazer o seguinte: quando for roubalheira, não precisa nem me avisar, tá? Entra direto com a faxina.

Durante o processo de liquidação, o diretor da área externa recebeu um telefonema do ex-presidente José Sarney, senador pelo Amapá. Tinha sido informado de que o banco do estado seria fechado do dia para a noite, e queria desfazer o mal-entendido. Gustavo respondeu-lhe que era aquilo mesmo o que estava acontecendo, e relatou em detalhes o golpe dos certificados de escrituras fantasmas:

— Presidente, o senhor tem ciência do que significa isso que estava se passando? Trata-se de crime de lavagem de dinheiro, cometido por um banco público. Sinto informá-lo de que o caso do Banco do Amapá é terminal. Não há mais nada a fazer.

Sarney desligou o telefone tendo que dar razão ao Banco Central. E o fez publicamente, para frustração de toda a bancada do estado, que se aglomerou no dia seguinte nos corredores do BC, mas já com a batalha perdida. A cruzada dos xiitas do Banco Central contra as bandalhas financeiras provocaria reações cada vez mais explosivas. Às vezes, de onde menos se esperava. Num jantar de domingo em sua casa, Gustavo achou que sua mãe chegara de mau humor. Ela confirmou a irritação e disse que era com ele.

— O que eu fiz dessa vez, mãe?
— Você sabe muito bem. Você mandou prender o Rafa.
— Eu?! Mas eu não mando prender ninguém, mãe. Quem sou eu. Que história é essa?

Rafa era o marido de uma prima de Gustavo. Tudo começara com um pedido de audiência urgente de uma deputada do PDT do Rio, Miriam Reid. Ela estava intermediando um negócio entre uma ONG internacional e a companhia de navegação Lloyd Brasileiro. Tratava-se de um empréstimo da ordem de 10 bilhões de dólares ao Lloyd, por vinte anos, sem juros, para a fabricação de novos navios. O Banco Central foi fazer averiguações sobre a ONG que oferecia a montanha de dinheiro e constatou que no endereço de sua sede, em Londres, existia apenas uma casa de família. A deputada insistiu, mas foi orientada a se afastar do caso. O BC enviou então um ofício ao Ministério Público, pedindo a investigação dos indícios claros de lavagem de dinheiro.

O jantar dominical na casa de Gustavo ocorria mais de um ano depois daquele episódio. O Ministério Público levara a apuração adiante e acabara pedindo a prisão preventiva do marido de sua prima. Rafa trabalhava na tal ONG internacional. Gustavo explicou a história para Maria Isabel, sua mãe, e àquela altura Rafa já havia inclusive sido liberado. Mas não salvou o jantar familiar. Desde que a Polícia Federal invadira a casa de sua prima, sua tia Inês estava sem falar com Maria Isabel. A última frase entre as duas fora um desabafo curto e abrangente da tia sobre Gustavo: "Maria Isabel, esse menino nunca prestou."

O catálogo de fraudes logo levaria a confrontos bem mais pesados que uma rusga familiar. As reações políticas à liquidação do Banco do Amapá seriam briga de comadres perto do que aconteceria com a intervenção no Banco Econômico. O eletrocardiograma do banco de Ângelo Calmon de Sá vinha dando ao Banco Central, desde o início de 1995, sinais de uma morte anunciada. Entrada cada vez maior no redesconto, perda de créditos, nível baixo de depósitos — a inflação controlada parecia ter cortado o oxigênio do Econômico.

Logo chegaria o momento em que o balanço da instituição retrataria sua falência, e o governo então decidiria colocá-la na UTI. O BC decretou o fechamento do banco, para tentar achar um jeito de salvar um milhão de correntistas. Mas, além dos obstáculos financeiros, havia ainda o fator ACM.

Embora fosse aliado do governo, o senador Antônio Carlos Magalhães transformou-se instantaneamente em inimigo número um. Afinal, tinham mexido com o Econômico, tinham mexido com Calmon de Sá, tinham mexido com a Bahia. ACM arregimentou a bancada baiana no Congresso e atravessou a Praça dos Três Poderes, seguido pelas câmeras de TV, em direção ao Palácio do Planalto. A reforçar sua cruzada, tinha a seu favor a grita dos artistas da Rede Globo — todos clientes do Econômico e, àquela altura, com o dinheiro bloqueado. O senador e sua tropa adentraram o gabinete do presidente Fernando Henrique, que tinha a seu lado o novo presidente do Banco Central, Gustavo Loyola, substituto de Persio Arida. Os baianos exigiam a reabertura do banco e uma saída que evitasse sua liquidação.

Um técnico de índole pacífica e pouco afeito a trombadas políticas, Loyola voltou ao BC extenuado. Avisou aos diretores que a pressão era grande, e teriam de buscar uma solução alternativa para o Econômico. Talvez um regime de administração temporária, em que o BC assume a gestão do banco e mantém seu funcionamento — até a superação do colapso. Mas a diretoria se revoltou. Puxados por Cláudio Mauch, acostumado aos conflitos na área de fiscalização, reagiram imediatamente à perspectiva da colher de chá a Calmon de Sá:

— Nem fudendo! — saltou Gustavo, fazendo coro a Mauch, que não queria sequer discutir plano B algum. Havia um pequeno restaurante meio obscuro próximo ao BC que servia galetos, e sempre que alguém ia embora do banco os colegas diziam que fulano "foi comer galeto". Mauch fez da expressão o grito de resistência:

— Se é assim, vamos todos juntos comer galeto. E fim de papo.

Talvez inspirados pela dramaticidade da marcha dos baianos, os diretores do Banco Central tiveram uma idéia que jamais passara pelos ares sisudos da instituição. Reuniram todos os chefes de departamento e decidiram evacuar o prédio. Todos os funcionários foram para a rua, deram as mãos uns aos outros até completar um círculo em torno da sede e promoveram um "abraço" ao Banco Central. Era a inesperada resposta teatral dos tecnocratas aos políticos. A guerrilha em torno do Econômico prosseguiria, mas não haveria colher de chá para o banqueiro baiano.

Nem Ângelo Calmon de Sá, nem José Eduardo Andrade Vieira, do Bamerindus, nem Marcos Magalhães Pinto, do Nacional, conseguiriam salvar seus bancos no novo cenário econômico brasileiro. Mas a engenharia encontrada pelo governo para salvar o dinheiro do milhão de correntistas do Econômico — e depois dos milhões de correntistas dos outros dois — incendiaria o debate político.

O programa de reestruturação do sistema financeiro, Proer, previa a punição dos controladores dos bancos falidos. Mas previa também empréstimos elevados do governo à parte sadia das instituições financeiras (divididas ao meio), para vendê-las a um novo controlador — e permitir que ele mantivesse as contas dos depositantes ativas e intactas. Nesse ponto, a oposição e os críticos elevaram o tom. Além das acusações de financeirização da economia, passaram a denunciar o Proer como uma negociata.

Gustavo já tinha sido chamado em público de louco, prepotente e neoliberal, mas nunca de ladrão. Agora chegara a hora. Em artigo publicado na imprensa, o economista Paulo Nogueira Batista Jr., da USP, afirmava que o Proer era uma fraude e funcionários do Banco Central eram sócios dessa fraude. O diretor da área externa achou que aquilo não era mais caso de bateu-levou ou polêmica pelos jornais. Era uma acusação grave, assunto para resolver na Justiça. Entrou então com uma interpelação judicial contra o economista. Ele seria convocado a dar os nomes dos sócios da fraude.

O senador Eduardo Suplicy, do PT, telefonou para Gustavo reclamando da medida:

— Você não deveria processar o Paulinho. Ele fez uma crítica, é parte da democracia, você devia se acostumar com isso.

O diretor do BC disse a Suplicy que não pretendia processar o economista, mas não ia retirar a interpelação. Achava que as críticas sobre omissões, erros técnicos ou decisões infelizes estavam no terreno do debate democrático. Acusação de roubo, entretanto, tinha de ser esclarecida na Justiça. Até para que o suposto criminoso fosse punido. Mas não seria o caso. Interpelado, o economista da USP declararia em juízo que não podia sustentar sua acusação.

Naquele mar de investigações, polêmicas e confrontos, começariam a surgir, porém, feridas mais fundas que as deixadas por senadores irados ou críticos violentos. Algumas, de tão inexplicáveis, evocavam a lenda da maldição do poder — aquela na qual ninguém deveria acreditar, mas todos deveriam saber que existe. Algum tempo depois de aplicar a multa recorde de 600 milhões de dólares na corretora Interunion, pela megafraude cambial rastreada pelo Banco Central, Gustavo receberia uma notificação do Tribunal de Contas da União sobre aquele processo. Em caráter pessoal. Estava sendo multado em 10 mil reais por obstrução de investigação.

A justificativa da multa era quase uma peça barroca sobre suposto descumprimento de determinado rito de comunicação entre o Banco Central e o Ministério Público. Na prática, era apenas uma punição insólita contra quem combatera a fraude. Parecendo querer confirmar o mito do Fausto, o poder começava a cobrar seu preço.

Cadê o inimigo?

O presidente mundial da British Petroleum estava estatelado no chão, diante do pânico do seu anfitrião brasileiro, David Zylbersztajn. Os olhos arregalados do irlandês graúdo e as pernas compridas para o ar dramatizavam a cena surrealista.

Socorro urgente, constrangimento cavalar, "*I'm sorry, sir*", copo d'água, "*I'm terribly sorry, sir*", lenço para remover a possível poeira no terno impecável, contrição, sinceras desculpas. Mas o superexecutivo multinacional não estava zangado. Expressava apenas um sorriso e um desejo: que as instituições do país em que ele pretendia investir fossem mais firmes do que aquela cadeira.

A conexão Vancouver-Ibiúna aterrissara com força em Brasília. A idéia de reformar o Estado, que um dia fora objeto das pacatas conversas campestres entre Fernando Henrique e seu genro, agora sacudia o Brasil. O modelo do Estado regulador, importado do Canadá para São Paulo por Zylbersztajn, encontrava-se com as teses de Pedro Malan sobre a interdependência dos mercados, com as críticas de Winston Fritsch e Gustavo Franco à busca da auto-suficiência nacional, com o conceito de integração competitiva propagado por Sérgio Besserman, João Maia e Luiz Paulo Veloso Lucas, com a "globalização do que há de bom" de Fernando Gabeira, com o princípio internacionalista de Fernando Henrique, com o apetite do capital estrangeiro pelos mercados emergentes. Pouco mais de 15 anos depois de fazer a abertura política, o Brasil consumava sua abertura econômica.

Entre 1995 e 1997, o país recebera mais da metade de todo o investimento estrangeiro direto desde Pedro Álvares Cabral. Tinham sido quase 5 bilhões de dólares em 95, quase 10 bilhões em 96, quase 20 bilhões em 97 — e a conta estava prestes a se multiplicar com a revolução dos sem-telefone. Depois da quebra do monopólio estatal das telecomunicações, e de uma série de medidas de liberalização comercial, chegava a hora, em agosto de 97, da lei que quebraria o monopólio do petróleo. Um dos grandes símbolos do nacionalismo brasileiro, o lema "O petróleo é nosso" passaria para a segunda pessoa do plural no discurso de Zylbersztajn: "O petróleo é vosso."

O secretário de Mário Covas, embora trabalhando na esfera estadual, atuara na formulação da lei — inclusive com a instituição de uma agência reguladora, sua obsessão desde os tempos da "revolução da xerox" no regime soviético e da busca da excelência no Estado. Durante esse processo, aproximara-se bastante do presidente da Câmara dos Deputados, Luís Eduardo Magalhães, um dos protagonistas das reformas econômicas da Constituição. As reuniões decisivas eram sempre no gabinete de Luís Eduardo. Ali, o ex-comunista David Zylbersztajn teria sua inesperada comunhão com o PFL. E viria de um ministro do partido, Raimundo Brito, das Minas e Energia, o convite para ser o primeiro presidente da Agência Nacional do Petróleo. Pelas vias sinuosas da política, David ia enfim trabalhar com o sogro presidente.

No filho de Antônio Carlos Magalhães e nos parlamentares do partido, David esperava encontrar resistência pesada ao projeto da agência reguladora de petróleo. Afinal, o PFL jamais deixara de ser governo, era dono de vários lotes na máquina administrativa, e a agência vinha abocanhar parte desse poder — esvaziando cargos de alto interesse político. O próprio ministro das Minas e Energia perderia poder. Mas o coronelismo arcaico do partido de ACM parecia ter uma inusitada face moderna, ou ao menos arejada.

Na primeira vez em que entrou no gabinete de Luís Eduardo para discutir o projeto da ANP, David estava preparado para entregar todos os anéis. Sabia que estava entrando no território do fisiologismo, da relação parasitária com o Estado. Se salvasse os dedos da sua reforma, estaria no lucro. Mas caiu do cavalo. Na primeira exposição que fez sobre o Estado regulador, indutor do investimento e da eficiência, fisgou o jovem presidente da Câmara. Luís Eduardo gostou do plano e comprou a briga. Por extensão, vieram também ACM e alguns dos deputados mais preparados da bancada, como José Carlos Aleluia. A partir daí, em pleno ninho do PFL, testemunharia o impensável: discussões de puro conceito, despoluídas de referências a cargos e partilhas de poder, com rigor quase acadêmico — e a vantagem de uma objetividade que a academia não tinha.

Antônio Carlos Magalhães atendia pessoalmente todos os telefonemas de David, ou retornava em não mais do que 15 minutos. Luís Eduardo, com Aleluia e Raimundo Brito, operavam para acelerar os trâmites legais e superar os entraves estatais — que quase impediram a montagem física da agência, contrariando a lei que acabara de criá-la. O partido de ACM seria decisivo não só para que a ANP saísse do papel, como para que tivesse garantida sua excelência técnica, com mais de trinta doutores e cinqüenta mestres em sua equipe. Sem aquela bancada baiana, a mesma da chantagem política em defesa do banco falido, a reforma do Estado teria empacado naquele ponto. O PFL tinha um pé nas capitanias hereditárias e outro no século XXI.

Titular do pelotão de futricas de Fernando Henrique, Luís Eduardo Magalhães era um político que dava nó em pingo d'água. Fazia a ponte quase impossível entre seu pai e o arquiinimigo Sérgio Motta, impedindo que os dois pólos de força do governo entrassem em curto. Era também o cimento da aliança entre ACM e o presidente da República, elo essencial de um projeto menos visível, mas tão importante quanto a estabilidade monetária: a estabilidade política. David e Luís Eduardo ficaram amigos. Iriam juntos ao enterro de Sérgio Motta, em 20 de abril de 98, e apareceriam juntos na última imagem pública do jovem deputado, que morreria no dia seguinte, de enfarte. A morte precoce de Luís Eduardo seria o primeiro ferimento grave do governo Fernando Henrique.

A aproximação com o PFL e a ida para o governo federal teriam um custo particular para Zylbersztajn. Mário Covas jamais assimilaria o gesto. E não esconderia isso, porque não sabia disfarçar emoções.

Tudo o que Fernando Henrique tinha de cosmopolita e artificioso, Covas tinha de franqueza quase caipira. Detestava viajar para o exterior, e não escondia isso. Que o convidassem para assistir a um jogo do Santos no interior, comendo pastel e jabuticaba, mas não viessem com salamaleques diplomáticos em Paris.

Quando estavam tentando levar uma fábrica da Renault para São Paulo, David conseguiu uma audiência para Covas com o presidente da montadora na capital francesa. Seria o primeiro café-da-manhã oferecido pelo executivo a um estrangeiro, e ele adiaria uma viagem para receber o governador de São Paulo. David ligou da Europa para Covas com a boa notícia. O governador apenas grunhiu que detestava a idéia. No dia da reunião, o secretário não saberia onde se esconder do vexame. Mário Covas simplesmente não apareceu em Paris.

A despedida de Zylbersztajn do governo paulista seria tensa. Em seu estilo de frases prontas e contundentes, o governador tucano trovejou:

— Quero que todos saibam que o seu nome não é uma indicação minha para o governo federal. Não te apóio, não tenho nada com isso.

— Então não conto mais com seu apoio, governador? — perguntou David, preocupado com a mágoa evidente de Covas.

— Você conta com o meu apoio para ficar aqui, trabalhando comigo. Eu não estou te mandando embora. Mas se a decisão está tomada, não há nada a fazer. Só não quero que digam que eu te indiquei, porque por mim você não sairia daqui jamais — encerrou o governador, levantando-se e dando um beijo no rosto de seu ex-secretário. Deixava claro que não estava sentido com a saída dele, mas com o fato de não ter sido consultado por seu novo chefe — no caso, o presidente da República.

A relação com Fernando Henrique era completamente diferente. Cheia de sutilezas e entrelinhas, permitia que os dois estivessem em lados opostos do tiroteio político e na mesa de pôquer não dessem uma palavra sobre assuntos governamentais. Certa vez, David estivera em conflito frontal com o secretário do Tesouro, Murilo Portugal. A Cesp estava em dívida com a União, e chegara o prazo final para o pagamento. A partir dali, o governo federal poderia bloquear a conta da empresa elétrica. O secretário de Covas ligou para o homem do cofre de seu sogro e avisou que ele não precisava bloquear a conta. A dívida vencia na segunda-feira, mas na quarta a Cesp teria os recursos para pagá-la. Murilo disse que estava tudo bem. Na segunda-feira, porém, a conta estava bloqueada. Fernando Henrique não só não interferiu no caso, como não resistiu à maldade na jogatina em Ibiúna: "David, tem notícias do Murilo Portugal?"

Evidentemente, quando o presidente mundial da British Petroleum desabou com a cadeira da ANP, o genro teve que agüentar os comentários do presidente. Logo depois de estar (e se esborrachar) com David, o *big boss* da multinacional seria recebido no palácio por Fernando Henrique. "Ele disse que o encontro com você foi interessante, mas um pouco doloroso", provocou o sogro.

Na época, a Agência do Petróleo ainda estava saindo do papel a fórceps, com a ajuda de Luís Eduardo. Ao aceitar o convite para presidir a ANP, Zylbersztajn descobrira que aquela presidência era, por assim dizer, um estado de espírito. Conseguiram então que o Banco do Brasil cedesse, com um fiapo de boa vontade, metade de um andar no Centro do Rio. Só não tinha móveis. O jeito foi buscar algumas mesas e cadeiras do depósito de inservíveis do próprio BB. Foi nesse acampamento mambembe que David recebeu o manda-chuva internacional do petróleo.

Também foi ali que ele começou a rascunhar o plano de abertura da exploração petrolífera para o mundo. Fora o tombo da cadeira, a British Petroleum se entusiasmara com o negócio proposto, assim como outros gigantes do setor. Começava a montagem do grande leilão que poria fim à era de "o petróleo é nosso". A abertura estava longe de ser consensual, e a experiência recente da privatização da Companhia Vale do Rio Doce, com pesada batalha ideológica, judicial e campal, fazia o governo se preparar para uma guerra.

David entrou no debate público defendendo a ótica do consumidor: mais competição significaria mais investimento, mais qualidade e melhores preços. Defendia inclusive que a Petrobras tivesse que vender parte de sua rede de refino e distribuição, para abrir espaço à concorrência. Foi metralhado, especialmente pelos sindicatos e partidos de esquerda. Com alguns deles ainda argumentou: refinarias e dutos eram um monte de ferro retorcido. O patrimônio que a Petrobras deveria preservar eram seus cérebros, que cada vez iam embora mais cedo para a iniciativa privada. Mas estava falando com as paredes. A Petrobras era mito. E mito não se discute.

O presidente da ANP estava acostumado com dogmas. Seus avós paternos eram comunistas ortodoxos, e preferiam ser presos a mover um milímetro de sua ideologia. Na época da ditadura Vargas, seu avô, Dawid Zylbersztajn com dáblio, passava todo Primeiro de Maio, religiosamente, na prisão. O governo o interrogava, pedia o compromisso de que no ano seguinte não faria protestos contra Getúlio no Dia do Trabalho, mas ele respondia que protestaria, sim. A polícia política então o soltava no dia 2 e voltava a apanhá-lo no dia 30 de abril, em casa mesmo, porque ele não admitia nem mesmo se esconder. A outra coisa que não admitia era que um homem mandasse outro homem se calar.

Foi o que aconteceu com seu neto em agosto de 1980, na PUC. David defendia sua tese de mestrado em engenharia quando a sala foi invadida por membros do diretório estudantil. Eles informavam que acabara de explodir uma bomba na sede carioca da OAB, matando a secretária Lyda Monteiro. O diretório determinava que todas as aulas fossem suspensas imediatamente na universidade. O orientador da tese manifestou solidariedade ao protesto, mas argumentou que se tratava de uma dissertação, algo mais difícil de interromper e retomar do que uma aula comum. Assim que terminassem, paralisariam as atividades. Um dos jovens militantes disse-lhe que não estava ali para ouvir argumentos alienados e avisou que todos deveriam deixar a sala imediatamente.

— Não vamos interromper — devolveu o professor.

— O que é isso, companheiro? — reagiu o militante.

— Isso é uma defesa de tese. Se você não está disponível para argumentações, você não vai entender o que é isso. Nesse caso, nossa conversa está encerrada.

Aos 25 anos, David percebeu nos garotos do diretório, um pouco mais novos que ele, a intolerância de quem não sabe bem o que está fazendo ali. Queriam ser sujeitos da história, e o grave atentado contra a OAB podia ser o seu momento. Mas uma mínima mudança na palavra de ordem ou no script revolucionário parecia esfacelar sua causa em segundos. David sabia bem o que era ser o homem errado no lugar errado. Já se flagrara nessa situação, rabugento, intolerante, denunciado a si mesmo por sua própria infelicidade.

Em 1977, logo após seu discurso incendiário contra o fechamento do Congresso Nacional, quando saíra escoltado da mesma PUC pelo Tristão de Athayde, sua vida daria uma guinada. Receberia um convite inesperado para trabalhar na Mesbla. Topou a experiência. Diante da imponência do prédio na rua do Passeio, e da empresa como um todo, sentiu seu primeiro real apetite de poder. Ainda estagiário, teve a intuição de que em alguns anos seria presidente da Mesbla. Seus primeiros resultados na área de planejamento foram excelentes, e no segundo mês já estava contratado. Ganhou a confiança dos chefes, abriu caminho para realizar seu sonho. Mas antes de completar seis meses no emprego teve uma sensação estranha.

De sua sala no último andar do prédio, ao ver uma regata atravessando sua vista deslumbrante para o mar, sentiu uma melancolia profunda. Numa espécie de contra-intuição, achou que seu plano de presidir a Mesbla era o sonho errado. Já estava ganhando bem, mas percebeu que andava cada vez mais fechado e irritadiço dentro daquele prédio. Decidiu sair em direção ao mar. Era 31 de janeiro, e ele costumava estar em Salvador todo dia 2 de fevereiro, na Festa de Iemanjá. Nessa época, sempre alugava um apartamento na capital baiana com Sérgio Besserman, seu irmão Bussunda e os amigos que viriam a formar o grupo Casseta e Planeta. Correu à sala do chefe e pediu demissão.

O chefe pediu-lhe um mês para arranjar um substituto. David respondeu que não ficaria nem mais um dia. Desceu até a Mesbla Tour, no mesmo prédio, e comprou sua passagem para Salvador. Quarenta e oito horas depois aterrissava na Festa de Iemanjá, dando um susto nos amigos e um novo rumo à sua vida.

Enquanto preparava o leilão do petróleo brasileiro, David notava em parte dos bombardeios contra si a intolerância dos que não souberam reciclar seus sonhos. Não por pensarem diferente dele, mas por não admitirem a troca de argumentos. A Associação dos Engenheiros da Petrobras, por exemplo, o acusava de planejar sigilosamente a privatização da empresa. Quando David marcava audiência para esclarecer que não existia esse plano, a entidade o agredia publicamente, inviabilizando o encontro. O corporativismo dogmático lembrou-lhe outra passagem profissional infeliz, no CNPq (Conselho Nacional de Desenvolvimento Científico e Tecnológico).

Trabalhou numa sala onde as pessoas cuidavam basicamente da sua sobrevivência no emprego. Seu vizinho de mesa, chamado Celso, terminava o expediente sempre invicto (sem ter realizado uma tarefa sequer) e com um comentário triunfante: estava um dia mais próximo da sua aposentadoria. Faltavam-lhe apenas mais dez anos de trabalho. David queria ser tudo na vida, menos um Celso.

Na ANP, a polêmica em torno da abertura do mercado de exploração de petróleo era apenas o lado mais visível do assunto. Como não podia deixar de ser, havia também o lado subterrâneo. Principalmente nos primeiros meses de funcionamento da agência, quando ela ficou sediada em Brasília, David recebia visitas enigmáticas de políticos. Muitos sequer marcavam audiência. Iam entrando, e pareciam criança olhando vitrine de loja para escolher o que pedir. O presidente da agência receberia vários pedidos indecorosos, entre eles o de uma dupla de deputados nordestinos representantes do chamado "baixo clero" — um dos quais chegaria, mais tarde, a ter bastante poder na Câmara.

A dupla vinha pedir que a ANP refrescasse a fiscalização sobre a distribuidora de combustíveis Petroforte, que vinha sendo acusada de adulterar gasolina. Os deputados queriam esclarecer que o dono da empresa, Ari Natalino, era um homem correto:

— Não acredite no que andam falando dele por aí. É tudo inveja — assegurou o mais falante da dupla.

Zylbersztajn fingiu considerar o pedido normal, despediu-se dos políticos e colocou a tal distribuidora no topo de sua lista de investigações. A Petroforte acabaria fechada pela ANP, não apenas por adulterar combustíveis, mas também por servir de fachada para uma rede nacional de falsificação de cigarros. Ari Natalino, o amigo dos deputados do baixo clero, seria preso como um dos maiores contrabandistas do Brasil.

O bando mais bem articulado, contudo, parecia ser o do álcool. Os usineiros controlavam dezenas de deputados federais, e jogavam pesado na caça aos favores governamentais. Como acadêmico, David sempre fora um defensor do álcool combustível. Em contato com a realidade, teve de mudar de idéia. Usineiros do Nordeste, especialmente de Pernambuco, baixavam em Brasília a toda hora. Com seus jatinhos e deputados a tiracolo, vinham reclamar que os canavieiros estavam morrendo de fome e precisavam de mais subsídios. David os apelidou de "cultivadores de miseráveis".

Debruçou-se sobre o programa de subsídios ao álcool e encontrou um dos mais respeitáveis ralos de dinheiro que já vira. Em apenas quatro anos, entre incentivos e dívidas perdoadas, o setor engolira o equivalente a 14 bilhões de dólares. Numa conversa campestre em Ibiúna, mostrou o dado a Fernando Henrique, e trocaram idéias sobre o descalabro. Àquela altura, qualquer colóquio entre sogro e genro poderia virar decisão de governo. E foi o que aconteceu.

Entraram de sola na política do setor, refizeram todas as contas e reduziram o subsídio anual de 1,6 bilhão de reais para 35 milhões de reais. Ninguém morreria de fome, não faltaria álcool, mas a gritaria seria forte. Um dos telefonemas recebidos por David seria o do vice-presidente da República, o pernambucano Marco Maciel.

— Não estou entendendo bem o que está acontecendo com o álcool. Você poderia me explicar? — solicitou o vice-presidente.

Zylbersztajn disse que explicaria com o maior prazer, e pediu paciência porque eram muitos números. Recitou todas as planilhas do setor, mostrando a Marco Maciel, em linhas gerais, que a comparação entre o total de recursos públicos repassado aos usineiros e a produção do setor era um disparate. Produtividade muitos graus abaixo de zero. Era só por isso que a política para o álcool tinha mudado. O vice-presidente agradeceu a gentileza e desligou o telefone. Jamais voltaria ao tema.

De volta à superfície, após um ano e meio de trabalho — agora já sobre cadeiras que não desabavam — chegara o dia de decidir se o petróleo era nosso ou vosso. O fim do monopólio estatal estaria em jogo no primeiro leilão da ANP, que abriria áreas de exploração à iniciativa privada. Dezenas de empresas de várias partes do mundo tinham se apresentado para concorrer. O governo se preparara para a batalha campal contra os defensores do monopólio.

O leilão se realizaria no hotel Sheraton, no Rio, e por segurança a agência alojou todos os concorrentes no próprio hotel. David também se hospedou no Sheraton na véspera do dia "D", 15 de junho de 99. Nenhum participante do leilão poderia estar sujeito a bloqueios de acesso ou manifestações violentas de rua.

Do lado de dentro, o show de tecnologia tinha dois computadores ligados a um telão, no centro do aparato preparado para radiografar instantaneamente cada proposta apresentada — valores, empresas envolvidas, área a ser explorada, grau de internacionalização do empreendimento etc. A GloboNews tinha uma unidade montada dentro do Sheraton para a transmissão do leilão ao vivo. Do lado de fora, a polícia patrulhava toda a avenida Niemeyer e ocupava as encostas do morro do Vidigal, vizinho ao hotel. No subsolo do Sheraton, um batalhão de choque estava pronto para entrar em ação a qualquer momento. Procuradores e advogados do governo estavam de prontidão em todas as varas federais do país. Na guerra de liminares, a ANP estava pronta para sacar primeiro.

Na manhã do grande dia, os organizadores do leilão notaram logo cedo que havia algo estranho acontecendo nas imediações do Sheraton. Mais precisamente, não acontecendo. A princípio, esperou-se por algum ataque-surpresa dos militantes pró-monopólio. Com o passar das horas, porém, tiveram que chegar à única conclusão possível: policiais de elite, patrulheiros, advogados, procuradores e pessoal de apoio poderiam ter ficado em casa. Os manifestantes não tinham ido ao leilão.

David, que esperava bombas de gás lacrimogêneo, barricadas, tentativas de invasão, vidros quebrados, feridos, foi até a entrada do hotel e deu de cara com o exército da oposição: dois funcionários da Petrobras com alguns panfletos nas mãos, exigindo respeito aos direitos trabalhistas dos petroleiros. Logo na partida do leilão, sem um mísero pedido de anulação no horizonte, a venda de concessões para 33 áreas de exploração renderia os primeiros 217 milhões de reais — pagos pelos estrangeiros e também pela Petrobras, às vezes associada a eles. O petróleo era nosso, e vosso.

Com o tempo, até mais nosso do que vosso. David conseguira dar vida ao seu modelo dos órgãos reguladores, tanto em São Paulo como no país, empurrando o Estado brasileiro para uma reforma irreversível. Mas perderia a batalha de jogar a Petrobras, para valer, no mundo da competição. Era um revés profissional, estava preparado para isso. Só não estava preparado para um outro tipo de revés, este no campo pessoal. Nem ele, nem seus companheiros de aventura no poder.

Pânico no topo do mundo

A reunião extraordinária do BIS (Bank of International Settlements), o Banco Central dos bancos centrais, fora convocada às pressas. Em torno da mesa redonda na sede da Basiléia, os donos do dinheiro do mundo estavam com os nervos à flor da pele. A pauta era a crise da Rússia, país que tinha acabado de ir à bancarrota, e ameaçava arruinar bolsas de valores por toda parte. Encolhido em sua cadeira, o Brasil era o cabra marcado para morrer. Mas logo compreenderia que o que estava acontecendo, naquele agosto de 1998, era algo bem mais grave do que mais um efeito dominó sobre economias emergentes.

— Como pudemos chegar a esse ponto? — bradou Alan Greenspan, presidente do Federal Reserve, o banco central dos Estados Unidos. — Eu avisei que o capital mínimo dos fundos de *hedge* estava baixo demais.

— É um desastre. Eu não entendo a gestão desses fundos, e olhem que sou antigo no ramo — atacou o megainvestidor George Soros, sem disfarçar sua cólera.

A "crise da Rússia", como ficaria conhecido o maior turbilhão financeiro do fim do século XX, era apenas um apelido providencial. Entre as quatro paredes do BIS, a identidade real da crise estava escancarada sobre a mesa: o colapso de um gigantesco fundo internacional de proteção financeira, o LTCM, que ameaçava arrastar para o buraco alguns dos maiores bancos do mundo — e a própria confiabilidade do sistema global de capitais. O capitalismo parecia também ter o seu Muro de Berlim, e ele estava balançando.

* * *

Depois de 40 anos de casamento, Maria Isabel sabia perfeitamente como derrotar Guilherme Arinos numa discussão. A arma era pesada, e ficava guardada para situações extremas. Mas quando era sacada, bastava o tiro único e certeiro: chamar Getúlio Vargas de ditador. Arinos perdia a razão e tinha sua capacidade de argumentação dizimada. A reputação de Getúlio era talvez o seu valor mais sagrado. Capaz até de opô-lo ao seu único filho.

Em condições normais de temperatura e pressão, a ideologia de Arinos era Gustavo Futebol Clube. Com o filho no governo, teria de lidar com um ou outro conflito mais delicado — e mesmo no mais delicado deles não teve dúvidas sobre o seu partido. Depois da morte de Vargas, Guilherme Arinos fora um dos homens-chave na implantação da Volkswagen no Brasil. Em meados dos anos 70, pegou seu pé-de-meia e fundou a corretora Garantia, com dois amigos e mais dois garotos que despontavam no mercado financeiro. Um deles, Jorge Paulo Lehman, seria seu sócio por muitos anos e controlador principal do futuro Banco Garantia — que atravessaria o caminho de Gustavo.

No primeiro mês de vigência do real, uma polêmica tomara conta dos índices de preços. Parte do mercado achava que, na conversão para a nova moeda, os preços tinham que embutir a inflação do mês anterior: como acontecia desde o início da URV, seria calculada a desvalorização em cruzeiros reais (a moeda velha) para se fazer a correção. Mas a regra do plano era outra. Na conversão para o real, em julho, a inflação medida em cruzeiros reais não valia mais como referência. Os índices agora deveriam refletir apenas a inflação em URV — que era mínima —, para não contaminar a nova moeda. A gritaria veio de vários setores, especialmente de bancos que estavam repletos de títulos públicos atrelados aos índices de preços — e deixariam de ganhar alguns bilhões de reais.

O principal deles era o Garantia, que tinha em mãos grande quantidade de títulos do Tesouro indexados ao IGP-M. O banco de Jorge Paulo entrou na Justiça contra o Banco Central, exigindo que o valor a que achava que tinha direito fosse depositado em conta, enquanto não houvesse uma decisão definitiva sobre os índices. Para o BC, o passo seguinte do Garantia seria tentar sacar a quantia mediante fiança de outro banco, e aí o ônus de correr atrás do dinheiro passaria para o governo. A Justiça concedeu a liminar, determinando que um delegado do BC em São Paulo fizesse o depósito exigido. A missão de duelar com o mercado, para variar, caiu nas mãos de Gustavo. Sua primeira providência não foi muito sutil: deu sumiço no delegado.

O funcionário passaria três meses escondido da Justiça para não receber a intimação. Enquanto isso, a guerra prosseguia, e o diretor do BC não economizaria dedo no olho e golpe abaixo da cintura. O Banco Central tinha uma seleção de agentes financeiros que atuavam como seus *dealers*, operando a compra e venda de câmbio e de títulos no mercado. Era uma posição altamente vantajosa, e havia muito tempo o Garantia era um dos *dealers*. Mas agora, da noite para o dia, deixaria de ser. Com uma canetada de Gustavo. Jorge Paulo telefonou furioso, acusando-o de discriminação. O filho de Arinos procurou manter a frieza:

— Como, discriminação? O Banco Central escolhe seus *dealers* por critério de confiança. Você é meu *dealer* porque eu confio em você. Mas agora você está me processando, não é? Então eu perdi a confiança em você.

A destituição do Garantia pegou o mercado e o próprio BC no contrapé. Ninguém esperava aquela medida de Gustavo contra o banco que seu pai ajudara a fundar, e do qual ainda era acionista, embora já afastado do controle. Jorge Paulo Lehman telefonou para Guilherme Arinos. A situação era grave, ele tinha que interceder na atitude imprópria do filho. Mas o que Arinos devolveu ao sócio foi uma espécie de consolo:

— Eu entendo, Jorge Paulo. Mas não tem jeito, não. Esse menino é teimoso mesmo.

O Banco Central acabou conseguindo um *habeas corpus* para que seu delegado pudesse desobedecer a liminar, e tirou-o do esconderijo. Após longa batalha de pareceres técnicos, artigos de jornal e declarações pouco amistosas, o juiz federal André Custódio Nekatschalow decidiu pela "Inexistência de ofensa ao Direito Adquirido e ao Ato Jurídico Perfeito" no artigo 38 da lei do real (8.880/94). Ou seja, a correção prevista pelo governo estava legitimada, e a nova moeda estava livre de herdar uma inflação de 40% da moeda velha. Gustavo não estava livre da maledicência espalhada pelo pessoal do Garantia, mas Arinos estava livre de qualquer constrangimento pelo conflito profissional/familiar: seu partido era Gustavo F.C., e fim de papo.

A não ser que pusessem Getúlio Vargas no meio. E Fernando Henrique ousou botar. No embalo da agenda avassaladora de reformas do Estado com que abrira seu governo, o presidente declarara que o Brasil estava assistindo ao fim da Era Vargas. Aquilo foi demais para Guilherme Arinos. Dessa vez, passou por cima do filho — que por sinal só nascera por causa do suicídio de Getúlio — e investiu contra o governo que ele representava.

Esperou a primeira solenidade presidencial no Rio de Janeiro, apresentou-se a Fernando Henrique e passou-lhe uma descompostura ao vivo.

Disse-lhe que ele não sabia o que estava dizendo ao pretender sepultar um legado que era para sempre. O presidente engoliu em seco e pediu-lhe que não o tomasse tão ao pé da letra. Depois, sarcástico, devolveu a saia justa a Gustavo:

— Que história é essa de o seu pai vir me patrulhar? De que lado você está, afinal?

Mas se ninguém pisasse no calo do pai dos pobres, Arinos era um homem afável, que gostava de gente e colecionara amigos pela vida afora. No BNDES, na indústria, no mercado, no Rotary Club, na Casa do Pequeno Jornaleiro, no Jockey, no Botafogo. Entre seus amigos estavam craques que incentivou desde as categorias de base do clube, como Jairzinho e Paulo César — que viriam a brilhar no fim dos anos 60, quando Arinos era vice-presidente do alvinegro. Só havia uma pessoa que não precisava falar mal de Getúlio para tê-lo como inimigo: o padre Almeida, responsável pela expulsão de Gustavo do São Vicente. E em agosto de 97, o vigário receberia a mais orgulhosa das cartas com que Arinos fazia questão de mantê-lo a par da trajetória do aluno que ele descartara.

> Prezado Senhor,
> Venho por meio desta informá-lo de que o novo presidente do Banco Central do Brasil é Gustavo Henrique Barroso Franco, ex-aluno do Colégio São Vicente de Paulo, do qual o Senhor provavelmente se recorda.
> Atenciosamente,
> Guilherme Arinos Limaverde Barroso Franco

Dois anos antes, quando Gustavo Loyola fora convidado para a presidência do BC, telefonara a Gustavo Franco antes de aceitar o convite:

— Xará, essa eu não entendi. O nome da vez era o seu! Bom, queria te dizer que só aceito se você ficar comigo.

O xará, cujo nome fora vetado por José Serra, permaneceu e comprou as brigas de Loyola. A primeira e mais sangrenta seria a do Banco Econômico, com o preço político alto de qualquer colisão frontal com Antônio Carlos Magalhães. Técnico gabaritado, Gustavo Loyola tinha montado com Cláudio Mauch o Proer, que evitara o desmoronamento do sistema bancário — mas que ficaria com o estigma de socorro privilegiado ao setor financeiro. Loyola não era de briga, mas teria de enfrentar um combate duplo e antagônico: o da opinião pública, que o acusava de favorecer banqueiros falidos, e o dos banqueiros falidos, que o acusavam de prejudicá-los.

Não foram momentos suaves. Numa reunião com a federação dos bancos, Febraban, discutiam o que fazer com Ângelo Calmon de Sá, como se o cadáver do banqueiro baiano estivesse sobre a mesa — ameaçando levar com ele um milhão de correntistas para debaixo da terra. Do outro lado da mesa, um abatido Marcos Magalhães Pinto ruminava o segredo que só a cúpula do BC conhecia: ele era o próximo cadáver, pendurado em 7 bilhões de reais em créditos podres do Banco Nacional. E ainda haveria José Eduardo Andrade Vieira, exumado vivo e aos solavancos, inconformado com a perda do seu Bamerindus — depois de ter sido um dos grandes financiadores da campanha de Fernando Henrique. Era chumbo grosso demais para um acadêmico, e Loyola jogou a toalha.

Gustavo Franco assumiu a presidência do Banco Central disposto a ser menos polêmico. De cara, porém, deixou entrever seu estilo, avisando que banqueiro irresponsável tinha de ir para a cadeia. Para não perder o hábito, um rabo-de-arraia em Delfim Netto e em sua militância pela maxidesvalorização do real. No *Jornal do Brasil*, o cáustico Tutty Vasques escrevia que enfim alguém falava grosso na presidência do BC: "Está provado: nem todo Gustavo é Loyola."

Pouco mais de dois meses antes, o Brasil incendiara Wall Street lançando seu título de trinta anos e tornando-se um dos três países do mundo a receber mais investimento estrangeiro. Apesar da controvérsia, a política econômica encarnada por Gustavo Franco e Malan chegava, naquele mês de agosto, a uma inflação de 0,09% (IGP-M) — inflação de Primeiro Mundo, assinalavam os comentaristas. Dessa vez, não havia como vetar o xará.

A sabatina do novo presidente do BC no Senado correu normalmente, até a intervenção de Eduardo Suplicy. Na véspera, Gustavo tinha circulado pelos gabinetes dos senadores, cumprindo o tradicional beija-mão, e na saída passara por um constrangimento. Como seu carro demorava a chegar e o assédio da imprensa era grande, ele resolvera caminhar até o estacionamento do Congresso. No percurso, um menino de rua aproximou-se e pediu-lhe um trocado, com a mão estendida. Era a foto de primeira página dos principais jornais no dia seguinte. Perguntando-lhe por que não dera o trocado ao garoto, Suplicy quis saber se aquele era o padrão de sensibilidade social que o Banco Central deveria ter num país de pobres e famintos. Gustavo respondeu que sim, aquele era o padrão:

— Senador, a inflação é um imposto pago pelos pobres, que não têm como fugir dele. Eu não dou esmola. O que eu dou ao pobre é uma moeda que preste. Esse é o meu trabalho, e é isso o que vou continuar fazendo.

Nos meses seguintes, continuar fazendo aquilo daria o triplo do trabalho. Estourava naquele momento a crise dos tigres asiáticos, com uma fuga de capitais sem precedentes destroçando as bolsas da Tailândia e da Malásia — e arrastando todo o próspero Sudeste do continente. Era o primeiro grande despertar para a riqueza ilusória criada pela movimentação frenética dos capitais. O mundo descobria que boa parte da potência dos tigres era apenas uma bolha. A crise geral de confiança faria o dinheiro sumir do mapa, debandando para o porto seguro do dólar. E moedas como o real ficariam como casca de noz em maremoto.

Gustavo nem esquentara a nova cadeira ainda, e já tinha que colocar a faca entre os dentes para uma batalha de vida ou morte. A essa altura, já era bem conhecido no cenário internacional. Mas após fazer a travessia da crise asiática e aparecer do outro lado com a embarcação brasileira intacta, chegaria ao topo. A revista inglesa *Euromoney*, referência internacional em finanças, o elegeria o "Central Banker of the Year" (o presidente de banco central do ano), assinalando que suas políticas estavam "sendo estudadas ao redor do mundo". "Gustavo Franco é frio na crise e não tem medo de usar todo o peso dos seus poderes. Nem se importa de fazer inimigos", escreveu a revista.

Mas fazer amigos, ou pelo menos bons aliados, importava. E ele tinha de compartilhar os louros com uma grande aliada, com quem combatera lado a lado na crise da Ásia. Maria do Socorro Costa Carvalho substituíra Joubert na chefia do departamento de operação das reservas, por indicação do próprio Joubert: "É um furacão", resumiu o gigante.

Em pouco tempo, ela se tornaria uma espécie de adestradora do mercado de câmbio, operando um sistema inovador que impedia o sobe-e-desce desvairado das cotações. Era o leilão de *spread*, pelo qual o Banco Central levantava no mercado todos os preços de compra e venda de dólar, sem dizer se ia comprar ou vender. Ao longo do dia, se havia cotações extremadas para cima ou para baixo, o BC comprava e vendia na contramão delas, e forçava o mercado a um consenso. Era um antídoto contra as turbulências, que seria reforçado por um outro truque na hora do sufoco asiático.

Gustavo e Maria do Socorro tinham notado que o próximo ataque viria do futuro. O mercado de câmbio à vista estava estabilizado, com todas as baterias antiaéreas funcionando bem. Mas começava a haver uma pressão nos contratos de câmbio de longo prazo — que não envolviam a troca física de dólares, mas influenciavam a cotação do dólar. Ou seja: uma especulação com papéis de vencimento futuro poderia inflamar a cotação no presente. E era isso o que estava acontecendo no início de 1997, quando Gustavo e Maria do Socorro montaram seu plano confidencial. Através de um agente financeiro incógnito, o Banco Central passaria a operar secretamente na Bolsa de Mercadorias e Futuros.

O cálculo estava perfeito. Quando os primeiros ventos da Ásia anunciaram a crise, a especulação com o dólar no mercado futuro explodiu. Os investidores entraram firme no jogo da profecia auto-realizável: aposta forte no dólar futuro, para puxar a cotação para cima e ganhar lá na frente. Mas a cotação da moeda americana começou a cismar de não subir. Às vezes até caía. E se caía, quem estava cheio de papéis atrelados a ela começava a perder. Dobravam a aposta alongando o prazo dos contratos, porque em algum momento o câmbio tinha que disparar. Afinal, aquilo era um legítimo ataque especulativo contra o real.

Mas o real, misteriosamente, permanecia de pé. De dentro do bunker, acionando seus controles remotos, Gustavo e Maria do Socorro se divertiam ao ver as naves inimigas incendiarem-se no céu feito balão japonês. A cada nova ofensiva dos especuladores na BM&F, o agente secreto do Banco Central neutralizava a compra pesada dos contratos futuros, vendendo com mais força ainda — e empurrando a cotação para baixo. Em novembro, depois de perder algumas centenas de milhões de dólares para o governo, de tanto comprar caro e vender barato, o mercado desistiu do ataque. Aquilo só podia ser bruxaria.

E era. Principalmente porque dessa vez o governo agregara um artifício psicológico ao arsenal. Em meio ao furacão asiático, Malan e Gustavo foram a Fernando Henrique com uma sugestão para a reação contra a crise. Argumentavam que o mercado já respeitava o Banco Central, mas era preciso mostrar que a defesa da moeda no Brasil ia muito além da autoridade monetária:

— Presidente, nessa hora é preciso que o mercado veja força no Banco Central. Mas é bom mostrar também a ele que por trás do Banco Central está o governo, e que ao lado do governo está o Congresso, enfim, que por trás da moeda está o país.

Fernando Henrique entendeu a mensagem e devolveu a aposta em dobro, sacando da manga uma decisão contundente:

— Ótimo. Então vamos aproveitar para fazer o que nós estamos devendo ao Brasil há três anos. É a nossa chance de fazer o choque fiscal. Podem preparar o pacote.

O secretário-executivo da Fazenda, Pedro Parente, assumiu imediatamente a liderança dos trabalhos. Mobilizou todos os escalões da equipe econômica na montagem do arrastão de cortes de gastos e melhoria de receitas. Em uma semana estava pronto um pacote com nada menos que 51 medidas — a demonstração de força do país aos especuladores, ao mercado, ao mundo. Anunciado com discursos e declarações coordenadas do presidente do Congresso, Antônio Carlos Magalhães, do ministro da Fazenda e do presidente da República, o pacote fiscal era a alquimia brasileira contra a crise. Mas em 1998, vencida a tormenta, os alquimistas cometeriam seu pecado econômico.

No início do ano, Fernando Henrique chamou Pedro Malan para uma conversa diferente. Pela primeira vez falou em mudança de rumos. Disputaria a reeleição em outubro, e se conseguisse um novo mandato queria fazer algumas coisas diferentes. Basicamente, queria fazer uma aproximação de idéias entre o grupo de Malan e o de Luiz Carlos Mendonça de Barros, economista e investidor paulista que estava na presidência do BNDES. Luiz Carlos vinha batendo na tecla de que a segunda fase do Plano Real tinha de passar do aperto do cinto para uma política específica de desenvolvimento.

— Pedro, estou cansado de jogar na retranca. Se for reeleito, quero governar com mais folga, olhar um pouco mais para o crescimento. Vamos ouvir o pessoal do Luiz Carlos, vamos transigir.

Depois de vencer a crise da Ásia, o Brasil estava sólido novamente, com um recorde de 74 bilhões de dólares em reservas internacionais. Malan marcou posição:

— Presidente, nós não somos contra o desenvolvimento. Apenas queremos um desenvolvimento com moeda sadia, sem bolhas que vão estourar lá na frente. Não vejo contradição entre uma coisa e outra.

Mas o recado de Fernando Henrique estava dado, e o ministro da Fazenda ficou com a pulga atrás da orelha. Em cem por cento das vezes que ouvira governos falando em desenvolvimentismo, a história acabara em permissividade fiscal — isto é, em gastança de dinheiro público. E, entre os fatores que tinham acabado de reafirmar o país no cenário internacional, estava justamente o seu rigor fiscal.

O pacote 51 estava em plena vigência, mas devia haver algo errado com os instrumentos de bordo. A redução do déficit nas contas públicas estava demorando a aparecer. Era como se houvesse um furo no casco do pacote fiscal. E havia. Numa rodada de chope depois do expediente, Gustavo Franco provocou o ministro da Reforma Agrária, Raul Jungmann. Eram amigos desde o governo Itamar, quando coordenaram juntos a Agenda Brasil, uma das tentativas de "pacto social" do então presidente. Na ocasião, se associaram no serviço sujo de escalar os palestrantes mais chatos e prolixos possíveis para cansar a audiência — e evitar que o governo virasse psicanálise de grupo.

— Raul, você sabe que agora acabou essa moleza de dinheiro fácil pra assentamento, né? Vocês vão ter que calibrar melhor essa reforma agrária aí.

— Acabou nada, rapaz. Você precisa conhecer mais a vida.

A resposta enigmática deixou Gustavo intrigado. Perguntou o que o ministro queria dizer com aquilo. Jungmann só topou falar depois de fazer o amigo jurar que não jogaria a tesoura contra o seu humilde ministério:

— É o seguinte, Gustavo. Não tem contenção nenhuma, não. As torneiras estão bem abertas, até mais do que antes, se você quer saber. Brasília é assim: vocês fizeram um pacote pra economizar 20 bilhões? Então tem 20 bilhões pra gastar...

A dica de Jungmann estava absolutamente correta. Um levantamento do Ministério da Fazenda viria a mostrar que, nos primeiros seis meses de 98, o governo central gastara quase 20% a mais do que no mesmo período de 97. O ajuste fiscal estava indo para o brejo, e não vinha nenhuma contra-ordem do Palácio do Planalto para que fossem fechadas as torneiras. O problema era que, na virada do semestre, o céu azul se transformaria em cinza chumbo. E a tempestade internacional dessa vez seria bem mais pesada que a anterior.

Na solenidade de lançamento da nova família de moedas, no quarto aniversário do real, Gustavo fez um discurso sobre a relação entre dinheiro e cidadania. A moeda era um símbolo pátrio, e cabia à pátria zelar por ela, como zelava pela bandeira. Achou que tinha sido especialmente feliz na escolha das palavras, e foi conferir a repercussão com alguns jornalistas e colunistas de política que estavam na platéia. Cristiana Lobo, da GloboNews, foi sincera: o discurso não empolgara ninguém. Era uma platéia cheia de políticos, e eles andavam com um pé atrás em relação às exortações do governo. Farejava-se um certo descompasso entre discurso e prática.

Havia um azedume no ar. Pela primeira vez naquele governo, o lançamento de um bônus global brasileiro, o BR-08, fracassara. O mercado que nos últimos anos aprendera a comprar Brasil, pagando cada vez melhor pelo produto, agora inexplicavelmente recusava um título do país. Na soma de sinais obscuros, um telefonema de Moscou viria justificar as piores paranóias. Uma economista do Deutsche Bank, Liliana Rojas Suarez, avisava Gustavo de que a situação financeira da Rússia era insustentável. A crise ia explodir a qualquer momento, e o Brasil estava na reta:

— Posso te dizer que a Rússia quebrou e não vai ter acordo internacional. É moratória, mesmo. E presta atenção porque vai ter um ataque pesado ao C-bond *(título da dívida brasileira).*

De saída, o terremoto russo mostrou que seria muito mais violento que o do ano anterior, que soterrara os tigres. No dia 16 de agosto, quando se consumou a quebradeira de bancos na Rússia, a drenagem de capitais não asfixiou só os países emergentes. Dessa vez, os mercados de ações nos Estados Unidos e na Alemanha despencaram imediatamente, e com força. A crise logo estaria à altura dos primeiros choques do petróleo. No Brasil, ela chegaria arrombando a escala Richter. O ataque realmente se iniciaria pelos C-bonds, os títulos usados como referência para a medição do risco-país — que passaria em poucas semanas de cerca de 400 pontos para mais de mil. Eram títulos da dívida externa, negociados no exterior, portanto fora do alcance dos truques do Banco Central. A sangria das reservas brasileiras não demoraria a chegar a meio bilhão de dólares por dia.

Quando deu por si, Gustavo notou que estava abolindo o sono de sua rotina. Ia dormir após a meia-noite, depois de acompanhar a abertura das bolsas no Oriente e atualizar suas análises de conjuntura, e acordava às 4:00 da manhã para ver o fechamento dos pregões do outro lado do mundo. Sexta-feira, quando chegava em sua casa em São Conrado, no Rio, parecia estar aterrissando de uma viagem a Marte. Precisava ficar algum tempo encapsulado, fazendo a descompressão, adaptando-se à nova atmosfera. Cristiana, sua mulher, já se acostumara com o ritual. Levava as crianças para o quarto, apagava as demais luzes da casa e deixava Gustavo sozinho na biblioteca. Ele se deitava no chão entre as estantes, sem colchonete ou almofada, e permanecia ali imóvel por uma hora, deixando o silêncio e a escuridão desacelerarem seus motores.

Em cinco anos a vida de Cristiana Laet se modificara completamente. A moça recém-formada em Administração de Empresas freqüentava o Bar Lagoa e gostava de sair para dançar com os amigos, enquanto Itamar Franco virava presidente da República. De repente, Fernando Henrique viraria ministro da Fazenda, e o novo namorado de Cristiana viraria governo. Doze anos mais velho que ela, Gustavo tinha a maioria de seus amigos numa faixa etária também mais de dez anos acima da sua. De uma hora para outra, Cristiana saía do meio da turma do Bar Lagoa para um círculo de doutores que poderiam ser seus pais.

Não tiraria de letra. Numa reunião na casa de Edmar Bacha, no Leblon, no aniversário de 50 anos do economista, a concentração de notáveis a intimidaria. Insegura em seus vinte e poucos anos, sem saber com quem conversar, Cristiana teve uma tonteira e a cor sumiu de seu rosto. Tinha tido uma queda brusca de pressão, sendo imediatamente socorrida e acolhida pelos grisalhos PhDs — que, afinal, não mordiam. Acabaria fazendo boas amizades e tendo bons encontros naquele universo, como com a empresária paulistana Cosette Alves e com Maria Inês, mulher do embaixador Rubens Barbosa, amiga de infância de sua mãe. Sua "turma" tinha saltado quase três décadas para frente.

Logo foi morar com Gustavo e viver novas mudanças de rotina. As noites dançantes de sábado podiam dar lugar a uma brincadeira de gato-mia com os filhos do primeiro casamento dele, Júlia e Pedro. Cristiana não demoraria a ter o seu próprio casal de filhos, nascidos entre planos e crises. Antonio viria em 96, mais ou menos junto com os leilões de *spread*, com direito a bolsa de apostas no Banco Central em torno do seu peso (nasceria com quase quatro quilos e derrubaria todos os apostadores). Maria Luisa seria concebida na embaixada brasileira em Londres, no quarto azul que Lúcia Flecha de Lima reservava para os encontros amorosos da princesa Diana. Seria alguns meses mais nova que o pacote 51 e alguns meses mais velha que a crise da Rússia.

Gustavo ganhava mal no governo, e mal tinha tempo para os filhos. Cristiana estava totalmente dedicada a eles, não queria que fossem criados por uma babá. Levavam uma vida austera, recorrendo freqüentemente à poupança familiar. Cristiana se desdobrava para que o marido tivesse stress doméstico zero, em compensação à carga nervosa do trabalho. Por outro lado, procurava preservar as crianças da inevitável tensão de Gustavo. Maria Luisa era bebê de colo na época da crise russa, mas Antonio tinha dois anos. Já captava o stress, os rituais de descompressão, os sinais de que o pai estava envolvido em algo eletrizante. Mais tarde, também precisaria ter o seu processo de descompressão.

Na escalada da crise, quando o presidente do Banco Central estava no Rio, sua mulher aplicava-lhe uma boa dose de soníferos. No dia seguinte, madrugava e lia todos os jornais pela internet, antes que ele acordasse. Fazia um índex dos ataques mais pesados a Gustavo e depois transmitia a ele de forma suavizada, procurando amortecer o primeiro impacto do noticiário. Antes de lavar o rosto, ele já fazia a pergunta tradicional: "E aí, como é que tá hoje?" Algumas vezes ela tinha o prazer de responder, quase como um policial que termina de revistar um suspeito: "Tá limpo." Mas era raro.

O quadro já se anunciava catastrófico quando Gustavo Franco viajou para a reunião especial do BIS, na Basiléia. Pela primeira vez, entraria numa cúpula financeira internacional de cabeça baixa. Estaria na berlinda, e no pior momento possível. Depois do desmoronamento da Rússia, o Brasil estava no centro dos ataques especulativos, era a bola da vez. Só que agora o país não tinha feito seu dever de casa. Ou mais grave: comprometera-se com um choque fiscal e, como todos já sabiam, rasgara o compromisso.

Era uma berlinda especialmente incômoda. À sua volta, sentados à mesma mesa-redonda, estavam todos os grandes donos do dinheiro: William Rhodes, do Citibank, David Komansky, da Merril Lynch, Alan Greenspan, do Federal Reserve, Hans Tietmeyer, do Deutsche Bundesbank, Wim Duisemberg, do European Central Bank, Rainer Gut, do Credit Suisse, Gordon Thiessen, do Bank of Canada, além do megainvestidor George Soros e de representantes do Salomon Brothers e Goldman Sachs. Todos queriam saber o que tinha acontecido com o Brasil, e ia ser difícil explicar.

Gustavo começou admitindo que o déficit público brasileiro persistia, que os números do último ano realmente não eram bons. Mas ressalvava que estava ali para garantir o compromisso absoluto do governo com sua política monetária rigorosa. E também com um combate mais duro ao descontrole fiscal. Era a introdução previsível, a essa altura não muito convincente, preparatória para a fase mais dura do interrogatório. Mas essa fase não chegaria. Em cinco minutos, a pauta se desviaria do Brasil e mergulharia no tema fumegante que iria dominar todo o resto da reunião. Gustavo não demorou a entender que aqueles banqueiros todos estavam, eles próprios, inacreditavelmente, às portas do colapso.

O fundo internacional LTCM estava girando mais de 1 trilhão de dólares em aplicações. Era a coqueluche do capitalismo financeiro. Tinha entre seus fundadores os ganhadores do Nobel de Economia de 97, Robert Merton e Myron Scholes, que haviam aperfeiçoado o sistema de investimentos em derivativos — títulos que projetam no futuro o valor de ações, moedas ou outros ativos. Por não serem um mercado à vista, os derivativos permitiam a montagem de grandes alavancas, isto é, investimento feito com o dinheiro que ainda não se tem — e que se conta receber mais à frente, com os ganhos da própria operação. No caso do LTCM, vários dos maiores bancos do mundo estavam alavancados em mais de dez vezes o seu patrimônio. Mas chegou o dia em que alguns pilares daquela riqueza exponencial cismaram de ruir ao mesmo tempo. E a teia de derivações e alavancas veio toda abaixo.

Os poderosos reunidos na Basiléia estavam todos enterrados naquela pirâmide. O nervosismo de Greenspan e Soros era a aflição do capitalismo moderno ante um súbito entupimento de coronárias. Karl Marx não tramaria um golpe tão eficaz. O sistema capitalista tinha se imolado na sua própria capacidade de multiplicar valores, e agora mendigava uma equação salvadora. Ela começaria a ser montada ali, em torno daquela mesa redonda, numa megaoperação em que duas dezenas de bancos despejariam dinheiro (de verdade, não derivado de nada) no rombo do LTCM. Tamanha sucção de recursos deixaria o mundo instantaneamente mais pobre. Da porta para fora, a grande freada econômica internacional continuaria atendendo pelo apelido inocente de "crise da Rússia". Se a opinião pública soubesse o que realmente estava em jogo, o capitalismo provavelmente teria morrido de susto.

Na volta do BIS, Gustavo tinha duas certezas. A primeira, que teria uma dura batalha de comunicação pela frente: precisava convencer o país, o mercado e o próprio governo de que a crise não era do Brasil, nem mesmo da Rússia, mas do mundo. A segunda certeza era de que a salvação agora demandaria algum remédio bem mais drástico que os anteriores. Talvez fosse a hora de tapar o nariz e fazer as pazes com o FMI.

A um mês das eleições presidenciais, marcadas para 4 de outubro, Fernando Henrique aparecia à frente de Luiz Inácio Lula da Silva nas pesquisas, mas estava no centro do tiroteio. A temperatura da crise subia, a bolsa não parava de cair, as reservas não paravam de escorrer para fora do país. Os boatos de que estava em preparação um pacotaço sobressaltavam a população. No dia 31 de agosto, o presidente foi a público negar que fosse tomar qualquer medida excepcional. A oposição espalhava que o governo ia fazer um forte aumento da taxa de juros, e Fernando Henrique afirmava que aquilo era intriga eleitoral. Através do porta-voz, Sérgio Amaral, descartou a elevação dos juros: "Ao contrário, o que o presidente espera é até uma pequena redução na taxa."

Nos dias que se seguiram, Fernando Henrique sustentaria em seus comícios de campanha que os juros não iriam subir. No dia 10 de setembro, a sangria de reservas em dólares alcançaria o insuportável: 2,6 bilhões num só dia. Gustavo ligou para o ministro da Fazenda:

— Pedro, é melhor ir preparando o chefe para o pior.

Convocou uma reunião extraordinária do Comitê de Política Monetária, abriu a rodada de sugestões para o saco de maldades e não colheu coisa muito original. Acima de tudo, acertou com sua equipe que não fariam o que a oposição, alguns amigos do Palácio e boa parte da imprensa estavam pedindo — a centralização cambial, isto é, obrigar cada dólar a pedir licença ao governo antes de sair do país. Chegou a colocar esta alternativa na mesa, apenas para ouvir a tropa dizer que, se ela fosse adotada, iam todos "comer galeto". Mas o que seria feito era exatamente aquilo que o candidato Fernando Henrique acabara de prometer que não faria.

— Presidente, vamos ter que resolver na pancada de novo — comunicou Gustavo pelo telefone, referindo-se à decisão que o Banco Central acabara de tomar: dobrar a taxa de juros, arremessando-a para 40,18% ao ano.

Era tudo que Fernando Henrique não queria ouvir a três semanas das eleições. Ficou profundamente irritado, mas guardou seu desabafo para os irmãos José Roberto e Luiz Carlos Mendonça de Barros, que estavam ao seu lado. Para Gustavo, apenas respondeu educadamente que ele fosse em frente e fizesse o seu papel. Conversariam melhor na reunião de emergência do alto-comando do governo, marcada para o Palácio do Planalto.

O ministro-chefe da Casa Civil, Clóvis Carvalho, deu início à reunião sem a presença do presidente. Era preciso alcançar alguns consensos básicos entre a equipe, especialmente no ponto nevrálgico: a volta do país ao Fundo Monetário Internacional. Nos últimos cinco anos, desde o final de 1993, o Brasil abrira um caminho de afirmação no cenário internacional sem o FMI — ou apesar do FMI, que se opusera ao Plano Real e afirmara, veladamente, que o Brasil não era um país sério. Quando quiseram mudar de opinião, Gustavo chegou a se recusar a receber um representante do Fundo. Mas agora a tormenta do LTCM não deixava muitas tábuas de salvação: a equipe concordou que era melhor ir parar no Fundo Monetário do que no fundo do mar.

Por algum sinal imperceptível aos participantes, assim que se deu o consenso, uma pequena porta lateral da sala se abriu. Por um acesso privativo, Fernando Henrique atravessou-a e sentou-se na cabeceira, com expressão dura. Clóvis encarregou-se de resumir a avaliação da equipe sobre a gravidade da situação, e transmitir o consenso sobre o pedido de socorro ao FMI. O presidente admitia aquela solução técnica, mas apontava a encruzilhada política em que ela o metia:

— Muito bem. Seguimos nessa direção. Mas e o presidente, senhores? O que faz o presidente numa hora dessas?

Como estava na proa da operação monetária e cambial, Gustavo achou que a pergunta, embora feita para todos, talvez fosse endereçada a ele. Sempre tinha opiniões — às vezes opiniões demais — a manifestar, e se fora assim nos momentos de alta, não poderia ser diferente no momento do sufoco.

— Só o presidente é capaz de explicar ao mercado e ao país a dimensão mundial da crise, e agendar a saída dela — disse Gustavo. — O presidente pode mostrar que ir ao Fundo Monetário hoje não é como foi no passado. Desta vez não vamos entregar nossa alma ao Fundo. Hoje temos o respeito dele: não vamos lá receber ordens sobre o que fazer, mas receber proteção para o que já estamos fazendo. O presidente pode mostrar ao país que o FMI, hoje, não é mais um fantasma para o Brasil.

Fernando Henrique não fez nenhum comentário sobre o que ouviu. Apenas comunicou uma decisão:

— Gustavo, vou fazer um discurso ao país semana que vem. Você escreve.

Como fizera na época da URV, o presidente do BC mandou Cristiana e as crianças para um hotel-fazenda e mergulhou na tarefa, da primeira hora de sábado à última de domingo. Com uma decisão crucial: escreveria sem olhar para as pesquisas eleitorais.

No dia 23 de setembro, a 11 dias das eleições, o presidente aproveitou uma solenidade no Palácio do Itamaraty para fazer um discurso diferente. Contrariando seu estilo conhecido por todos, não falou de improviso. Sequer entremeou trechos do texto escrito com falas espontâneas. Em vinte minutos, leu palavra por palavra do discurso escrito por Gustavo e retocado por Pedro Malan. Assumindo os riscos eleitorais, falava das tratativas com o FMI e ia mais longe: "Vamos enfrentar de uma vez os sacrifícios necessários. Se não formos capazes de reduzir as despesas na velocidade e volume que estamos propondo, talvez sejamos obrigados a uma discussão aberta sobre aumento de impostos." Era a senha para firmar o seu maior compromisso com o país dali para frente.

Fernando Henrique anunciava para os três anos seguintes — "qualquer que seja o presidente eleito" — um plano rigoroso de superávits primários (fechar as contas públicas no azul, sem contar os juros da dívida). Agora não estava mais falando em pacotes que podem se desmanchar no ar, mas em metas oficiais e instrumentos jurídicos:

> "O Estado tem de caber dentro dos recursos que a sociedade lhe dá. Determinei que sejam rapidamente efetuados estudos para definir bases legais que consagrem o princípio do equilíbrio fiscal. Vamos limitar de forma mais clara as despesas à existência de recursos para financiá-las."

Era o dever de casa feito com atraso, mas com capricho inédito: ali estava a semente da Lei de Responsabilidade Fiscal.

O presidente foi reeleito em primeiro turno no dia 4 de outubro. Pouco mais de um mês depois, Gustavo telefonava para Malan pressentindo o fim da crise. A posição vendida do BC no mercado futuro, que já fora de 30 bilhões de dólares, chegara a zero. Significava que a corrida do mercado pela moeda americana esfriara:

— Pedro, derrotamos os índios!

Na outra ponta da linha, Malan não vibrou. E indicou ao amigo que seu campo de visão não estava captando todos os movimentos no front:
— Gustavo, a guerra tá só começando.

Crer para ver

O presidente do IBGE atendeu a ligação urgente de um diretor do Banco Central. Estavam a pouco mais de 12 horas do início da reunião mensal do Comitê de Política Monetária, o Copom, que decide a taxa básica de juros da economia. O cacique do BC queria checar com o IBGE em quanto ficaria o IPCA, índice de preços fundamental para a decisão do Copom. A divulgação oficial do índice aconteceria no dia seguinte. O diretor estava telefonando porque precisava que seu colega de governo lhe antecipasse o número, para que pudesse montar os cenários da inflação, que embasariam a decisão. Mas a resposta do presidente do IBGE não estava nos seus planos:

— Negativo. O índice só sai amanhã.

O homem do Banco Central não gostou da intransigência, ainda mais vinda de uma autoridade mais distante do centro do poder do que ele. Argumentou que aquilo era um desserviço ao país, um preciosismo que atrapalhava uma decisão crucial para a população inteira. O interlocutor não alterou nem o tom de voz:

— Sinto muito, a regra é essa. A incompetência é de vocês. A data da divulgação desse índice, assim como todas as outras datas do IBGE, está na internet desde o primeiro dia do ano.

O presidente do IBGE era Sérgio Besserman Vianna, o louco, como ficara conhecido em Brasília. Louco porque se candidatara a trocar a carreira segura de diretor do bilionário BNDES pela cadeira elétrica da presidência do IBGE, órgão importante, mas sempre às voltas com greves, falta de verbas e precariedade em geral. Sem contar que a mudança de posto significava uma drástica redução de salário. Besserman achava que tinha uma missão a cumprir: ajudar o IBGE a produzir e divulgar os retratos do Brasil, seus indicadores sociais e econômicos, conjunturais e estruturais, com independência total — sem interferência ou mediação de políticos, nem mesmo do governo. Ou seja, coisa de louco.

A inflação alta gerara no Brasil um certo descaso com a informação socioeconômica. Indicadores sobre renda, por exemplo, eram apurados de forma confusa e se tornavam quase imprestáveis como referência histórica. A intuição de Sérgio Besserman era que o controle da inflação geraria um despertar pela informação, uma demanda brutal pelo conhecimento dos dados que explicavam a realidade brasileira. E o IBGE estaria na ponta de lança desse renascimento.

De certa forma, era uma loucura calculada — e, por assim dizer, com costas quentes. A ligação do IBGE com o Palácio do Planalto (e conseqüentemente com o mundo político) estava nas mãos de um mestre. O sociólogo Vilmar Farias era o mais discreto, mais próximo e mais poderoso assessor direto da Presidência da República. Estava por trás de todo o plano de substituição das políticas assistenciais pelas "estruturantes", como a bolsa escola, que atrelava o dinheiro à educação. Era o principal interlocutor de Fernando Henrique sobre a Terceira Via — o passo seguinte ao ideal social-democrata, proposto pelo sociólogo inglês Anthony Giddens —, debate no qual o presidente brasileiro assumiu um papel central. Vilmar era um militante radical da separação entre

Estado e governo, da descontaminação política das instituições — um militante da não-militância.

Besserman sabia que sua missão de conduzir o IBGE à excelência e à independência se tornava viável com a presença de um cão de guarda como Vilmar, espécie de pitbull do conhecimento. Com essa garantia, enfrentaria não apenas o diretor do Banco Central, mas todas as altas autoridades que tentassem meter a colher nas estatísticas, ou na forma de divulgá-las. Numa das primeiras pesquisas de sua gestão com dados sobre mortalidade infantil, seu telefone tocou com o governador Tasso Jereissati trovejando do outro lado. O resultado do IBGE tinha ficado acima do índice apurado pelo governo do Ceará, e o governador tucano, forte aliado do presidente, queria briga:

— Como é que vocês me aumentam a mortalidade infantil dessa maneira?! Saiba que eu gastei uma fortuna para melhorar o sistema de registro de nascimentos e óbitos no estado! Eu sei nome, sobrenome e endereço de cada criança falecida no Ceará! O IBGE vai ter que corrigir esse número!

Besserman respondeu que não tinha dúvidas de que o governador havia investido na ampliação dos registros, e aproveitou para parabenizá-lo. Mas sacou da manga o nome de um município no remoto interior cearense, onde sabia não haver nada sequer parecido com cartório ou hospital, e rebateu:

— Governador, o senhor tem certeza de que, nesse município, as mães que perderam seus bebês seis horas depois do nascimento andaram trinta quilômetros até o município vizinho para registrar seus filhos? E depois caminharam mais alguns quilômetros até o hospital mais próximo para registrar o óbito? Ou será que elas simplesmente enterraram as crianças no local onde morreram?

— Elas provavelmente enterraram as crianças — admitiu Tasso.

— Pois bem. Então esses casos não entraram na estatística do estado. Mas entraram na do IBGE, porque nós temos uma técnica para medir o sub-registro. É uma informação colhida diretamente com a população, por um método aprovado internacionalmente. O senhor pode corrigir os seus dados, governador.

Tasso Jereissati estava entre os interlocutores acostumados ao diálogo. Mas havia as autoridades imperativas, que viam no IBGE uma repartição subalterna, a seu serviço. No segundo mandato de Fernando Henrique, o governo perdera força e alguns ministérios tinham virado moeda de troca política. E os ministros forasteiros eram os mais imperativos. Na véspera da divulgação de uma pesquisa que trazia dados positivos sobre determinada área social, um desses ministros ligou para Besserman. Disse a ele que passasse a informação para as principais colunas políticas, porque era preciso "faturar" a boa notícia. O presidente do IBGE respondeu ao ministro que ele não tinha entendido o espírito da coisa. Aquela informação estava embargada até o dia seguinte, e o embargo servia, entre outras coisas, para que não se fizesse uso político dela.

No dia seguinte, a informação do IBGE estava na nota de abertura da coluna política de um grande jornal. Sérgio e o ministro do Planejamento, Martus Tavares, levaram o caso do vazamento a Fernando Henrique. O presidente do IBGE argumentou que o uso político de indicadores socioeconômicos era coisa de regime autoritário, ou de república de bananas. Aproveitou para informar ao presidente que já recebera pressões de outras autoridades para "corrigir" dados de pesquisas do instituto, ou simplesmente "esquecê-los" na gaveta. Fernando Henrique encurtou a conversa:

— O governo recebe as pesquisas do IBGE na véspera da divulgação para o público, certo? Como isso é feito nos Estados Unidos?

— Bem, nos Estados Unidos as autoridades só podem ver a pesquisa duas horas antes da divulgação — explicou Besserman.

— Pois então podem preparar a nova norma. A partir de agora, o Brasil adotará este padrão: pesquisa embargada também para o governo, até duas horas antes da publicação.

O presidente do IBGE sonhara com essa decisão, mas achava que passaria os quatro anos de governo trabalhando por ela. Afinal, tratava-se de convencer o presidente da República a reduzir seu próprio poder sobre o instituto oficial de estatística. E de reduzir quase a zero as chances de o governo manipular a divulgação dos dados que comporiam seu próprio retrato falado. Mas a decisão veio logo no primeiro ano. Um avanço institucional sem precedentes na América Latina, com o dedo de Vilmar Farias, um obcecado pelo combate à simbiose entre governo e Estado. Este era, para Vilmar, o grande passo da Terceira Via: despoluir o Estado de suas relações promíscuas com os grupos políticos organizados, à esquerda e à direita — e fortalecê-lo como agente de civilização, não de dominação. Só faltava combinar isso tudo com a tropa do IBGE.

Informação é poder, e informação trancada na gaveta é poder privativo do dono da chave. Este lema vigorava com força em boa parte das fileiras do instituto de estatística. Aproveitando um processo de "abertura" iniciado por seu antecessor, Simon Schwartzman, Sérgio decretou a *glasnost* no IBGE. Anunciou, sem rodeios, o novo regime ao corpo de funcionários:

— Daqui para frente, quero que vocês esqueçam folha de papel. Agora é tudo digital, é tudo no site. Acabou a existência de informação na gaveta de técnico. Enquanto não disponibilizou no site, aquilo não existe, ok? Ninguém ganha prêmio de desempenho por trabalho que não estiver na rede, aberto ao público.

Mas havia um outro problema sério na batalha pela transparência. Parecia existir um abismo de incompreensão (e de certa má vontade) entre o IBGE e a imprensa. A maioria dos técnicos do instituto não gostava de falar com jornalistas — um pouco por falta de hábito, um pouco por achar que eles publicavam conclusões distorcidas sobre os dados. Do lado da imprensa, também era freqüente a queixa sobre a falta de clareza na interpretação das pesquisas. Besserman sabia que sua missão de dar ao país uma auto-imagem com nitidez total fracassaria sem uma sintonia fina com a mídia. Sair da gaveta era pouco: era preciso popularizar a numeralha que traduzia a realidade nacional. Não era questão de assessoria de imprensa. O IBGE precisava de um profundo choque de comunicação. Num estalo, Besserman concluiu que a melhor pessoa para fazer a cirurgia modernizadora era um dos mais velhos comunistas que conhecia.

A missão de radicalizar a *glasnost* foi entregue ao jornalista Luiz Mário Gazzaneo. Responsável pela primeira tradução de Antonio Gramsci no Brasil, nos anos 60, Gazzaneo fora editor dos principais jornais do Rio e se tornara uma lenda das redações. Formara algumas gerações de jornalistas e conquistara bom trânsito também com as que não formara. Com mais de 70 anos, já abandonara os jornais, sem sair de dentro deles. Vivia perambulando pelas redações, sempre de alguma forma a serviço da causa comunista, em suas derivações já bem menos vermelhas. Como bom soldado, topou no ato a convocação de Besserman. Como bom general, em dois dias já estava dando ordens ao presidente do IBGE.

— Sérgio, você tem que entrevistar os seus técnicos. Se eles não conseguem explicar em cinco minutos a pesquisa que fizeram, é porque não entenderam a pesquisa — foi dando as cartas o velho Gazza, como Besserman o chamava.

Gazzaneo era integrante da turma do Milênio, um grupo de comunistas históricos que se reuniam aos sábados na casa da psicanalista Helena Besserman Vianna e do cirurgião Luiz

Vianna. Circulando entre personalidades como Giocondo Dias, Leandro Konder, Marco Antônio Coelho e Carlos Nelson Coutinho, o pequeno Sérgio mal tirara as fraldas, e eventualmente era usado como "disfarce" no deslocamento de algum deles entre um esconderijo e outro. Gazzaneo não conseguia tratar aquele moleque que já pegara no colo como chefe. Besserman também não fazia a menor questão dessa reverência. Recebia com naturalidade as ordens do velho Gazza, diante de sua secretária ou de outros subordinados, que não entendiam a petulância daquele velhinho para cima do presidente do IBGE. Uma das ordens era que a tecnocracia do instituto teria de trocar um expediente comum por um dia de prosa com o jornalista Elio Gaspari.

Isto é, Gazza queria que o IBGE tivesse um dia absolutamente incomum. E conseguiu. Fora um dos primeiros chefes de Gaspari, conhecia bem o ex-editor da *Veja* e colunista de *O Globo* e da *Folha de S. Paulo*. Sabia que aquele contato seria uma espécie de choque antropológico para os técnicos. E eles foram devidamente arrancados de seu universo estatístico, ligados na tomada de 220 volts da lógica jornalística — que tritura tudo o que não seja clareza e objetividade. Gaspari não dourou a pílula:

— O trabalho do estatístico e o do jornalista são, basicamente, opostos. Se passa uma boiada e um boi tem rabo de elefante, o estatístico observa, espera passarem 10 mil bois e afirma que o rabo de elefante não existe. Diante da mesma situação, o jornalista corre para a redação e publica a manchete: "Boi está virando elefante e a culpa é do governo".

Era uma alegoria para mostrar que a imprensa buscaria sempre o grão da contradição, do inusitado — a informação crucial para mostrar em qual direção a realidade daria seu próximo passo. Depois do intensivo com Gaspari, os técnicos começaram a perceber que Gazzaneo não estava ali só para levá-los a facilitar a vida de repórteres. O desafio de explicar uma pesquisa em cinco minutos, e de apontar a informação decisiva para a evolução daquele quadro, poderia aprimorar a própria interpretação das estatísticas. Mas a grande ousadia da *glasnost* ainda estava por vir.

Por mais fina que fosse a sintonia entre seus técnicos e os jornalistas, Sérgio Besserman achava que havia um pecado capital naquela relação. Especialmente nas pesquisas estruturais, com os dados populacionais mais densos, o jogo já começava perdido: o repórter recebia a massa de informações às 10:00 da manhã, e às 5:00 da tarde tinha que estar com o material digerido, compreendido e devidamente transformado em matéria jornalística. Era inevitável que alguns bois virassem elefantes voadores. Sérgio pediu perdão pela inocência e perguntou ao Gazza se jornalista era capaz de guardar segredo. Mais precisamente, jornalistas do país inteiro guardarem o mesmo segredo, por vários dias. O velho comunista respondeu que sim:

— Eu falo com um por um. Não tem erro.

Gazzaneo captou de imediato o plano, só não sabia que ele não tinha paralelo no mundo. Besserman queria instituir um embargo para as pesquisas do instituto oficial de estatística, de forma que a imprensa pudesse receber os dados uma semana antes da divulgação. Sem vazar uma linha. Gazza explicou que não haveria lei ou decreto capaz de garantir um embargo gigantesco como aquele. A regra teria que ser estabelecida em códigos rudimentares, isto é, na base da boa e velha confiança. Ele iria a campo extrair o compromisso pessoal de cada editor, se o chefe topasse o risco da empreitada. Sérgio fez figa e deu o sinal verde.

A questão era delicada. Na prática, significava que os jornalistas receberiam as pesquisas sete dias antes das autoridades governamentais, que agora só podiam ver os dados a duas horas da divulgação. A briga que o presidente do IBGE estava comprando não era pequena. Ministros e políticos em geral queriam o seu fígado — e o teriam, caso a imprensa furasse o pacto do embargo. Gazzaneo deixou claro que o compromisso com os editores não estaria escrito em lugar nenhum, ninguém assinaria nada. E resumiu de forma curiosa para um comunista: era tudo uma questão de fé.

Desde que aterrissara no Estado, Besserman já observara que vários pilares institucionais eram, por incrível que parecesse, questão de fé. Os critérios de ação do IBGE eram regidos por um código internacional chamado Melhores Práticas Estatísticas. Vilmar Farias era profundo conhecedor dele e, nas trombadas de Besserman com os figurões, exortava: "Não se esqueça de que você está amparado pelas Melhores Práticas." Com ministros mais ou menos imperativos, o presidente do IBGE freqüentemente encerrava a discussão com o argumento definitivo: "Estou cumprindo o que rezam as Melhores Práticas Estatísticas." Essa espécie de Constituição das radiografias sociais, seguida regiamente por institutos oficiais de países diversos, não tinha qualquer mecanismo de obrigatoriedade ou punição. Sequer tinha formato de legislação. Tratava-se apenas de uma colagem de princípios consagrados, uma soma de jurisprudências. Que se impunha exclusivamente pelo bom senso.

Era o mesmo caso do poderoso Comitê de Política Monetária. O famoso Copom, cujas reuniões mensais passaram a prender as atenções do país, fora criado em 1996 por Chico Lopes para tornar a decisão sobre a taxa de juros eminentemente técnica. O Copom fora instituído de forma quase prosaica: através de uma simples circular do Banco Central. Legalmente, a instituição mais fácil de se derrubar da República. Na realidade, uma das mais respeitadas. Assim como o Copom e as Melhores Práticas, o embargo do IBGE teria de confirmar o provérbio invertido do dramaturgo Hamilton Vaz Pereira: era crer para ver.

O dia 1º de janeiro de 2000 amanheceu chuvoso e Sérgio ficou em casa sem fazer nada. Tocou o telefone, seu filho André atendeu, riu e lhe passou a ligação:

— Pai, é pra você. É um dos "cassetas". Mandou dizer que é o Fernando Henrique.

Só podia mesmo ser um dos colegas do seu irmão Bussunda, porque o presidente estava passando o Ano-Novo na Restinga da Marambaia. Besserman atendeu já perguntando quem era o engraçadinho, mas quem estava falando era o próprio Fernando Henrique. Por causa da chuva, desistira de ir para a Marambaia, e queria convidar o presidente do IBGE para uma conversa na residência da Gávea Pequena.

Ele respondeu que iria imediatamente, e foi com a pulga atrás da orelha. O instituto estava preparando a síntese dos indicadores socioeconômicos de 1992 a 99 — praticamente um retrato do período Fernando Henrique, contando-se sua gestão na Fazenda. O presidente poderia estar reconsiderando o risco de só ver os dados duas horas antes do público. A pesquisa estaria há vários dias nas mãos de jornalistas, todos em contato direto com técnicos do IBGE, que afinal era o "covil do PT" (como dissera o ministro Rubens Ricupero no caso das parabólicas). Os números não mentiam nunca, mas a verdade deles dependia da maneira como eram lidos. E uma leitura desfavorável dos indicadores seria um duro golpe no governo. Aquele negócio de *glasnost* poderia sair caro demais.

A conversa começou um tanto esquisita, com o presidente querendo saber sobre o efeito estufa. Era a típica introdução exótica para não ir direto ao assunto delicado. Especialmente porque o desinteresse dele por questões ambientais era notório. Especialista no tema, Besserman deu corda. Contou ao presidente que vinha sendo estudado na Europa um "mercado do carbono". A idéia era a negociação de títulos de redução de poluentes, emitidos por projetos "seqüestradores" de carbono, como o plantio de florestas. Os países poluidores comprariam esses títulos e descontariam de suas metas de controle de gases. Seria um mercado mundial, porque as moléculas de gás carbônico se encontravam numa capa única em torno da Terra. Portanto, uma nova árvore em Jacarta poderia engolir a poluição de um novo carro em Los Angeles.

Parecia conversa fiada, mas o presidente fez uma série de perguntas objetivas e demonstrou entusiasmo com o tema. Acabaria criando um grupo de trabalho coordenado pelo Ministério da Ciência e Tecnologia, reunindo dez ministérios. Em pouco tempo, o Brasil estaria na linha de frente dos mecanismos de desenvolvimento limpo, previstos no Protocolo de Kioto. Dali, porém, o assunto moveu-se, como era esperado, para os indicadores socioeconômicos. Fernando Henrique questionou os métodos de medição da renda da população, sugerindo que eles davam margem a muitas imprecisões. Era a senha para a virada de mesa, possivelmente uma intervenção branca na leitura dos dados da década de 90.

Besserman agarrou-se à bíblia imaginária das Melhores Práticas Estatísticas e preparou-se para defender sua proclamação de independência a qualquer custo. Concordou que a medição da renda tinha falhas. Um frentista poderia dobrar o seu salário com gorjetas, e provavelmente só declararia o ganho fixo. Mas o pior, argumentou, seria desqualificar aquele método e ficar sem nenhum. Fernando Henrique também achava. E ambos convergiriam para um conceito simples, que viria a demarcar o debate sobre a questão social: o Brasil não era um país pobre, mas um país injusto.

Na conversa iniciada às 3:00 da tarde, o presidente só foi pronunciar a sigla IBGE às 7:00 da noite. Não para ressalvas ou intervenções, mas apenas para celebrar com meia dúzia de palavras a *glasnost* de Vilmar, Besserman e Gazzaneo:

— Como vai a nossa muralha institucional?

O caminho estava livre para a operação transparência. O batismo de fogo seria o lançamento da síntese dos indicadores da década de 90. Gazza distribuiu a massa de dados para a imprensa sete dias antes da divulgação ao público, e indicou os especialistas do instituto que estariam de prontidão para tirar as dúvidas sobre cada tema. A sorte estava lançada. Besserman lembrou-se de uma frase do personagem Diógenes da Barraca, do jornalista Márcio Moreira Alves: "O que só existe no Brasil, ou é jabuticaba, ou é besteira." Se a invenção da estatística oficial embargada para a imprensa fizesse água, entraria automaticamente na segunda categoria. Restava confiar no evangelho comunista de Gazzaneo.

Os sete dias se passaram sem que um só algarismo dos indicadores vazasse pelo noticiário. Agora faltava esperar pelos jornais para ver se tinham conseguido erradicar os elefantes voadores. E, principalmente, conferir como o governo sairia na foto. Se a síntese dos indicadores da década rendesse manchetes antigovernistas, o IBGE "transparente" iria para a frigideira. E se as manchetes fossem governistas, o projeto da independência do instituto ficaria sob suspeita. Sérgio e Gazza organizaram uma entrevista coletiva no Rio, para o lançamento oficial, e voaram em seguida para repetir a dose em São Paulo. Ao fim do dia, desmaiaram no hotel e às 5:00 da manhã estavam de pé. Gazzaneo correu para a banca mais próxima. Voltou em cinco minutos com o *Estadão* numa mão, a *Folha* na outra e um sorriso de orelha a orelha.

A manchete da *Folha* era: "IBGE: desigualdade continua", com o subtítulo "Indicadores sociais melhoram". A do *Estadão* era: "Indicadores sociais melhoram", com o subtítulo: "Desigualdade continua". O equilíbrio perfeito na leitura dos dados pelos dois jornais paulistas se estenderia por toda a imprensa. A constituição universal da estatística tinha uma nova jurisprudência, com gosto de jabuticaba. Era crer para ver.

Vilmar Farias não viveria para ver a consumação de sua reforma. Um aneurisma o fulminaria aos 60 anos, em novembro de 2001, abalando Fernando Henrique no momento em que o presidente mais precisava dele. Besserman, o louco, também precisava, mas sua missão de popularizar os retratos do Brasil estava avançada. Várias redações tinham criado grupos específicos de jornalistas para digerir as informações fornecidas com antecedência pelo instituto. A *glasnost* era um sucesso.

E resistiria até a uma rebelião dos "loucos" do IBGE — uma ala que resolvera decretar greve por tempo indeterminado às vésperas da realização do Censo 2000, a maior empreitada estatística do país. Besserman jogaria duro com o movimento e o desmantelaria, mas teria de ouvir seus primeiros insultos como homem público. Do potente carro de som dos grevistas de orientação trotskista, ele seria xingado, com intervalo de poucos minutos, de "neoliberal" e de "leninista". Não chegava a ser chocante para um filho de dois comunistas que, assim como Gustavo Franco, nascera graças ao suicídio de Vargas. Sua mãe, ortodoxa e oponente de Getúlio, rompera o namoro com seu pai, que tinha inclinações trabalhistas e mantivera o apoio ao presidente, mesmo após o atentado da Toneleros. No dia seguinte à morte de Vargas, Helena Besserman entraria na sede do Partidão e receberia de um dirigente a ordem inesperada:

— Mudou tudo. Mata uma galinha, joga o sangue num lençol e organiza uma passeata da Faculdade de Medicina contra os que mataram Vargas.

Soldada aplicada, Helena sairia imediatamente para cumprir a missão, mas daria uma passadinha antes na casa de Luiz Vianna e reataria o namoro. Casariam no ano seguinte e teriam Sérgio, fruto de legítima salada ideológica. Mais de quarenta anos e algumas reciclagens políticas depois, ouvindo os xingamentos dos grevistas de sua sala, o presidente do IBGE comentaria com seu velho escudeiro do Partidão:

— Neoliberal leninista? Gazza, acho que estamos no caminho certo.

Cardoso, não faça isso

O mundo estava desabando de novo sobre o Brasil. E dessa vez, o mercado não precisava ter medo de Gustavo Franco. A principal providência do presidente do Banco Central, na manhã de 12 de janeiro de 1999, foi a ingestão de um comprimido de Lexotan. Sua reação ao ataque contra a moeda brasileira não passaria disso. Não tinha manobra secreta, saco de maldades, pacote — nenhuma carta na manga.

As reservas do país sangravam velozmente. Logo o governo teria queimado mais de 1,5 bilhão de dólares, só naquela terça-feira. Maria do Socorro, a dama de ferro da mesa de operações, estava paralisada, olhos vermelhos e cheios d´água. A secretária Gisele não conteve o choro ao avisar que Stanley Fischer, do FMI, estava no telefone e tinha urgência. Uma repórter da CNN também telefonara pedindo uma entrevista. Gustavo apenas balbuciou que não ia atender Stanley Fischer, e que Gisele não precisava retornar a ligação da CNN.

As telas à sua frente mostravam a disparada do dólar, o fluxo cambial fortemente negativo, reservas saindo e a bolsa despencando violentamente. Mas Gustavo não olhava mais para as telas. Seu olhar estava perdido no passado. Via um pequeno grupo de economistas amigos em torno do recém-nomeado ministro Fernando Henrique Cardoso, reunidos às pressas para ajudá-lo a sair daquela situação com dignidade. Podia ouvir o ministro dizendo-lhes que tinham idéias para vinte anos, e provavelmente uns três meses para concretizá-las. Tinham-se passado 68 meses.

Não eram vinte anos, mas eram mais de vinte vezes o prazo de validade inicial. Em nenhum momento tirara o pé do acelerador, mesmo nas curvas mais fechadas — principalmente nelas. Uma hiperinflação pré-histórica, algumas voltas ao mundo vendendo Brasil, um parto de moeda nova, três crises internacionais, duas eleições. Nenhum sonho vendido em troca de proteção, nenhuma concessão política para fincar raízes em Brasília. Stanley Fisher está no telefone de novo. Dane-se o Stanley Fischer.

* * *

Em Washington, Bill Clinton abriu a reunião do G-10, formado pelos czares das economias mais potentes — basicamente, o grupo que mandava no FMI e em todas as grandes operações de crédito para governos. Naquela sessão, por causa da crise mundial detonada pela quebra do LTCM, tornara-se excepcionalmente G-22, agregando um segundo time de países europeus e mais os cinco maiores emergentes. O FMI, sempre seguindo os ditames do G-10, negara ajuda à Rússia poucos meses antes, deixando-a desmoronar ruidosamente. Era hora de decidir o que fazer com o Brasil, que já fizera o sinal do afogado para o FMI. O presidente dos Estados Unidos resolveu o assunto em duas frases:

— Cardoso é um dos principais líderes mundiais. O Brasil terá a ajuda que for necessária, nas melhores condições que pudermos oferecer.

Não era um improviso. Clinton estabelecera uma relação realmente estreita com Fernando Henrique em cinco anos de convivência. Desde o dia em que Larry Summers, do Tesouro, lhe telefonara para avisar que o Brasil conseguira comprar sozinho, secretamente, as garantias para o Plano Brady, o presidente americano ficara curioso em relação ao governo brasileiro. Quando conheceu Pedro Malan, descobriu que todo o alto escalão financeiro da Casa Branca, do FMI e do Banco Mundial tratava o ministro brasileiro pelo primeiro nome, com rara confiança e intimidade. Além de acompanhar de perto o Plano Real e a política de responsabilidade fiscal, Clinton desenvolveria uma cumplicidade pessoal com Fernando Henrique — até no espírito zombeteiro com os circundantes, fossem americanos ou brasileiros.

Por isso, na hora do terremoto mundial, e logo depois de deixar a Rússia à míngua, os Estados Unidos e o G-10 deram a mão ao Brasil. De olhos fechados, inclusive para o recém-fracassado pacote 51. O artífice do plano de ajuda seria o diretor-adjunto do FMI, Stanley Fischer, velho conhecido de Malan. Diferentemente do *Mister No* Jose Fagenbaum, Fischer tinha excelente relação também com Gustavo Franco. Conhecera-o em colóquios acadêmicos nos EUA, e admirava suas manobras operacionais, especialmente o ataque-surpresa do Banco Central na BM&F, combatendo os especuladores através do mercado futuro. Pela primeira vez, o FMI daria um crédito "preventivo" a um país que não estava tecnicamente insolvente. Era um cheque especial da ordem de 40 bilhões de dólares, para serem sacados em caso de necessidade, sem qualquer corretivo à política econômica brasileira. Uma blindagem sem precedentes.

Desse jeito, o ano de 98 terminaria em clima de bonança. Mas a dica de Pedro a Gustavo, avisando-lhe que a guerra estava "apenas começando", deixara-o certo de que o front interno estava minado. Àquela altura, nas palavras cruzadas do Planalto para o segundo mandato, seu nome começava a virar sopa de letras — onde Franco poderia virar Francisco. E esse cisco já o fustigava, embora não soubesse das articulações palacianas, nos últimos compromissos do ano.

A sessão no Senado para aprovação do acordo com o FMI, por exemplo, seria um estorvo para Gustavo. Além do esgotamento físico imposto por duas crises internacionais com seis meses de intervalo, estava moralmente abatido. Era o homem que peitara o FMI, e agora tinha que pedir a bênção dos políticos para recorrer ao socorro dele. Sua decisão de manter o real valorizado, aclamada nos primeiros anos, mas sempre controvertida, agora parecia ter caído em desgraça. Os ataques vinham de todos os lados — inclusive, veladamente, do Planalto — e sua voz tentando explicar o *crack* do LTCM já era inaudível. Como escrevera a revista *Euromoney*, Gustavo não se importava de fazer inimigos, mas a coleção parecia ter ficado grande demais. Era o mais forte candidato a vilão da crise.

Seu nome crescia rapidamente no ranking do site "Ovo Neles", uma espécie de troféu de impopularidade que fazia grande sucesso na internet e fora dela. Em número de *ovotos*, só perdia para Xuxa e Fernando Henrique — mas poderia considerar-se campeão moral, por ser menos conhecido. Os aplausos em aviões e autógrafos para garçons pareciam ter acontecido em vidas passadas. Ao chegar ao Senado, notou que calçara dois sapatos diferentes, um de cada par. Os senadores não perceberiam a trapalhada, mas o acusariam de muitas outras, no ritual de fazer sangrar a autoridade governamental que chegava ferida ao Congresso. Dessa vez, porém, o gladiador da moeda não teve ânimo para defender-se. Internamente, Gustavo estava derrotado.

No dia 16 de dezembro, prestes a entrar na reunião do Copom, o presidente do BC recebeu um telefonema inusitado.

O subsecretário do Tesouro americano, Ted Truman, lhe dizia que o governo brasileiro deveria manter o "grau de segurança". Gustavo fingiu que não entendeu, e Truman foi mais explícito: só garantia a liberação do dinheiro do FMI se ele garantisse que não baixaria os juros naquela reunião do Copom. Fazendo enorme esforço para não mandá-lo para um lugar intraduzível para o inglês, o brasileiro avisou que ia desligar o telefone e fez um comentário final:

— Senhor secretário, agradeço e dispenso a sua orientação. Aliás, só estou ouvindo o que o senhor está me dizendo em consideração ao esforço do presidente Clinton em favor do Brasil. Adeus.

Gustavo nunca recebera uma tentativa de ingerência como aquela. Ao desligar o telefone, o que era uma impressão virou constatação: o tapete sob seus pés já estava se movendo, e o segundo escalão do governo americano já sabia disso. Curiosamente, a certeza de que o seu desembarque estava sendo preparado lhe renovou o apetite para seguir viagem. Montou um novo plano de vôo e guardou para si, esperando o instante exato para dispará-lo. O instante chegou no dia 7 de janeiro, com um convite do presidente Fernando Henrique para almoçarem a dois no Palácio da Alvorada.

No dia do encontro, uma quinta-feira, o país estava de novo de pernas para o ar. Ao tomar posse no governo de Minas Gerais, Itamar Franco anunciara que decretaria moratória de todas as dívidas do estado com a União. Era o ato de ruptura de uma aliança que fizera história no Brasil, e que degenerara em ciúmes e mágoas — como o casal que planeja o filho e entra em curto após seu nascimento. Governadores de oposição alinharam-se imediatamente ao mineiro, formando um movimento nacional pela renegociação das dívidas estaduais. O mercado já colhia boatos sobre mudanças na política cambial, e a rebelião de Itamar transformou-se em estopim.

Dos esqueletos financeiros desenterrados ao fechamento dos ralos dos bancos públicos, a faxina nas contas dos estados era um dos pilares da responsabilidade fiscal de Fernando Henrique. O calote dos governadores parecia, portanto, tomar a estabilidade econômica como refém. Mas só parecia. Os novos contratos negociados por Clóvis Carvalho e Pedro Parente previam o bloqueio de repasses, a retenção de receitas e outras formas de garantir o pagamento normal das dívidas. Só que o mercado não quis saber disso.

Na quarta-feira, dia 6, Itamar decretou oficialmente a moratória por noventa dias. Foi a deixa para o início de mais uma corrida contra o real. O nervosismo se espalhou, a irracionalidade também: agências internacionais de notícias chegaram a distribuir fotos de filas para pagamento de IPVA como se fosse uma corrida aos bancos. As legendas delirantes informavam que os brasileiros estavam sacando seu dinheiro com medo de um confisco. No olho desse furacão, Fernando Henrique e Gustavo Franco sentaram-se para almoçar.

O presidente estava especialmente cordial e afetivo. Conduziu a conversa com serenidade durante quatro horas, não admitindo uma interrupção externa sequer, apesar da tempestade financeira do lado de fora. A essa altura, as cartas estavam todas sobre a mesa. O presidente já sabia que Gustavo sabia. A articulação para substituí-lo por Francisco Lopes, então diretor de Política Monetária do Banco Central, fora costurada sobre todas as cabeças, conduzida diretamente pelo homem forte da Casa Civil, Clóvis Carvalho. Chico Lopes era a aposta do presidente para desvalorizar o câmbio e parar de "jogar na retranca", como dissera a Malan um ano antes. Mas Gustavo tinha uma contraproposta:

— Presidente, vamos programar a desvalorização, mas não pode ser agora. Primeiro vamos enquadrar esses governadores, acabar com a gritaria, botar em prática as metas fiscais do acordo com o FMI. O mercado não pode achar que temos motivos para agir sob pressão, e não temos mesmo. Desmontamos essa crise num instante, como desmontamos as outras. E soltamos o câmbio em março, na calmaria, com as salvaguardas que eu já planejei, sem perigo.

Fernando Henrique ouvia com atenção. Ainda via Gustavo como a melhor pessoa para operar a mudança cambial. Continuava achando que, mais do que respeito, o mercado tinha medo dele. E na hora do estouro da boiada, isso era fundamental. Por outro lado, esperara muito por uma posição mais flexível do presidente do BC quanto à âncora do câmbio, e ele não transigira um milímetro. Havia no mínimo uma fadiga de confiança.

Gustavo também ia fazendo seus cálculos mentais. Temia que pudesse ser usado apenas para pilotar a desvalorização, uma mudança inevitavelmente desgastante, e depois fosse descartado como o culpado pelo solavanco. Apresentou, então, sua condição:

— Não quero ouvir a idéia do Chico, nem quero conversar com ele sobre a idéia dele. O senhor ouça toda a equipe. Mas acho que não dá para fazer essa mudança em grupo. Se a sua decisão for fazer comigo, vou fazer do meu jeito. Aí o Chico tem que ir embora. Mas se o senhor preferir entregar a ele, sugiro que entregue imediatamente.

Fernando Henrique respondeu que então precisava pensar um pouco. A atmosfera do Alvorada parecia dividida em dois. De um lado, Gustavo olhava para o futuro, pragmático, calculando a saída para mais uma sinuca de bico. Do outro, o presidente estava voltado para o passado, emocionado, quase se entregando a uma retrospectiva daquela parceria inesquecível. Falava como quem se despede, sem querer se despedir:

— É realmente um momento difícil, Gustavo. Caminhamos tanto juntos... Só nós sabemos com que intensidade vivemos esses anos, não é? Uma grande jornada...

Gustavo deixou o Palácio da Alvorada já no fim de um dos dias mais peculiares que passara em Brasília. Não tinha sequer notícia do que acontecera na montanha-russa do mercado, parecia estar saindo de um túnel do tempo. Fora uma conversa esclarecedora, embora inconclusa, e acima de tudo fraternal. Tudo podia acontecer depois dela, e tudo estaria bem com qualquer desfecho. O ato final aconteceu no dia seguinte, sexta-feira, às oito da noite, quando Julia atendeu um telefonema para o pai. Era Fernando Henrique ligando pessoalmente:

— Gustavo, a respeito daquela decisão: resolvi fazer mesmo a troca de guarda de que nós falamos.

— Ok, presidente. Vou falar agora mesmo com o Pedro, para fazermos a troca o mais rápido possível.

Gustavo já iniciara sondagens para substituir Chico Lopes no BC, mas agora não teria mais esse trabalho. No dia seguinte, manhã de sábado, Pedro Malan tocou sua campainha logo cedo. Entrou no apartamento de São Conrado já dizendo "eu também vou":

— Acabou, vou embora. É questão de tempo, mas não quero mais tempo nenhum. Acho que o melhor é sair agora com você.

O que Gustavo mais queria era acelerar a transição ao máximo. Era o cadáver da vez, e não queria ficar apodrecendo aos olhos sádicos do mercado. Era um segredo explosivo demais para ficar guardado por muito tempo. Começou a rabiscar a nota que divulgaria em sua saída. Queria que na segunda-feira estivesse tudo pronto, dependendo apenas do sinal verde do presidente.

O fim de semana transcorreu sem indícios de vazamento, mas a semana começou com um artigo preocupante na *Folha de S. Paulo*. O jornalista Josias de Souza escrevia que, em outros tempos, qualquer especulação sobre a demissão de Gustavo Franco era a senha para o tumulto. Agora, as coisas pareciam estar mudando. Gustavo correu as agências de notícias na internet em busca de outros sinais de vazamento. Mas não havia nenhum. Era quase uma premonição do articulista da *Folha*. Mesmo assim, o cheiro de mudança estava no ar, a moratória dos governadores ganhava contornos de crise e o mercado acordou terça-feira de péssimo humor. A bolsa chegaria a despencar 8% e mais 1,2 bilhão de dólares sairiam do país. Não era possível esperar mais.

Malan e Gustavo conversaram de meio-dia às 13:30, procurando ser práticos. O ministro da Fazenda aprovou a curta nota do colega demitido e perguntou se gostaria que ele estivesse a seu lado no anúncio de sua saída. Gustavo respondeu que como Malan ainda permaneceria no governo, poderia não ser bom para ele aparecer ali. O ministro então transmitiu-lhe um recado de Fernando Henrique, oferecendo-lhe o cargo de secretário-executivo do Ministério da Fazenda, de onde deslocaria Pedro Parente para a Petrobras. Gustavo agradeceu e disse que estava indo para casa mesmo.

Antes de encerrarem a reunião derradeira, Malan resolveu mostrar-lhe um *paper* com a proposta de Chico Lopes para a nova política cambial. O material estava bem impresso e traduzido para o inglês, o que mostrava que aquele processo já vinha de longe, sem que Gustavo soubesse de nada. A proposta de Chico era a criação da "banda inteligente", um regime que alargaria aos poucos o espaço entre as cotações mínima e máxima do dólar permitidas pelo Banco Central. O valor do teto seria corrigido mais aceleradamente do que o valor do piso, de forma que o espaço para a flutuação do câmbio fosse se ampliando — em direção à desvalorização do real. Malan terminou de ler e Gustavo não disse nada. O ministro então lhe perguntou o que achava do plano:

— Não acho nada.
— Mas eu gostaria de saber a sua opinião — insistiu Malan.
— Tudo bem. Eu acho uma merda. Não vai funcionar.
— Mas muita gente achou bom.
— Muita gente quem, cara pálida?
— Da equipe.
— Ok. Então, boa sorte.

Maria do Socorro conseguira evitar que as lágrimas rolassem, mas não fizera questão de esconder sua revolta com os acontecimentos. A secretária Gisele não se importara de chorar ao vivo e em cores. E chegou a rir quando o chefe avisou que não ia atender a CNN, nem Stanley Fischer, nem o Papa. Um riso de vingança. Cláudio Mauch entrou na sala do presidente do BC e não disse nada. Depois de um abraço longo, emocionado, avisou que decidira ir embora também. A cena se repetiu com Demósthenes Madureira de Pinho, diretor da área externa. Os dois estavam solidários com Gustavo, mas iam "comer galeto" principalmente porque não acreditavam na mudança que estava sendo feita.

Gustavo já tinha acertado com Malan e Fernando Henrique que sairia no dia seguinte, quarta-feira 13. Sua jornada estava portanto encerrada, e seus olhos abandonaram definitivamente as telas que mostravam o mercado em chamas. No momento mais delicado da viagem, o avião passara a voar no piloto automático. O comandante estava ocupado esvaziando suas gavetas.

Apesar de toda a turbulência, o país do lado de fora não imaginava que àquela altura Gustavo já tinha largado o manche. O horizonte continuava limpo, sem o menor sinal de vazamento — a não ser um telefonema lacônico, quase cifrado, recebido no início da noite de terça-feira pelo repórter Jorge Bastos Moreno. A pessoa dizia apenas que a tão falada mudança no real aconteceria mesmo, no dia seguinte. E desligara. Moreno sabia que aquela frase era quase nada, e aquela informação era tudo. Não teve dúvidas: Gustavo Franco tinha caído. Mas precisava checar aquilo de alguma forma. Selecionou no caderninho algumas de suas melhores fontes e foi à caça do furo. Cada minuto de seus mais de vinte anos em Brasília tinha que lhe valer naquela hora.

Moreno cultivara fontes na capital federal com eficiência pouco comum. Desde os anos 70, quando ainda trabalhava no *Jornal de Brasília*, transformara sua casa num ponto de encontro de jornalistas de todos os veículos. Era uma espécie de território livre para contatos pessoais e troca de idéias, onde a concorrência ficava temporariamente em segundo plano. Políticos e autoridades também eram convidados, e logo passariam a bater ponto naquele endereço. Afinal, era o lugar onde poderiam ser vistos e ouvidos pela imprensa inteira de uma vez só. E o anfitrião tinha algumas características perfeitas para o papel: exuberante no papo, no garfo e no faro, espartano na lealdade e no uso da informação.

Pouco depois de deixar a família no Mato Grosso para tentar a sorte sozinho em Brasília, aos 20 anos, Moreno ficou conhecido na capital por uma heresia. No final de 1977, discutia-se a sucessão do presidente Ernesto Geisel, e o nome do general João Baptista Figueiredo ganhava força. O repórter iniciante resolveu tentar entrevistá-lo, e foi ao Regimento de Cavalaria da Guarda, onde Figueiredo fazia seus exercícios de montaria. No primeiro dia, nem conseguiu falar com ele. No segundo, duas perguntas com um par de grunhidos como resposta. No terceiro dia, o general parou para falar com ele, parecia mais bem-humorado. Desistiu das negativas anteriores e soltou o verbo:

— Garoto, você quer saber? Sou eu mesmo. O próximo presidente da República sou eu. Já está decidido.

Exultante, Moreno não perdeu o embalo:

— Posso escrever que o senhor disse isso?

— Claro que não — encerrou Figueiredo.

O repórter correu para a redação e contou a conversa para seu chefe. Disse que era off, mas propôs que assim mesmo o jornal publicasse a informação na boca de Figueiredo. O chefe perguntou se ele estava querendo encerrar a carreira ali, quebrando um off de general. Moreno insistiu:

— Vamos quebrar. Eu acho que o general quer que esse off seja quebrado, senti isso quando ele falou comigo. Vamos arriscar.

O editor topou a aposta e o *Jornal de Brasília* rodou uma edição extra com a revelação de Figueiredo na manchete. Não houve desmentidos, nem sequer um telefonema de qualquer autoridade militar para a redação. O general Hugo Abreu, chefe da Casa Militar, demitiu-se por discordar da escolha de Figueiredo. O fato estava consumado. Não satisfeito com o furo, Moreno foi à toca do leão, checar a reação do futuro presidente à manchete do *Jornal de Brasília*. Seus cálculos estavam certos. Figueiredo estava de ótimo humor, e recebeu-o com irreverência:

— E aí, garoto? Tá famoso às minhas custas?

A capacidade de perceber o que as fontes queriam e o que não queriam que fosse publicado foi enriquecendo sua caderneta telefônica. A primeira relação mais estreita e duradoura seria estabelecida com o deputado Ulysses Guimarães. Moreno chegou a "psicografá-lo" algumas vezes, escrevendo matérias com base em escassos sinais emitidos pelo velho líder do MDB. Tancredo Neves, outra estrela de sua caderneta, chegaria a reclamar: "Ulysses espirrou, Moreno bota". Ficariam tão próximos que, a partir de certo momento, o doutor Ulysses se tornaria uma péssima fonte. Passaria a "esquecer" de lhe passar as informações mais quentes de bastidor. Achava que, com a assinatura de Moreno, todos saberiam que a fonte era ele.

Convidado por *O Globo*, onde cobria férias na virada para os anos 80, ficaria por lá até 1987, quando foi cobrir a Constituinte pelo *Jornal do Brasil*. Depois foi para a assessoria do PMDB, e voltou ao *Globo* para destacar-se na cobertura da era Collor. Conseguiria alguns dos grandes furos da CPI do PC, como o cheque de um dos "fantasmas" do tesoureiro usado por Collor para comprar um Fiat Elba — uma das principais peças do processo de impeachment. A essa altura, mais do que cultivar fontes, Moreno passara a ser cultivado por elas. A massa de informações preciosas recebidas por ele era tamanha, que o chefe da sucursal do *Globo* em Brasília, Ali Kamel, organizou uma espécie de linha de montagem: puxava outros repórteres para apurar as informações e muitas vezes escrevia, ele mesmo, as matérias, colocando a assinatura de Moreno.

Na era Itamar, o repórter firmara-se, aos 40 anos, como antena do poder. O que havia de mais intrigante nos bastidores da República acabava batendo nos ouvidos de Moreno. E lhe cairia no colo um dado sobre a personalidade enigmática do presidente mineiro, logo depois de sua saída do cargo. Uma reunião discreta no Palácio do Jaburu reunira a cúpula do governo: Fernando Henrique, o vice Marco Maciel, Luís Eduardo Magalhães, os ministros José Serra e Luiz Carlos Santos, o assessor Moreira Franco, os governadores Tasso Jereissati e Antônio Britto. No dia seguinte, metade desse grupo foi jantar na casa de Moreno. Enquanto comiam uma codorna preparada pelo jornalista, começaram a deixar no ar comentários inacabados sobre algo "impressionante" relatado na véspera por Britto, governador do Rio Grande do Sul. O anfitrião captou a senha e mudou de assunto.

Nem bem amanheceu, Moreno foi para o telefone e passou a conversar com um por um dos figurões que recebera na véspera. Compreendera que eles tinham algo grave a contar, mas não podiam comprometer-se com o vazamento uns diante dos outros. O repórter foi jogando verde, iniciando as conversas como se já tivesse a informação central, e colhendo com cada interlocutor mais um pedaço da história.

E ela era de fato impressionante: ministro da Previdência de Itamar, Britto contara que o presidente tinha adquirido um aparelho de escuta telefônica e estava "monitorando" as conversas de alguns dos seus auxiliares. Descobrira isso num despacho no Planalto, em que Itamar fizera referência subitamente a um assunto que Britto tratara num telefonema particular. Estava dizendo ao seu ministro, em código, que ele estava sob sua vigilância.

Moreno publicou a denúncia, e logo viu que destampara uma crise já embalsamada. Britto já se entendera com Itamar e não queria mais mexer no assunto. Mas agora recebia um fax do político mineiro dando-lhe 48 horas para desmentir a acusação, ou iria à Justiça contra ele. O governador gaúcho ligou para Moreno chamando-o de mentiroso e ameaçando processá-lo se não desmentisse a história. O jornalista esperou o fim da gritaria e respondeu:

— Governador, eu sei a história completa. Sei até o nome do ministro que deu o aparelho de escuta ao presidente Itamar. Sei também que o senhor recebeu um aviso de 48 horas para desmentir, tenho aqui a cópia do fax. Portanto, esse problema é do senhor, não é meu. Se o senhor preferir desqualificar a minha informação, serei obrigado a reconstituir palavra por palavra todo o caso e tudo o que o senhor falou.

Britto mudou o tom:

— Moreno, me salva do Itamar. Não quero confusão com ele. Quem foi o filho-da-puta que te contou essa história? Aquilo era uma reunião fechada...

O jornalista não desmentiu a denúncia, mas se sensibilizou com o apelo do governador. Numa decisão difícil, que chegaria a colocá-lo em curto-circuito com a direção do jornal, decidiu abandonar o assunto. Sem outros indícios ou testemunhas, o caso da espionagem de Itamar voltava para o seu esquife.

A noite de terça-feira, 12 de janeiro de 99, avançava sem que Moreno conseguisse confirmar a mensagem cifrada sobre a demissão de Gustavo Franco. Os colegas de redação mantinham um pé atrás em relação àquela informação, que parecia inconsistente demais para ser assumida pelo jornal. Moreno disparara telefonemas para todas as suas principais fontes na Esplanada e no Congresso. Ninguém sabia de nada. As do Planalto sequer retornavam as suas ligações, o que até podia ser um sinal de confirmação. Mas era preciso agregar pelo menos um outro sinal afirmativo àquela mensagem voadora. Se viesse de seu naipe especial de gargantas profundas, uma palavra bastaria.

Num quiosque à beira da Lagoa Rodrigo de Freitas, era quase meia-noite quando tocou o celular de Rodolfo Fernandes, editor-executivo de *O Globo*. Moreno tinha a bomba: Gustavo Franco estava fora e o real ia sofrer uma mudança cambial. Rodolfo estranhou, lembrando que Fernando Henrique acabara de embarcar para Sergipe, onde ia descansar numa casa de praia. Não faria isso na véspera de uma mudança drástica como aquela. Moreno fincou pé. Deveria então ser uma manobra diversionista do presidente, porque sua informação era segura. Acabara de colher um "é isso mesmo", de altíssima fonte, confirmando a sua isca inicial.

Rodolfo ligou para o editor-chefe, Ali Kamel, e decidiram cacifar a aposta do repórter-colunista de Brasília, com a aprovação do diretor de redação, Merval Pereira. Não tinham salvaguarda, garantia, nem nada nas mãos para bancar um risco daquele tamanho. Tinham apenas o currículo de Jorge Bastos Moreno.

Já entrando pela madrugada, voltaram todos para a rua Irineu Marinho. Disseram ao secretário de redação, Antônio Maria, que mandasse parar as máquinas, e juntos refizeram o jornal do dia 13 — agora com a manchete bombástica.

Na Academia de Tênis de Brasília, Gustavo acordou às 7:00 horas e começou a se preparar para anunciar ao país sua demissão. Mas deu de cara com ela no *Bom dia, Brasil*, da Rede Globo. O telejornal procurava repercutir a notícia, mas era uma repercussão em tese, porque não havia qualquer confirmação oficial. Só havia a manchete do *Globo*. Vivendo o maior suspense de suas carreiras, Moreno e seus editores suaram frio até as 9:15, quando o presidente do Banco Central entrou na sala de imprensa e começou a ler sua nota derradeira. Depois de 27 horas de vigília, Ali Kamel desligou a TV e foi dormir aliviado.

Gustavo vivera uma tensão adicional antes de sua despedida oficial. Pedro Malan considerara até o último instante a possibilidade de estar ao lado dele na leitura da nota. Fernando Henrique brincava que Malan não tinha os olhos puxados à toa. Seria o sinal físico de seu temperamento chinês — reservado, paciente e teimosamente perseverante. A soma dessas características resultava numa postura pessoal absolutamente segura. Naquela manhã de quarta-feira, o ministro da Fazenda pela primeira vez demonstrou insegurança. A saída de Gustavo tinha atingido seus nervos de aço. No fundo, não estava acreditando na manobra que lhe cabia reger, ou seja, começava a se perguntar o que ainda estava fazendo ali.

O plano de fuga de Gustavo estava pronto. Tomara todas as providências para não cair no mar de microfones e câmeras, situação que não iria suportar. Gisele fizera reservas em vôo comercial só como despiste. Ele embarcaria na base aérea, pegando emprestado o avião oficial do ministro da Fazenda. No Rio, um carro com motorista o esperava para seguir diretamente para a Serra do Mar, onde se internaria no sítio do sogro, no Vale do Cuiabá. Pela primeira vez, o caminho entre o elevador e o auditório do BC, no mezanino, fora isolado. Se tudo corresse bem, não teria nenhum ponto de contato com a imprensa fora do auditório — onde não responderia perguntas.

Telefonou para Guilherme Arinos e Maria Isabel, avisando, de véspera, que estava saindo do governo. Não queria que eles soubessem pela imprensa. O pai não esboçou reação. Ficou sem palavras, disperso, quase catatônico. Todo o inconformismo que o paralisava surtiu em sua mãe efeito contrário. Maria Isabel explodiu no telefone. Saiu desancando as autoridades do governo Fernando Henrique, que se estivessem em seu raio de ação possivelmente não escapariam de uns sopapos.

Adentrou o auditório, respirou fundo e firmou a voz para evitar que ela falhasse com a emoção. Sua única fala fora do script foi um "tudo bem?" para duas plantonistas do *Estadão* e do *Globo*, velhas companheiras de trabalho, que posicionavam os gravadores em sua mesa. Elas responderam que não, não estava tudo bem. Gustavo leu a nota e, em pouco mais de um par de horas, estava subindo a serra de Petrópolis, ouvindo no rádio do carro tudo sobre sua queda e o terremoto que sacudia o mercado financeiro. Sentia-se a bordo de um foguete, subindo ao espaço sideral e ouvindo as notícias da Terra. A Bolsa de São Paulo tinha despencado 10% com 12 minutos de pregão, obrigando ao acionamento do *circuit breaker* — a interrupção de emergência para frear a inércia da queda. O governo estava tonto, a oposição ia ao ataque com tudo. Lula pedia a cabeça de Malan, Brizola exigia a renúncia de Fernando Henrique.

O mercado botava a nova política cambial no córner, fazendo o dólar bater seguidamente no teto da banda ampliada — levando o real a uma desvalorização imediata de quase 9%. Gustavo se sentiu realmente em outro planeta quando, já no sítio, ligou a TV à noite e assistiu a um pronunciamento de Fernando Henrique ao país. Era uma combinação qualquer de palavras, ditas em tom enérgico para tentar domar o mercado, tendo como reforço cênico a figura do ministro da Fazenda estático a seu lado. Gustavo captou todo o constrangimento de Pedro via satélite. Malan acabara de pedir demissão ao presidente.

No dia seguinte, quinta-feira, o mercado foi com tudo para cima do Banco Central. Não havia possibilidade de se discutir demissão de ministro da Fazenda naquela conjuntura. Os pedidos de demissão de Mauch e Demósthenes seriam negados por Clóvis Carvalho, depois de já terem vazado. Na sexta, o incêndio já estava definitivamente fora de controle. A nova banda inteligente tinha sido triturada. A desvalorização planejada do real tinha ido pelos ares, e o BC teve de fazer o que o mercado estava mandando: liberar totalmente a flutuação do câmbio, soltar de vez a âncora e deixar o valor da moeda brasileira cair até onde o mercado quisesse.

Ele quis que o real caísse nada menos que 21% em 72 horas. E que continuasse caindo violentamente nas duas semanas seguintes, até ultrapassar os 70%. A maxidesvalorização, objeto de tantas controvérsias dentro do governo, estava feita na marra.

O governo americano e o FMI estavam desnorteados. A confiança depositada no Brasil devia-se ao caminho institucional que o país vinha tomando, mas estava lastreada em relações pessoais. E o trinômio Cardoso-Malan-Franco, ao qual tinham acabado de entregar um cheque especial de 40 bilhões de dólares, esfarelara-se em questão de dias. Após a queda de Gustavo e a ruptura do compromisso com o real valorizado, chegavam sinais da saída de Malan. O ministro da Fazenda já levara ao presidente uma lista com dez sugestões de nomes para substituí-lo no cargo. Seu pedido de demissão não era um novo artifício cênico:

— Presidente, esta política econômica, da forma como a executamos até aqui, chegou ao fim da linha. Eu sou o ministro que representa esta política. Então eu tenho que sair.

Fernando Henrique achava que Malan estava sendo absolutamente sensato. Agradeceu-lhe a dignidade e o desprendimento. Mas deu um jeito de não responder-lhe mais uma vez. Naqueles dias, o presidente vinha mantendo uma linha direta com Michel Camdessus, diretor-gerente do FMI, e com Stanley Fischer, seu adjunto. No fim de semana de 30 e 31 de janeiro, quando a crise da desvalorização chegara ao seu auge, Fernando Henrique tinha em mãos a lista de substitutos apresentada pelo ministro demissionário quando ouviu de Fischer um conselho na contramão dos fatos: ele lhe dizia que, qualquer que fosse a direção da ventania, sua verdadeira âncora chamava-se Pedro Malan.

O presidente brasileiro telefonou para o primeiro-ministro inglês, Tony Blair. Os dois tinham mais do que uma boa relação diplomática. Desde os debates sobre a Terceira Via, sediados em Londres, tinham encontrado uma série de afinidades de pensamento, e acabaram estabelecendo um canal direto e pessoal. Falavam-se freqüentemente pelo telefone, às vezes se demoravam no colóquio. Naquele momento crucial, Blair praticamente repetiu as palavras de Fischer sobre Malan. Disse-lhe que, em seu lugar, combateria a crise não com a troca do ministro, mas com a manutenção dele.

A conversa decisiva foi com Bill Clinton. Após cinco anos, o diálogo de Fernando Henrique com o colega americano chegara a um ponto de fluência total, protocolo praticamente zero. O momento dessa vez era delicado, não permitia o duelo de tiradas espirituosas e sarcásticas. Clinton evitou recriminar o governo brasileiro pela mudança brusca de rumo. Mas aproveitou a franqueza que os unia para deixar claro, sem rodeios, em que condições o Brasil continuaria valendo a pena para os Estados Unidos:

— Cardoso, não acredito que você vá encontrar outro ministro da Fazenda como o que você tem.

Na noite de domingo, Fernando Henrique tomara sua decisão, amparado pelo mundo: Chico Lopes seria demitido antes de tomar posse, e Malan, contrariando dez entre dez apostas no meio político brasileiro, não sairia do lugar. Telefonou para o seu novo velho ministro da Fazenda e contou a ele a novidade:

— Pedro, você está enganado. Não é o fim da linha. Você nunca esteve tão forte.

O médico e o monstro

Os visitantes do palácio foram gentilmente convidados pelo presidente a se retirar:

— Senhores, a conversa está boa, mas amanhã cedo tenho que levar uma vaia no Mato Grosso do Sul.

Um bom pedaço da popularidade de Fernando Henrique ficara pelo caminho depois da desvalorização do real em janeiro de 99. Por algumas semanas após o fatídico dia 13, o país viveu o choque do fim do Plano Real. Mas ele não tinha acabado, apesar das trapalhadas do governo ao volante. A sociedade sacara uma arma fornecida pelo próprio governo — a cultura da desindexação — e barrara a transformação da desvalorização em inflação. Consumidores, fornecedores, vendedores, patrões e empregados foram erguendo, espontaneamente, uma barricada cívica contra a nova escalada dos preços. Sem o apelo visual e sonoro das grandes passeatas e manifestações de rua, ali estava um dos mais importantes movimentos de massa do povo brasileiro. Mas o solavanco — batizado pelo jornalista Joelmir Betting de "Susto Brasil" — deixaria uma ferida política em Fernando Henrique.

Em público, o presidente assumiria uma expressão mais tensa e defensiva. Em particular, continuaria irreverente e sarcástico, carregando mais do que nunca na auto-ironia. As vaias em público começavam a se repetir. Aproveitava então para achincalhar algum ministro seu, dentre os que considerava, ele próprio, abaixo da crítica:

— Presidente que nomeia um ministro desse tem que ser vaiado, mesmo. Nomeação política pra atender a partido. Esse governo é uma esculhambação.

Mas a tal vaia de Mato Grosso do Sul acabaria não acontecendo. Os anfitriões da solenidade em Campo Grande tinham caprichado na composição da claque. Só alunos de escolas públicas, e nada de secundaristas, nem mesmo de adolescentes. Só criançada bem adestrada, com bandeirolas na mão. Depois de se despedir do público acolhedor, o presidente desceu do púlpito e caminhava em direção ao carro oficial, quando uma garota de seus dez anos furou o cordão de isolamento e disparou na direção dele. A segurança agiu imediatamente, contendo a estudante. Fernando Henrique gritou com seus assessores:

— Mandem largar a menina! Deixem ela vir conhecer o presidente. Finalmente uma manifestação a favor, e vocês querem abafar?!

Mandou um fotógrafo se posicionar para registrar a cena, armou o sorriso e abriu os braços à espera da fã. Ela parou diante dele, mas não o abraçou. Apenas pediu:

— Minha caneta, presidente. O senhor ficou com a minha caneta. Poderia me devolver?

O momento definitivamente não era bom. E a coisa começara a desandar antes mesmo da crise da desvalorização. Em novembro de 98, o projeto principal de Fernando Henrique para seu segundo mandato fora fulminado por um escândalo. O plano do presidente para "parar de jogar na retranca", instalando na engenharia do real os botões do crescimento econômico, estava centrado na criação do Ministério da Produção. Seu titular seria o economista que lhe apresentara pela primeira vez uma proposta desenvolvimentista convincente. Luiz Carlos Mendonça de Barros, como homem de mercado, tinha uma estratégia arejada, livre dos habituais favores fiscais e protecionistas. Mas tinha também um grampo na sua linha telefônica.

Promovido a ministro das Comunicações, Luiz Carlos presidia o leilão gigante de privatização do sistema Telebrás, de onde sairia vitaminado para ser o superministro da Produção. Mas acabou saindo como um dos mais famosos cadáveres do governo Fernando Henrique.

Suas conversas com André Lara Resende, então presidente do BNDES, e outras autoridades graduadas, seriam registradas por meio de escutas clandestinas e cairiam nas mãos da revista *Época*. Nos diálogos, Luiz Carlos e seus interlocutores operavam para levar a Previ — o bilionário fundo de pensão do Banco do Brasil — a se associar com os consórcios que, na avaliação do governo, estavam mais capacitados para assumir os serviços de telefonia. De quebra, os detalhes do grampo ainda expunham os conceitos pouco elogiosos do ministro das Comunicações sobre a equipe econômica. Pedro Malan e Pedro Parente, por exemplo, eram tratados por ele como "babacão" e "babaquinha". Estava enterrado o plano desenvolvimentista de Fernando Henrique.

Em julho de 99, quando já estava claro que a crise de janeiro não transformara o Plano Real em pó, o presidente resolveu parar de lamber feridas. Não fazia outra coisa havia mais de um ano, desde que as bruxas de abril lhe tomaram, de uma vez só, dois pilares de seu governo — Sérgio Motta e Luís Eduardo Magalhães. Eram, além de tudo, perdas afetivas, às quais se somaria a de André Lara, tostado junto com Mendonção, e a de Gustavo Franco, forçada pelo liquidificador em que se transformara o governo desde a crise da Rússia/LTCM. Com as paredes rachadas, o velho bunker ia se tornando um lugar cada vez mais solitário, cercado de auxiliares "abaixo da crítica".

A cartada de julho era um achado — uma manobra para aquecer o coração do governo com uma solução caseira. Era quase uma alquimia, capaz de reacender a pauta do desenvolvimento sem pôr em risco os fundamentos monetários. Fernando Henrique atirou-se a ela, sem notar que escrevia de próprio punho mais um capítulo de sua série trágica.

O novo ministro do Planejamento, Pedro Parente, teve que abandonar uma reunião pela metade para atender a um chamado do presidente: tinha uma missão para ele. Parente foi da Esplanada ao Palácio da Alvorada tentando adivinhar o que seria dessa vez. Como secretário-executivo da Fazenda, ele já fora escalado até para acalmar Larry Summers na secretaria do Tesouro, quando a Rússia tinha quebrado e os americanos cismaram que o Brasil devia dolarizar sua economia. Parente passou um domingo em Washington ouvindo Summers perguntar-lhe, a tarde inteira, qual era o plano B — e andando em círculos para responder-lhe, uma penca de vezes, que não havia plano B.

No auge da crise cambial de janeiro, quando Fernando Henrique decidiu demitir Chico Lopes antes da posse, Parente fora incumbido de telefonar para o economista Armínio Fraga. A missão era convencê-lo a trocar em 24 horas o fundo bilionário de George Soros pela frigideira do Banco Central. Os dois haviam trabalhado juntos no início da década, na equipe econômica do ministro Marcílio Marques Moreira, e tinham grande afinidade profissional. Era um sábado e Armínio estava na festa de aniversário de um colega de seus filhos quando Parente telefonou e fuzilou-o com o convite. O operador de Soros respondeu que poderia voltar ao Brasil em junho.

— Junho?! Armínio, você não tá entendendo. Em junho pode ser que nem exista mais Brasil. Você tem uma hora pra pensar e me responder.

O convite foi aceito, o Brasil não acabou e o novo presidente do Banco Central dominou com perícia a crise. Depois deu o troco. Parente calculava seu próximo movimento no governo em direção a uma função executiva, talvez a presidência da Petrobras. Mas Fernando Henrique precisara dele para o Planejamento. Viraria ministro, mas de uma pasta sem poder — se comparada com a Fazenda, onde fora uma espécie de ministro-adjunto. Aí foi a vez de Armínio ser o porta-voz do presidente: abandonara os Estados Unidos com um telefonema de Parente, agora ele tinha que topar ser ministro do Planejamento.

O curinga teve que topar, e já estava começando a gostar da cadeira. Estabelecera metas de gestão para todo o governo, trocando o método de controle de processos pelo de cobrança de resultados. Achava que estava iniciando uma pequena revolução na administração pública, seguindo o modelo implantado nos EUA pelo vice Al Gore, quando veio o chamado presidencial. No Alvorada, Fernando Henrique estava acompanhado de seu braço direito, o chefe da Casa Civil Clóvis Carvalho, e começou a contar uma história comprida:

— Pedro, é muito importante que eu possa, neste segundo mandato, contrapor a força da área econômica com um outro pólo, dentro do ministério, capaz de modificar um pouco essa ótica do "não", do controle total, mas sem desconhecer os princípios da área econômica...

Ali estava o presidente de volta ao seu velho dilema. E logo a conversa passaria a girar em torno do Ministério do Desenvolvimento, Indústria e Comércio Exterior, uma pasta opaca à qual Fernando Henrique se referia pela primeira vez com brilho nos olhos. Parente começou a entender: aquele ministério seria turbinado, ganharia poderes inéditos do Palácio do Planalto, e caberia a ele a singela missão de ser o anti-Malan. Pôs-se a reunir mentalmente os argumentos, decidido a mostrar a inconveniência de confrontar aquele que fora seu chefe até seis meses antes, e que o projetara dentro do governo. Mas a conclusão do presidente pegou-o no contrapé:

— É por isso, Pedro, que eu quero levar o Clóvis para o Ministério do Desenvolvimento. E chegamos à conclusão de que a única pessoa no governo que pode assumir a Casa Civil é você.

Aquilo não fazia o menor sentido para Pedro Parente. Ele sabia que ser o ministro chefe da Casa Civil significava ser uma espécie de árbitro do governo, e, muitas vezes, ser o presidente de fato. Achava que aquele figurino ficava largo nele. Logo se lembrou de lendas como Golbery do Couto e Silva e Leitão de Abreu, algumas das grandes eminências pardas que haviam sentado naquela cadeira. Mas à primeira sílaba pronunciada por Parente, Fernando Henrique agradeceu-lhe por aceitar o convite e deu-lhe os parabéns pelo novo cargo. Pouco mais de um mês depois, os dois estariam na mesma sala cuidando do funeral do último plano desenvolvimentista do governo.

No dia 2 de setembro, uma quinta-feira, Clóvis Carvalho mergulhou com tudo em seu novo papel de contraposição à área econômica. Preparou um discurso forte, inspirado em conversas com os irmãos José Roberto e Luiz Carlos Mendonça de Barros, para ser lido no seminário "Desenvolvimento com estabilidade", montado pelo PSDB em Brasília. Para constrangimento de Pedro Malan, que estava presente, as palavras de Clóvis iriam bem além de uma "contraposição" calculada:

— Ajustes não podem ser entendidos como camisa-de-força para iniciativas voltadas ao desenvolvimento. Dá, sim, para ousar mais, arriscar mais. E o excesso de cautela, a essa altura, será o outro nome para covardia.

Os políticos, o mercado e as manchetes do dia seguinte entenderam o recado do mesmo jeito: a política econômica personificada por Pedro Malan e Armínio Fraga levara uma bofetada do braço direito do presidente. Como Fernando Henrique silenciara, a crise se instalaria em questão de horas, montada em duas hipóteses: ou Malan e sua política estavam sendo fritos pelo Palácio do Planalto, ou o governo estava partido ao meio, acéfalo.

Naquela sexta-feira, o repórter Heraldo Pereira, da TV Globo, comemoraria seu aniversário num jantar com os amigos. Rodolfo Fernandes iria a Brasília para o evento, e resolvera chegar à tarde para visitar Ana Tavares, secretária de imprensa do presidente. Aproveitaria para tomar o pulso da crise. Em menos de uma hora, o editor-executivo de *O Globo* presenciaria vários telefonemas de Fernando Henrique para sua assessora. O presidente queria saber o que os líderes partidários estavam dizendo no noticiário em tempo real, o que Miriam Leitão dissera em seu comentário no rádio, o que diziam, enfim, as boas e as más línguas sobre o episódio Clóvis Carvalho.

Ana teve de transmitir ao chefe que, naquele momento, as línguas eram todas más. Comentou que estava com Rodolfo, e o presidente pediu-lhe que dissesse a ele para ir encontrá-lo no Alvorada. Recebeu o jornalista já perguntando como o caso estava sendo visto pela imprensa. Rodolfo foi franco:

— Presidente, acho que o senhor vai apanhar muito amanhã. Os críticos estão dizendo, de todos os lados, que a sua autoridade está em xeque.

— Mas os críticos vão errar — devolveu Fernando Henrique.

— Como assim?

— Vão errar porque eu vou demitir o Clóvis Carvalho. Só te peço para não colocar no noticiário *on-line*, porque o Clóvis ainda não sabe disso.

Ali estava a informação que derrubaria 100% das apostas, inclusive a do *Globo*. O jornal já tinha um editorial pronto para a edição do dia seguinte, com duras críticas ao governo imobilizado pela indefinição do presidente. A certeza geral era de que

Fernando Henrique, diante do embate entre seu homem forte e seu fiel escudeiro, empurraria a crise com a barriga — e o governo ficaria embaraçado nos sinais contraditórios, avançando por inércia, à deriva. A decisão de ceifar mais uma cabeça do bunker, talvez a mais leal de todas, fora tomada minutos antes, num diálogo curto com o novo ministro da Casa Civil, Pedro Parente:

— Pedro, eu estou achando que não vai ter jeito, não — disse Fernando Henrique, referindo-se ao arroubo de Clóvis e ao tumulto subseqüente.

— Presidente, infelizmente eu também acho que não — respondeu o ministro, respaldando a decisão drástica, e já se preparando para a tarefa azeda de localizar o colega e entregar-lhe seu atestado de óbito.

A queda de Clóvis Carvalho aniquilou o equilíbrio gravitacional do governo. No rearranjo gradual das forças, Pedro Parente emergiu numa posição central, e de certa forma inusitada. Acabou encarnando o papel do anti-Malan — sem deixar de ser pró-Malan.

Fernando Henrique tinha um estilo de governar por reticências. Freqüentemente, preferia que seus comandados entendessem qual era sua decisão, sem que ele precisasse explicitá-la. Era um jogo de valorizar as palavras, economizando-as. Muitas vezes, porém, seus interlocutores se utilizavam disso para construir suas próprias versões sobre o que o presidente queria. Parente entrou nesse circuito, tornando-se uma espécie de filtro de linha dos desejos presidenciais. Mesmo quando fosse para contrariar — explicitamente — a equipe de Malan.

Num desses casos, Fernando Henrique concluíra que seria positivo para o país criar um percentual mínimo, obrigatório, de recursos do orçamento para a área da Saúde. Era a chamada verba carimbada, que o governo não poderia mais manobrar ou remanejar — medida que contrariava os princípios da equipe econômica, desde o Fundo Social de Emergência de Edmar Bacha. Como agravante, por trás da iniciativa estava o então ministro da Saúde, José Serra. E no meio do sanduíche estava Parente, favorável ao dinheiro sem carimbos, mas compenetrado no papel de dar fluência política ao governo, montando os alicerces das decisões presidenciais. No caso, dizendo a Malan o que ele não queria ouvir.

O poder de Parente nas negociações com a equipe econômica advinha justamente do fato de que Malan confiava nele — tanto no aspecto técnico quanto no político. O ministro da Fazenda sabia que não havia a menor chance de o chefe da Casa Civil colocar algum disparate em discussão. Para Fernando Henrique, isso significava uma possibilidade inédita de fazer a equipe econômica transigir, sem que ninguém ameaçasse se demitir ou se suicidar. Acabou desenvolvendo com Parente um código, quase uma molecagem, para combinarem até que ponto cederiam nessas reuniões.

Conheciam uma piada grosseira, na qual não achavam a menor graça, mas que se prestava bem como caricatura daquelas negociações. Numa longa viagem oceânica, o capitão de um cargueiro resolvera saciar seus impulsos sexuais com o jovem e delicado cozinheiro. Outros integrantes da tripulação seguiram seu exemplo, e o capitão autorizou a mobilização de dois marujos para conter a eventual resistência do rapaz. Um dia, um tripulante pediu autorização para mobilizar todos os marujos, e o capitão quis saber a razão do exagero. Foi informado então de que, pela fila na porta da cozinha, naquele dia toda a tripulação acordara com a mesma idéia. A piada de péssimo gosto fora recitada no palácio por um dos tais auxiliares abaixo da crítica. Na hora causaria constrangimento geral, mas depois viraria bordão. Antes das reuniões mais complicadas com a equipe econômica, o chefe da Casa Civil já fazia a pergunta de praxe: "Presidente, quantos marujos devo mobilizar?"

Parente não recebia adicional de insalubridade para desempatar os conflitos entre José Serra e Pedro Malan, mas se requisitasse o benefício era capaz de conseguir. Eram raros os casos em que Fernando Henrique decidia a parada pessoalmente. Não gostava de ter que fuzilar seus ministros com a verdade presidencial. Num desses casos, Serra tinha vindo, na linha da retomada desenvolvimentista, fazer alguns reparos à política de abertura econômica. Argumentava que Fernando Henrique devia dar mais proteção à indústria nacional. O presidente poupou-o do esforço, soltando o lembrete terminal:

— Serra, se eu pensasse isso que você está dizendo, você seria o ministro da Fazenda.

Mas em geral, Parente é que ficava encarregado do serviço insalubre. A briga da vinculação dos recursos para a Saúde seria ganha por Serra, outras (a maioria) seriam faturadas pela equipe econômica. Em todos os casos, porém, travavam-se verdadeiras guerrilhas de versões, os dois lados advogando interpretações opostas para o desejo do presidente. O chefe da Casa Civil chegaria ao ponto de montar reuniões quase teatrais, com a presença de Fernando Henrique, para desfazer o golpe do mal-entendido:

— Senhores, eu vou lhes dizer o que o presidente quer. Ele está presente. Portanto, se eu não estiver certo, ele vai dizer que eu não estou certo. Mas se ele não disser nada, por favor, façam o que ele quer e vamos encerrar o assunto.

Parente era um tecnocrata com cara de tecnocrata que se tornara um exímio negociador político. Àquela altura, o principal do governo. Era um obsessivo desatador de nós, colocado pelo presidente nas piores bolas divididas, em qualquer seara. Certa vez, foi abordado em público pelo diretor de cinema

Andrucha Waddington, que veio cumprimentá-lo efusivamente. A cena não faria muito sentido para seus ex-colegas de Banco Central. Parente não costumava circular no meio artístico. Apenas estava recebendo o agradecimento de Andrucha por ter transformado, numa negociação de política cultural, impasse em solução.

O titular da Casa Civil levara seu papel de curinga ao extremo, tornando-se o batedor do presidente em diversas situações de emergência. Na mais grave delas, escreveria uma carta a Fernando Henrique alertando-o de que, daquela vez, seu governo corria o risco de acabar antes da hora. E de deixar uma profunda marca negativa no país. Antes disso, porém, o ministro teria de combater um incêndio com o aliado mais inflamado do Planalto.

Sendo o sexto de onze irmãos, Pedro Parente estava exatamente no centro da prole — sem a força dos mais velhos, nem a proteção dos caçulas. Tivera de aprender a negociar tudo, desde um fiapo de atenção da mãe, até sua fração de comida, nos anos em que o pai ficara desempregado no Rio. Profissionalmente, ao entrar numa negociação, a primeira coisa que dizia era que sua palavra valia mais do que o seu cargo. Se fosse levado a descumpri-la, em qualquer hipótese, pediria o boné imediatamente. Além de salvaguardar sua palavra, seu cargo servia de anteparo ao presidente. Era como um fusível, que estava ali para se queimar, se fosse o caso, protegendo o equipamento principal.

Nas eleições municipais de 2000, o fusível ficaria pronto para estourar após um telefonema furioso do senador Antônio Carlos Magalhães:

— Pedro, o Geddel está dizendo que o presidente gravou uma mensagem em favor de um prefeito que é nosso adversário. Se ele fez isso, eu vou bater pesado.

ACM se referia ao deputado Geddel Vieira Lima, do PMDB, seu arqui-rival na Bahia. Quando se sentia traído por um aliado, o senador de fato sabia bater pesado nele. E se avisava antes, era porque ia ser mais pesado ainda. Parente pediu a ACM que não dissesse nada contra Fernando Henrique, pois ia checar imediatamente a história. Em meia hora tinha a resposta: o presidente não gravara nada em favor daquele prefeito. O senador ficou satisfeito e saiu divulgando que a tal mensagem era falsa e a campanha do PMDB era mentirosa. Aí foi Geddel quem ligou furioso, exigindo uma declaração por escrito de que o presidente dera apoio ao tal prefeito. Na verdade, Fernando Henrique de fato gravara a mensagem, depois se esquecera. Mas se saísse uma nota assinada pelo presidente desmentindo Antônio Carlos, a República ia tremer.

Parente viu que tinha chegado ao fim da linha. Entregaria a nota a Geddel, mas diria a ACM que mentira para ele, e por isso estava deixando o cargo. Um cadáver de ministro graúdo aplacaria a fúria do cacique do PFL e extinguiria o incêndio.

Antes de se auto-explodir, porém, resolveu tentar uma última manobra. Redigiria uma nota ao PMDB afirmando que o presidente *não* gravara mensagem de apoio eleitoral àquele prefeito, mas de apoio político genérico aos candidatos de um partido aliado — o que não deixava de ser verdade. Acertou na mosca. Geddel teve que se dar por satisfeito, mas acabou não divulgando a nota, que afinal continha uma negativa e não ajudava seu candidato. O fusível estava salvo. Mas a médio prazo, Parente perderia aquela guerra.

Antônio Carlos Magalhães fora um dos principais fiadores políticos do real, um aguerrido defensor do governo nas três grandes crises financeiras. Além da estabilidade monetária, ajudara Fernando Henrique a construir uma estabilidade política sem precedentes no Brasil democrático. Mas quando a esquerda acusava o presidente de ter feito pacto com o diabo, o acusado intimamente concordava com a acusação. Não porque ACM fosse de direita: o diabo estava no temperamento do coronel baiano.

Aos interlocutores mais próximos, Fernando Henrique dizia que Antônio Carlos era "terra em transe". E esse transe começaria a sair do controle com as mortes simultâneas de seu filho Luís Eduardo — que amortecia os choques tectônicos — e Sérgio Motta — o "inimigo de plantão", usado pelo presidente para absorver boa parte da pulsão exterminadora de ACM.

Embora não viessem a público, casos como o da ameaça de Antônio Carlos ao presidente na eleição de 2000 repercutiam com força nos bastidores políticos. E inspiravam os que sonhavam em destruir aquela aliança. Esse sonho acabou transformado em ação por um grupo de parlamentares do PMDB e do PSDB. Em discreta conspiração, montaram um plano para colocar o mineiro Aécio Neves na presidência da Câmara, tomar a presidência do Senado e empurrar o PFL para o canto da fotografia. Fernando Henrique não participou da manobra, mas tampouco teve ânimo para detê-la. Também estava cansado de ACM.

A situação se agravou quando Antônio Carlos, então presidente do Senado, teve de transmitir o cargo para seu inimigo mortal Jader Barbalho. Fera ferida, agora com farto combustível para suas paranóias de traição, o cacique pefelista declarou guerra aberta a Fernando Henrique. Num impulso incontrolável pelo mago da Casa Civil, em fevereiro de 2001 mais um sustentáculo do governo ficava pelo caminho. Antônio Carlos Magalhães passara para a oposição.

Mas o presidente ainda estava por ver o que era terra em transe de verdade. Em maio chegaria a notícia de que São Pedro também desistira de jogar a seu favor, parando de regar os reservatórios das usinas hidrelétricas. Era um setor em que a reforma do

Estado ficara pela metade, e a estiagem de investimentos na geração de energia já era longa. Mas o governo demoraria a perceber que estava à beira do precipício. Durante meses, os alertas dos técnicos às autoridades tinham batido e voltado. Eram considerados alarmistas. Quando os tomadores de decisão acordaram para o problema, o Brasil estava às vésperas do apagão.

O primeiro integrante do governo a captar toda a dimensão da crise foi Pedro Malan. Gerar megawatts não era sua especialidade, mas gerir a escassez deles era. O ministro da Fazenda foi então ao presidente e expressou sua preocupação: se a gestão da crise de energia ficasse restrita à área energética, o país ficaria no escuro. Era preciso criar uma instância de poder que agregasse todo o governo, um superministério de emergência que, na sua opinião, só poderia ser assumido satisfatoriamente por uma pessoa: Pedro Parente.

Fernando Henrique concordou e acionou seu curinga. Mas dessa vez ele hesitou. Dimensionou a crise e achou que seria engolido por ela. Sua preocupação não era o desgaste pessoal, inevitável, mas a falta de meios para tentar virar aquele jogo. O governo o colocaria no comando da Câmara de Política Econômica, que reunia representantes de vários ministérios. Parente sabia que aquilo era canoa furada. Na prática, teria de ficar andando atrás dos outros ministros e implorando por ajuda. Para enfrentar um desafio daquele tamanho — fazer o país inteiro poupar energia e livrá-lo do apagão — precisaria de um ingrediente básico: poder.

Não foi ao gabinete do presidente, nem lhe telefonou. Achou que uma carta expressaria melhor a densidade da situação. Escreveu então um texto curto, com argumentação técnica e conclusão política. Basicamente, mostrava que estavam a um passo de uma situação extrema, capaz de paralisar a vida nacional em sinais de trânsito apagados e hospitais em colapso — e que isso significaria um trauma com alcance de várias gerações. O governo ainda chegaria ao fim — se é que chegaria — com a marca da depressão econômica, resultante da inanição energética. O nome do jogo era o Brasil contra o caos. E não dava para encarar um jogo desses, arrematava Parente, com poderes menos do que absolutos.

O presidente lhe deu os poderes absolutos. Lançou mão da boa e velha medida provisória, instrumento intensamente criticado por seu feitio autoritário, sem o qual o Plano Real não teria existido. Foi criada então, de uma canetada, a Câmara de Gestão da Crise de Energia — que podia tudo.

E fez de tudo, baseada num plano apresentado voluntariamente pelo presidente da Agência Nacional do Petróleo, David Zylbersztajn, a Fernando Henrique. Assim como Parente, David estava especialmente angustiado com a situação, lembrando-se de que o presidente da Argentina Raúl Alfonsín caíra durante uma crise de falta de energia. O modelo montado para a Câmara da Crise aumentava tarifas, estabelecia metas mensais de racionamento de energia para as residências, determinava quanto cada setor industrial poderia consumir, criava prêmios para quem economizasse além de determinada faixa, enfim, redesenhava o dia-a-dia dos brasileiros.

Na primeira entrevista da Câmara, David estava nervoso e ao se sentar não acreditou no que via. Na mesa à sua frente, canetas e bloquinhos de anotações com a marca da Câmara da Crise. Virou-se para o ministro José Jorge, das Minas e Energia, integrante da Câmara, e sem perceber que seu microfone estava ligado e a imprensa inteira estava ouvindo, disparou:

— Porra, ministro. Começamos mal! Nem iniciamos o racionamento e já estamos gastando dinheiro à toa.

Parente também estava nervoso, e não quis esconder que estava. Abriu o jogo, disse que estava perplexo, assim como toda a população. E que não sabia se o país escaparia do pior. Sua única certeza era que, se os brasileiros estivessem unidos, as chances de escapar aumentavam muito. Começava ali a ganhar a opinião pública.

As regras contra o apagão começaram a vigorar, e Parente estabeleceu que as coletivas de imprensa não tinham hora para terminar:

— O governo está em débito com o país. Portanto, só encerrarei as entrevistas depois da última pergunta. Enquanto houver dúvidas, não me levanto da cadeira.

A figura do presidente da Câmara da Crise logo estaria em todos os jornais e TVs, explicando com clareza e paciência infinita cada pormenor do plano de racionamento. Na segunda semana de trabalho, estava entrando num restaurante quando uma criança apontou em sua direção e exclamou:

— Pai, olha o ministro do apagão!

Parente continuou andando, mas o pai do menino foi atrás dele. Já tinha pensado que teria de ouvir protestos e provocações. Mas não era o caso. O cidadão estava eufórico, e queria apenas dizer ao ministro do apagão que conseguira superar sua meta residencial de economia. E já tinha direito a bônus.

Aos poucos, o curinga ia transformando, mais uma vez, o limão em limonada. Em fevereiro de 2002, anunciaria ao país o fim do racionamento, congratulando os brasileiros por vencerem a crise e evitarem o apagão. O governo Fernando Henrique estava salvo de sair de cena pela porta dos fundos.

* * *

Funaro, Bresser, Maílson, Zélia, Marcílio, Krause, Haddad, Elizeu. De 1986 a 1993, representando o Brasil no Banco Mundial, no BID e na negociação da dívida, Pedro Malan acompanhou os sonhos, a agonia e a queda de cada ministro da Fazenda brasileiro. Tinham sido oito anos e oito ministros. Agora, setembro de 2001, ele completava sozinho oito anos no poder.

Desde que assumira a presidência do Banco Central, passando pelas várias crises e conquistas na Fazenda, sua demissão fora inúmeras vezes prevista, pedida, estampada nos jornais, cantada em prosa e verso. Era quase uma subversão da física, mas lá estava o evento: a um mês do prazo final para as filiações partidárias, preparatórias para a eleição de 2002, o noticiário trazia o nome de Pedro Malan como um dos mais fortes candidatos à presidência da República.

No penúltimo dia do prazo para a filiação dos candidatos, Malan, que não estava em nenhum partido, foi jantar com Gustavo Franco em Brasília. O ministro da Fazenda tinha anunciado publicamente que não seria candidato a presidente. Mas seu nome continuava aparecendo no topo de todas as projeções. Intimamente, ele não fechara a porta para essa possibilidade. Deixara a decisão para o último momento. Gustavo foi incisivo. Argumentou que depois de tantas crises e desgastes, sua candidatura emergia com força por um motivo: ele simbolizava coisas que a sociedade aprendera a querer, como estabilidade, previsibilidade e responsabilidade:

— Pedro, o Brasil entendeu o que a gente quer. Tá saindo da adolescência, cansou de aventura. Você vai ter que comer buchada, talvez não tenha com quem falar francês, mas vai levar essa transformação adiante. Não dá mais pra perder tempo.

Esvaziaram duas garrafas de vinho Rioja e falaram sobre futuro, sobre cicatrizes, sobre Hjalmar Schacht, dilemas e concessões. O dia seguinte poderia ser o início de uma nova travessia. Na manhã de sexta-feira, 5 de outubro, Gustavo telefonou para Malan, para conferir a decisão do amigo sobre sua candidatura a presidente. O ministro disse que tinha conversado com Catarina, sua mulher, sobre o assunto:

— Gustavo, a Catarina acha melhor eu ficar em casa.

Malan não assistira ao nascimento de seu filho Pedro, em 93, quando já estava internado no bunker. Agora não queria perder o resto da infância dele. Admirava os que chegavam em casa e iam para o telefone fazer política, mas preferia botar um CD de música clássica. "Não sou político", desculpava-se.

Mas era. E na corrida presidencial de 2002, embora não fosse candidato, acabaria ocupando o centro do debate eleitoral. Sem fazer comício ou entrar em bate-boca, o ministro ocupou-se de um exercício simples: confrontar o que os candidatos prometiam com os seus compromissos escritos. Líder nas pesquisas, Lula garantia seu compromisso com a estabilidade econômica. Desde as Reformas de Base de Jango, Malan tinha alergia às palavras voadoras. Passou a vasculhar o site do PT, a catar as plataformas do partido, e teve de ir a público avisar que aquele compromisso não estava escrito em lugar nenhum.

O ministro ressalvava que não queria polemizar. Apenas achava que o país gostaria de saber se o PT manteria as metas de inflação, o compromisso com o superávit primário e a responsabilidade fiscal (que tentara barrar no Congresso), o respeito aos contratos internos e externos. E perguntava o que o partido queria dizer com aquelas referências a moratória, ruptura com o FMI e fim do arrocho monetário.

Enquanto o ministro da Fazenda martelava aqueles pontos sensíveis, o mercado fervia com as dúvidas sobre o que seria o governo Lula. O dólar subia velozmente, e o PT se via cada vez mais obrigado a explicar como manteria a estabilidade — isto é, a responder as perguntas de Malan. A resposta viria, clara e consistente, pouco antes das eleições. Num documento intitulado "Carta ao povo brasileiro", o partido fazia uma ampla revisão de seus princípios. Concluíra em poucos meses uma "desmarxização" como a que os trabalhistas ingleses tinham levado oito anos para fazer.

No dia 27 de outubro, Lula foi eleito presidente, derrotando o candidato do governo Fernando Henrique, José Serra. O ministro-chefe da Casa Civil, Pedro Parente, apareceu com uma novidade: um plano de transição sem precedentes na República, em que os governos velho e novo se sentariam num mesmo comitê e programariam a passagem de bastão, ministério por ministério. Parente procurou o comando do PT e acertou o início imediato dos trabalhos.

Os grupos políticos rivais passaram então a uma ampla partilha das informações de Estado. E logo se estabeleceria uma forte afinidade entre dois membros do comitê: Pedro Malan e Antônio Palocci, seu futuro sucessor na Fazenda. Representante de Lula na transição, Palocci colheu lições sobre a blindagem dos cargos técnicos contra os afilhados políticos, aderiu ao credo da independência do Banco Central, afiançou a autonomia total do Copom. O médico de Ribeirão Preto parecia até ter saído da forja de Dionísio Dias Carneiro na PUC. Debruçou-se sobre cada detalhe da política fiscal, e foi além do mestre: decidiu que não só manteria, como elevaria o superávit primário fixado pela equipe de Malan. Nascia ali uma inusitada, discreta e duradoura parceria entre o médico comunista e o monstro neoliberal.

Pouco mais de um ano depois do enterro de sua candidatura, Malan jantava novamente com Gustavo Franco, agora com a vitória de Lula no cardápio. Descreveu entusiasmado cada passo da aproximação com Palocci, e a comunhão dos dois nos pontos capitais da política econômica. Gustavo estava impressionado: existia vida após a morte. Ao final do relato de Malan, resumiu as novidades numa frase:

— Pedro, ganhamos as eleições.

No caminho de Santiago

O interrogatório da CPI do Banestado já durava mais de sete horas e Gustavo Franco continuava resistindo às estocadas. Entrara naquela sala acusado de tramar uma evasão de 30 bilhões de dólares, e a artilharia continuava à espera de um deslize seu para transformar o neoliberalismo em caso de polícia. Extenuado, teria de encarar agora a arma mortífera do Congresso, o senador Pedro Simon.

As cabeças decepadas com a ajuda do brilhante orador gaúcho incluíam alguns figurões do governo Fernando Henrique, como os ministros Luiz Carlos Mendonça de Barros e Clóvis Carvalho. Teatral, misturando sutileza e contundência, asfixiava a vítima para depois picá-la. Na intervenção mais longa do dia, encurralou Gustavo com nove perguntas — algumas deliberadamente repetidas, para irritá-lo, outras complexas, todas bem fundamentadas, compondo quase um atestado de culpa do depoente. Acusado de criar uma norma que facilitava a fraude, Gustavo alegara que não legislava pensando nos fraudadores, mas nas pessoas de bem. O senador conectou a legislação bem intencionada com o flagrante da evasão bilionária em Foz do Iguaçu, e concluiu espetando a presunção de honestidade do depoente:

— É verdade que a maioria dos brasileiros é de homens de bem. No entanto, há uma minoria de homens do mal que Deus nos livre. Se não estivermos atentos, levam tudo.

Gustavo sabia que aquele era o momento crucial de sua defesa. Se sobrevivesse a Pedro Simon, poderia começar a pensar em sair da forca. Calibrou de novo seu medidor imaginário de palavras, para que não falasse de menos, parecendo não querer responder, nem demais, parecendo desafiador. Admitiu que não sabia explicar por que a megafraude não fora evitada. Mas argumentou que a liberalização das movimentações em espécie pelas contas CC5 (contas especiais para remessas ao exterior) — a medida que permitira o golpe da evasão — tinha objetivos louváveis, e eles haviam sido atingidos. O principal deles, uma dura freada na atividade dos doleiros e no mercado *black*:

— Senador, os doleiros são os principais agentes da evasão de divisas neste país. Essa era a minha visão na época em que tomei essa medida, e continua sendo. Inclusive, alertei os órgãos de imprensa na ocasião de que não havia mais ágio, e de que o doleiro era um funcionário da contravenção. Não fazia sentido, portanto, que os jornais divulgassem a cotação do dólar paralelo, uma vez que não divulgavam o resultado do jogo do bicho.

Caminhando sobre cimento liso ensaboado, o ex-presidente do Banco Central atravessou as nove perguntas de Simon. Não deixou nem um número sem resposta. Ao final, o senador interpôs um comentário ácido, concluindo que um país com um Banco Central como o brasileiro não podia ser sério. Pela primeira vez naquele dia 22 de julho de 2003, Gustavo desligou seu medidor de palavras e permitiu-se um desabafo:

— Nesse sentido, faço uma confissão eu próprio: depois de vários processos que testemunhei, posso dizer que, em muitos casos, o Banco Central acha a fraude, denuncia e depois se vê na posição de réu. Quando isso ocorre, estamos enfraquecendo os meios de combater os bandidos, que podem estar se divertindo hoje, assistindo à televisão, vendo um ex-dirigente do Banco Central sendo aqui interrogado com bastante rigor. Estou aqui para isso. Não esperaria outro tratamento. Só faço votos que a vez deles chegue.

Suas palavras ficaram no ar, agora sem apartes ou comentários. Elas tocavam num ponto sensível da CPI, que àquela altura ainda não estava aparente.

Poucas CPIs tinham se iniciado com tanta força como a do Banestado. Era a primeira instalada na era Lula, e encarnava as expectativas, trazidas pela ascensão do Partido dos Trabalhadores, de se passar o país a limpo. O relator e estrela da Comissão, deputado José Mentor, do PT de São Paulo, captava e gerava uma grande massa de informações incandescentes, tornando-se fonte desejada por toda a imprensa. Em certa ocasião, Mentor avisou à TV Globo que tinha encontrado a ponta do iceberg do esquema que teria sido montado por Gustavo Franco.

Após a compra do banco Excel pelo Bilbao-Viscaia (BBV), arbitrada pelo Banco Central, fora localizada uma conta CC5 movimentada pelo banco espanhol. Pela análise dos documentos, a CPI concluíra que aquela transação servira de fachada para a abertura de uma janela de evasão de divisas. Por acaso, a denúncia caíra nas mãos da jornalista Silvia Faria, que fora assessora de imprensa do BC e agora estava trabalhando na emissora. Ela acompanhara de perto a operação, estava certa de que não havia irregularidade alguma e avisou ao deputado que ele estava enganado em sua acusação. Mas Mentor sustentou sua tese.

Silvia fora a primeira jornalista a acompanhar todas as reuniões de diretoria do Banco Central. Era peça central de um plano de Gustavo para dar transparência à instituição, e estabeleceu com ele uma relação de alta confiança. Ao desqualificar a denúncia da CPI, gerou um debate delicado dentro da emissora. A chefia em Brasília apelou a ela para que não deixasse a amizade com Gustavo contaminar o seu trabalho. Silvia estava tranqüila quanto a isso, e respondeu que se a decisão fosse veicular a matéria, bastava fazer jornalismo: ouvir o que o outro lado tinha a dizer.

Gustavo foi entrevistado e explicou que o Banco Central fizera um acordo de reciprocidade com o BBV. Como ele havia comprado um banco falido no Brasil, uma certa fração das reservas internacionais do país seria depositada no banco espanhol. Por sua vez, o BBV entraria comprando títulos da dívida interna brasileira, e essa perna da operação seria feita via conta CC5. A reportagem foi ao ar no *Jornal Nacional* e não se falou mais no assunto. A bomba da CPI não tinha pólvora.

Mas feria assim mesmo. Por melhores que fossem seus argumentos, Gustavo estava com seu nome no meio de um escândalo. Podia ser divertido para os bandidos vê-lo encurralado na TV, mas sua família não achava graça nesse programa.

A turbulência dos anos no poder tivera seu preço para os dois filhos menores, especialmente Antonio. A roda-viva do pai pegara-o numa idade suficiente para perceber a tensão, e insuficiente para proteger-se dela. Na hora da alfabetização, a escola chamou os pais para destrinchar o enigma: o aluno estava entre os mais capazes da turma e não conseguia aprender a ler. Gustavo viu que o negócio era com ele. Já não estava mais no governo, e passou Antonio para o topo de sua agenda. Retomou com ele seus antigos hobbies, do futebol de praia ao mergulho submarino, da leitura dos clássicos à mania de explicar o mundo (que o filho herdara, já com suas teses próprias). Riram juntos das charges que o ironizavam nos anos da roda-viva, sofreram juntos com a queda do Botafogo para a segunda divisão.

Aos 7 anos, Antonio vencera o bloqueio. Não só destravara a alfabetização, como no ano seguinte já gabaritava em matemática. Tinha explicação para tudo, até para o rebaixamento do Botafogo. Só não compreenderia aquele filme em que o vilão era seu pai.

Após dez horas de interrogatório, Gustavo levantou-se da cadeira da CPI com as mãos livres. Escapara de pernoitar na mira de sentinelas. Mas não saíra da mira dos políticos. Na lista negra de neoliberais suspeitos, seu nome ficaria guardado em primeiro lugar até dezembro de 2004, quando terminariam os trabalhos da CPI. E na divulgação do relatório final de José Mentor, aguardado por todo o país, seu nome ganharia destaque: Gustavo tivera seu indiciamento pedido por crime contra o sistema financeiro nacional.

Aturdido, sentiu pela primeira vez algo parecido com arrependimento por ter saído de casa um dia sonhando em caçar o brontossauro. A conta daquela aventura tinha ficado cara demais. Lembrou-se do peixe do velho Santiago, de Hemingway, monumental no instante da captura heróica, destroçado junto com as mãos e os nervos do pescador na chegada à praia. Depois das batalhas épicas em defesa da moeda, tinha pela frente uma luta miserável para salvar sua reputação.

Mas Gustavo não precisaria lutar. Em seus últimos meses de funcionamento, a CPI do Banestado tornara-se alvo de investigação da Polícia Federal. Agentes federais, entre os quais o delegado José Castilho, um dos principais investigadores do golpe da evasão — que levantara farto material para incriminação dos doleiros —, recebiam indicações crescentes de que a CPI vinha sendo usada como arma de intimidação e extorsão.

Um vereador de São Paulo, Armando Mellão, fora preso em flagrante tentando vender a um empresário o cancelamento de sua convocação à Comissão. O vereador dizia estar falando em nome de José Mentor e tinha em mãos documentos e listagens completas de domínio exclusivo da CPI. Em outubro, a própria Corregedoria do Senado abriu uma investigação sobre o vazamento pela CPI de dados bancários e fiscais sigilosos, para fins de chantagem.

Em editorial de 16 de dezembro, a *Folha de S. Paulo* disparava contra o deputado José Mentor. Dizia que seu relatório final inspirava dúvidas "tanto pelo que afirma quanto pelo que cala", concluindo que a Comissão tinha encenado "um enredo de equívocos". No mesmo dia, o *Estadão* resumia o funeral da CPI no editorial "A farsa que se esperava". E repudiava "a montagem de um formidável dossiê de informações potencialmente devastadoras, para o que delas pretendesse o apontado mentor do relator da comissão, o ministro José Dirceu".

A acusação de uso político da CPI era complementada, no editorial, com uma declaração de Gustavo Franco: "Matérias complexas, como a legislação sobre transações em moeda, foram tratadas ideologicamente. Não é honesto provocar essa confusão." A pá de cal foi jogada pelo próprio senador Pedro Simon, em desabafo publicado por toda a imprensa: "Esta CPI é a desmoralização das CPIs".

Com a sensação da alma mutilada, como Fausto, mas devolvido à terra firme, como Santiago, Gustavo não caíra sozinho nas armadilhas da travessia.

No mesmo surto purificador da época da CPI, Sérgio Besserman chegou um dia em casa sem a mesada do filho. Teve de dizer a ele que sua conta estava bloqueada pela Justiça. Besserman, um dos propagadores da responsabilidade fiscal, fora processado por improbidade administrativa. E, ao lado de 17 ex-dirigentes do BNDES, fora alvo de uma liminar provocada por uma nota de jornal — na qual o então presidente do banco, Carlos Lessa, criticava o caráter neoliberal de uma privatização do setor elétrico. Depois de reger o fim do monopólio do petróleo, David Zylbersztajn também fora processado. Sua irregularidade seria o gasto de 183 mil dólares na montagem de um leilão, no qual arrecadaria quase 500 milhões de dólares. Cláudio Mauch, o caçador de fraudes do Banco Central, fora condenado, junto com Demósthenes Madureira de Pinho, a dez anos de prisão. Eram réus do caso do Banco Marka, quebrado na desvalorização do real. A sentença de primeira instância reconhecia a ajuda ao banco como legítima. Mas culpava os dois por fazerem parte de um suposto plano para manter o banqueiro Salvatore Cacciola "invejavelmente rico". Os acusadores de Pedro Parente não seriam tão criativos, nem chegariam a levá-lo à Justiça. Mas ao se transferir para a iniciativa privada, antes de ser inocentado pela Comissão de Ética Pública, Parente teria de responder publicamente por tramar a formação de impérios monopolistas de mídia.

Em comum, além de pertencerem à mesma geração, todos tinham na bagagem a aventura de levar suas crenças ao centro do poder — a experiência de se meter no internato do Estado brasileiro, dormindo mal e ganhando pouco, para tentar transformá-lo. E no final da viagem, estariam unidos também por um desejo reativo: o de nunca mais voltar àquele lugar. Provavelmente, faria sentido para toda essa geração a seca advertência ouvida por Gustavo Henrique de sua mãe, ao final dos anos loucos:

— Meu filho, acho que agora está na hora de você arranjar um emprego sério.

Este livro foi composto na tipografia
Usherwood Book, em corpo 11,5/16, e impresso em
papel off-set no Sistema Digital Instant Duplex
da Divisão Gráfica da Distribuidora Record.